KB077767

유토피아 실험

THE UTOPIA EXPERIMENT

유토피아 실험

THE UTOPIA EXPERIMENT

딜런 에번스 지음 | 나현영 옮김

저자는 어느 날 멀쩡하게 다니던 직장을 그만두고 살던 집마저 팔아치운 뒤 스코틀랜드의 벌판으로 떠난다. 그곳에서 시도한 자급자족 공동체 실험은 심각한 우울증만 남긴 채 실패로 돌아가고, 힘든 과정을 거쳐 다시 일상으로 복귀한다. 이런 이야기를 담은 《유토피아 실험》은 한 번 잡으면 손에서 놓기 어려운 책이다. 이런 실험을 시도하기도 어렵지만, 쓰라린 실패의 경험을 이처럼 흥미롭게 풀어내기란 더더욱 쉽지 않았을 것이다. 인류 문명의 붕괴를 다룬 소설이나 영화를 보면 실제로 그런 상황이 닥쳤을 때 어떻게 살 수 있을지, 숲속으로 들어가서 자급자족하는 건 가능할지 자문하게 된다. 그러나 이 책을 읽다 보면 그런 생각들마저도 부질없어진다. '어떻게 생존할까'가 아니라, '지금 노력해서 위기를 막는 것'이 필요하다. 저자의 경험이 보여주듯 자신감이나 낙관은 실제 상황에선 잘 통하지 않는다. 우리에게 지혜가 있다면, 그런 상황이 오지 않게 만드는 것임을 이 책은 설득력 있게 보여준다.

하승수
(녹색당 공동운영위원장, 《삶을 위한 정치 혁명》 저자)

높이 나는 새가 멀리 보듯, 기술의 첨단에 서면 문명의 종점을 보게 된다. 기계가 점점 더 똑똑해져서 인간의 삶이 기계에 깊이 의존하고 결국엔 스위치를 끄는 게 불가능해질 것이라고 본 천재 수학자 유나바머는 테러를 선택했다. 인간의 무한한 욕망이 더욱 강하고 편리한 것을 본능적으로 추구할수록 기술 문명은 맹목적 성장으로 향한다. 본능이라는 거대한 엔진과 질주 관성을 장착한 채 맹목적으로 달리는 폭주 기관차에서 살길을 모색하는 것은 지극히 이성적인 결론이다. 하지만 무리에서 벗어나는 두려움 때문에 모두가 방관자적 경고만 내놓는다. 기술의 최전선에서 인간과 공감하는 로봇을 개발하던 저자는 문명 붕괴 이후의 삶에 직접 뛰어드는 '유토피아 실험'을 감행했다. 용기의 결과가 늘 행복은 아니지만, 이 책은 그렇게 하지 않았다면 절대 알지 못했을 깨달음을 얻게 해준다. 에번스의 실험을 통해 우리는 그 용기와 깨달음을 만날 수 있다.

구본권
(《한겨레》 선임기자, 《로봇 시대, 인간의 일》 저자)

일러두기

• 이 책은 실화를 바탕으로 쓰였다. 등장인물의 이름과 별명, 개인 정보 일부는 신변 보호를 위해 가명을 사용했다.
• 본문의 모든 각주는 옮긴이 주이다.
• 본문의 두꺼운 글씨는 원서에서 이탤릭체로 강조한 부분이다.

차례

50년 전에 일어난 그 무시무시한 재앙이 우리에겐, 음, 행운이었다고 생각해본 적 없습니까? 아주 불경한 말로 들리겠지요. 하지만 그 재앙 덕분에 더 흥미진진한 삶을 살아온 건 아닐까요? 그게 아니었다면 아마 다소 무의미한 하루하루를 삶이란 으레 그런 것이라 생각하며 살아갔겠죠. 우린 이제 20세기의 가치에 아무 효력이 없다는 걸 압니다. 효력이 있었다면 그렇게 세계가 무너지진 않았겠죠. 그 '사고' 덕분에 삶 그 자체처럼 중대한 것들을 더 잘 인식하게 되지 않았느냔 말입니다.

브라이언 올디스, 《노인》(1964)

인간에게는 저마다 영원히 머물고 싶은 인생의 시기가 있다고 생각한다. 그러니 그대도 만일 소망이 이루어진다면 인간이라는 그대의 종(種)이 영원히 머물렀으면 좋겠다고 생각하는 시대를 찾아보려 할 것이다. 그대의 불행한 후손들에게 더 큰 불안거리인 이유들 때문에 현재의 상태를 불안해하는 그대는 아마 그 시대로 되돌아가기를 바랄지 모른다. 그런데 이러한 감정은 최초의 조상들에게는 찬미이고 동시대인들에게는 비판이지만, 불행히도 그대의 뒤에 태어날 이들에게는 두려움의 원천이 될 것이다.

장 자크 루소, 《인간불평등기원론》(1755)

이 책을 정신의학의 이름 없는 영웅인
전 세계의 정신과 간호사들에게 바친다.

1

비명

귀청을 찢는 비명 소리에 번쩍 잠에서 깼다. 시계를 보았다. 새벽 3시였다.

아까와 같은 목소리가 또다시 겁에 질려 외쳤다.

"안 돼, 제발! 그만!"

창문 밖을 내다봤다. 맞은편에 문이 잠긴 병실이 있었다. 비명 소리는 저기서 난 것일까? 저 불쌍한 남자에게 무슨 짓을 하고 있는 것일까? 야만적인 정신과 병동 간호사 두서넛이 발버둥치는 환자를 제압하는 가운데 의사가 무시무시한 주사 바늘을 찔러 넣는 장면을 상상했다. 두려움에 온몸이 떨렸다.

그날은 정신병원에서의 첫날 밤이었다. 나는 전날 오후 정신보건법에 의거해 병원에 강제 입원됐다. 한 번도 정신병원에 입원해본 적이 없었기에 앞으로 일어날 일을 알지 못했다.

전날 오후 이곳은 제법 쾌적해 보였다. 매우 현대적인 시설에다 화장실에 샤워 부스까지 딸린 1인실을 배정받은 까닭이었다. 그러나 이 비명 소리는 뭐란 말인가? 갑자기 소독약 냄새 나는 복도가 아주 오싹하고 불길해 보였다.

두려움은 입원한 직후 다른 환자와 대화를 나누면서부터 이미 싹텄다. 뻑뻑 담배를 피우며 폐쇄형 테라스를 서성거리는 중에 20대의 건장한 남자 하나가 같은 자리를 맴도는 내게 다가왔다. 이두박근에는 문신이 있었고 오른손 관절에서는 피가 흐르고 있었다. 왜 피가 나느냐고 물었다. 남자는 잠시 나를 빤히 쳐다보았다.

"담당 의사가 누구요?" 남자가 불쑥 물었다.

"사토시 선생님입니다." 나는 대답했다.

"저런!" 남자는 얼굴을 찡그리며 고개를 절레절레 저었다. "참 안됐군."

아침식사 시간에 병동의 환자 전원을 처음 보게 되었다. 한 명만 빼고. 로위나라는 이름의 젊은 여자도 있는 것 같았지만 거의 항상 자기 방에서 혼자 식사를 한다고 했다.

식당을 한 바퀴 둘러보았다. 40대에서 50대로 보이는 남자가 셋, 비슷한 나이대로 보이는 여자 둘, 10대 후반의 청년 하나, 전날 만났던 건장한 환자가 있었다. 우리는 작은 탁자 3개의 주위에 잠자코 둘러앉아 아침으로 나온 시리얼과 얄팍한 토스트 조각을 씹었다. 그때 자리에 있던 사람 중 한 명이 새삼 정상적인 말투로 인사를 건넸다.

"안녕하세요, 테리라고 해요. 이름이 어떻게 되죠?"

"안녕하세요, 딜런이라고 합니다." 나는 말했다. 무심코 손을 뻗어 악수를 하려 했으나 곧 지나치게 체면을 차리는 것 같다는 생각이 들었다. 정신병원에서 동료 환자에게 자기소개를 할 때의 예의범절은 뭐란 말인가? 전에는 결코 떠올려본 적 없는 질문이었다.

나는 적절하게 대화를 이어나갈 주제를 찾으려고 애썼다. 감옥이었다면 아마 무슨 죄로 들어왔느냐고 물었으리라. 그렇다면 이곳에서는 마땅히 무슨 병으로 들어왔느냐고 물어야 할 것 같다는 생각이 들었지만, 썩 좋은 생각 같지는 않았다. 다행히 내가 봉착한 딜레마는 테리가 직접 자신이 이곳에 온 이유를 말해준 덕분에 사라졌다. 그는 못된 아내가 남편이 미쳤다고 거짓말을 하는 바람에 이곳에 오게 되었노라고 말했다.

테리는 씩씩댔다. "빌어먹을 여편네 같으니! 전에도 나한테 이런 짓을 했어요. 자기 편할 때 날 이곳에 가뒀다고요. 난 틀림없이 곧 나가게 될 겁니다. 미친 건 내가 아니라 바로 그 여편네라는 걸 의사가 알게 된다면 말이죠!"

남자의 말은 정상으로 들렸다. 내가 아는 한 남자는 진실을 말하고 있었고, 실제로 그를 몰아내려 한 아내의 사악한 음모에 희생된 불쌍한 남편이었다. 그러나 남자의 신세타령이 길어지자 논리에 작은 균열이 보이기 시작했고, 그의 말이 끝날 때 즈음엔 그의 설명이 어딘가 왜곡되었을지 모른다고 생각하게 되었다. 아니, 아닐지도 몰랐다. 그가 미쳤는지 아닌지 정말로 알 수 없어졌다. 만일 어떤 다른 상황에서 그를 만났다면 의심스럽다는 생각조차 하지 못했으리라.

가령 테리의 아내는 정말로 테리를 쫓아내려고 경찰을 불렀을까? 그의 주장처럼 혼자 호텔에서 즐기려고? 혹시 먼저 아내가 경찰을 부를 만한 행동을 해놓고 나한테 아무 말도 하지 않은 건 아닐까? 어쩌면 그저 걱정 많고 다정한 보통의 아내가 정신착란을 일으킨 남편을 돕고자 최선을 다하려 했던 건 아니었을까? 양쪽 시나리오 모두 그럴듯해 보였다. 그리고 어느 쪽도 특별히 이상해 보이지 않았다.

내 얘기는 달랐다. 테리가 어쩌다 자신이 이곳, 즉 정신병원에 오게 되었는지 설명하는 얘기를 들으며 속으로 나는 어떻게 얘기하면 좋을지 계속 궁리했다. 그러나 설명은 떠오르는 족족 완전히 미친 소리처럼 들릴 뿐이었다. 적어도 나는 테리에게 진실을 말했을 때 내가 얼마나 미친 사람처럼 보일지 알 만큼은 멀쩡했다. 그래서 입을 닫고 가만히 듣기만 했다.

정신병원에서 정상인처럼 보이기는 어려운 일이다. 이미 정신 이상이라는 꼬리표가 붙은 사람이 하는 행동은 아무리 정상이어도 의심스러워 보인다. 데이비드 로젠한이 1973년 발표해 유명해진 논문 〈정신병원에서 제정신으로 지내기〉는 바로 이런 내용을 담고 있다. 로젠한은 다섯 명의 건강한 자원자를 미국의 몇몇 정신병원으로 보내며 정신 이상인 척해달라고 요청했다. 자원자들은 전원 입원이 허락되었고 정신 질환을 겪고 있다는 진단을 받았다. 입원한 후 가짜 환자들은 정상적으로 행동하며 병원 직원들에게 자신들이 매우 건강하고, 더 이상 환청을 듣지 않는다고 말했다. 그럼에도 이들은 퇴원하기까지 평균 거의 3주를 강제로 입원해 있어야 했다. 간호진은 이들의 모든 행동을 정신병이라는 색안경을 통해 바라보았다. 예를 들어 자원자 한 명이 메모를 하는 장면이 발각되자 간호진은 그가 깊이 의심하던 대로 '필기 강박'에 빠졌다고 진술했다.

진찰실 안으로 들어가자 사토시 선생이 따뜻한 미소로 맞았다. 선생은 건너편 의자에 앉으라고 손짓했다.

"오늘 기분은 어떠십니까?"

"좋습니다." 나는 작게 말했다. 나는 강박적으로 턱을 문지르며 엄지손톱과 중지손톱으로 수염 가닥을 움켜잡고 하나씩 잡아당기고 있었다. 초조함을 느낄 때마다 줄곧 해오던 행위로 친구들이 늘 조마조마하고 이상해 보인다고 말해주었지만, 당시에는 이상하게 안심이 되었다. 내 인생에서 일말의 통제를 유지할 수 있는 아주 작은 영역이 있다는 사실이 말이다.

"제가 양극성 장애라고 생각하시나요?" 내가 물었다.

"저는 그렇게 생각하지 않습니다만, 아직은 확답을 드릴 수가 없군요." 선생이 대답했다.

안도의 한숨이 나왔다.

"양극성 장애 환자에게 처방하는 독한 약은 정말이지 먹고 싶지 않습니다." 나는 간청하며 말을 이었다. "양극성 장애를 앓는 친구들이 있었는데 그중 몇 명이 그 약을 먹고 어떻게 되는지 똑똑히 봤어요. 정말 끔찍했습니다."

"어제 당신을 입원시켰을 때 윌리엄스 선생님은 당신이 양극성 장애를 앓고 있을지 모른다고 생각하시더군요. 윌리엄스 선생님께서 그렇게 생각하게 된 이유를 아시나요?"

"네."

나는 바닥을 내려다보았다. 나 역시 같은 생각을 했었다. 많은 징후들이 꼭 들어맞는 듯 보였다. 나는 분명 우울증을 앓고 있었으나, 지난 몇 개월간 내 행동은 조증이라고 해도 무방했다.

"선생님은 왜 제가 양극성 장애가 아니라고 생각하시나요?"

"지나치게 체계적이어서요. 당신은 몇 개월 동안이나 실험을 계획했습니다. 많은 준비가 필요했겠지요. 전형적인 조증 단계는 그렇게 오래 지속되지 않고, 그렇게 신중한 사고가 가능하지도 않습니다."

"그렇다면 절 믿어주시는 건가요? 제가 실험한 것들을요? 전부
다 망상만은 아니라는 걸 알아주시는 건가요?"

"그래요, 딜런. 구글을 검색해서 당신이 했던 실험과 관련된 신
문 기사들을 찾았습니다. 윌리엄스 선생님께서 당신의 이야기가
망상이라고 생각하신 걸 탓할 생각은 없습니다. 당신의 추종자가
있다느니, 세상의 종말을 준비하고 있다느니 하는 이야기들 말이
죠! 하지만 그 얘기들은 다 사실인 것 같군요."

다 사실은 아니었지만 요지는 정확했다. 우리라고 **진심으로** 세
계가 곧 멸망하리라 생각한 것은 아니었다. 아니 적어도 처음 **시
작**은 그렇지 않았다. 실제로 모든 실험은 모의실험으로 여겨졌다.
우리는 **만에 하나** 문명이 붕괴될 때 지구상의 사람들이 어떤 운명
을 맞을지 알고 싶었고, 그러기 위해 문명이 이미 붕괴된 것처럼
행동했다. 일종의 협업적 스토리텔링 내지 실생활 역할극을 펼친
셈이었다.

매우 모호한 계획이었으나, 당시 기본 발상만큼은 매우 기발하
게 느껴졌다. 2년이 지나 돌이켜보니 그때 가졌던 생각은 우스꽝
스럽게만 보였다. 도대체 무엇에 그리 홀랑 빠져 집을 내다 팔고
대학에서의 경력까지 포기하게 됐을까? 어째서 모든 걸 망쳐버리
고 1년 동안 살던 다 쓰러져 가는 캠프에서 도망쳐 나와 제 발로
병원을 찾게 됐을까? 그리고 새벽 3시 정신병원에서 다른 환자가

폐쇄 병동에서 지르는 비명 소리를 듣는 신세가 됐을까?

사토시 선생은 이 모든 일이 시작된 계기를 알고 싶어 했다. 그래서 실험 배경으로 설정하기 위해 썼던 시나리오를 보여주었다.

"그러니까 다시 한번 묻자면 이 글이 예언은 아니었다는 말씀이죠? 그냥 꾸며낸 이야기였다는 거죠?" 사토시 선생이 물었다.

나는 고개를 끄덕이며 말했다. "모든 자원자는 참가하기 전에 이 시나리오를 읽게 되어 있었습니다. 그다음 우리가 할 일은 이 이야기를 이어나가는 거였죠. 다만 다음에 일어날 일을 상상하는 게 아니라 실생활에서 직접 행동으로 옮긴다는 점이 달랐습니다."

사토시 선생은 시나리오를 소리 내어 읽기 시작했다. "21세기가 밝을 무렵, 대개의 영국 사람들은 삶이 지난 몇십 년간 살아온 모습과 크게 다르지 않으리라 추정했다. 사람들은 계속 부유해지고, 수명은 더 길어지고, 더 복잡한 전자 제품을 구입하게 될 것이었다. 차를 몰고, 사무실에서 일하고, 돈을 벌고, 슈퍼마켓에서 식료품을 사는 일상도 변하지 않을 터였다. 이런 삶의 방식이 정착된 지는 몇십 년밖에 되지 않았지만, 태양과 달처럼 세월이 흘러도 영원히 변치 않을 것처럼 보였다.'"

선생은 잠시 멈추고 나를 쳐다보았다. "글을 잘 쓰시는군요. 하지만 뒤에 감춰진 회의적 어조가 느껴집니다." 선생은 미소를 지으며 계속 읽어나갔다.

"'이렇게 영원히 계속될 것만 같은 기분이 환상이라고 경고하는 몇몇 목소리가 있었다. 이들은 유한한 지구에서 무한한 경제 성장은 불가능하며, 지구 온난화와 다가오는 에너지 위기 때문에 곧 소비자 친화적인 경제가 종말을 맞을 것이라고 경고했다. 그러나 이 경고를 알아차린 사람은 아주 소수였다. 학자들은 편안한 가죽 안락의자에 앉아 경제 붕괴의 가능성을 논의했고, 정치인들은 장황한 보고서를 의뢰하면서도 보고서에서 권장하는 정책들을 이행할 생각은 손톱만큼도 하지 않았다. 절대다수의 보통 사람들은 계속 차를 몰고, 사무실에서 일하고, 돈을 벌고, 슈퍼마켓에서 식료품을 샀다.'"

사토시 선생은 잠시 읽기를 멈추고 물었다. "그러니까 당신은 자신이 미래를 내다보는 소수의 몇몇 중 하나라고 생각했던 건가요? 이를테면 광야에서 홀로 외치는 선지자 같은?"

나는 선생의 거창한 말에 얼굴을 찡그렸다. "그런 셈이죠." 창피해서 얼굴이 빨개졌다.

사토시 선생이 읽기를 계속했다. "그때 정전이 시작되었다. 처음엔 가끔씩 번거롭게 발생하는 정도였지만 머지않아 정해진 시간에만 전기가 공급되며 적어도 정전을 대비해 계획을 세울 수 있게 되었다. 비상용 발전기의 판매량이 급증했으나 그것도 다 아직 여유가 있는 사람들 얘기였다. 그럴 여유조차 없는 사람들은 양초를 켜고 둘러앉아 이야기를 나누었다.

찬물 샤워에 적응하기는 더 어려웠기에 많은 사람들이 씻지 않는 쪽을 택했다. 빨래 역시 손으로 해야 했다. 뜨거운 물 없이는 세탁기 효율이 떨어지는 데다가 어쨌든 세탁기는 전기를 너무 많이 잡아먹었기 때문이다. 사람들은 점점 악취를 풍겼고 머릿니가 급속도로 유행했다. 이불에 빈대가 들끓고 폐렴이 대량 발병하면서 의료 체계도 삐걱대기 시작했다. 쓰레기를 수거하는 횟수가 줄어들며 상한 음식과 기타 쓰레기가 길목에 쌓여나갔고 곧 런던과 뉴욕에 장티푸스와 콜레라가 유행했다.'"

사토시 선생은 출력물에서 고개를 들었다. "가상의 시나리오지만 꽤 설득력이 있군요."

간신히 들릴 만한 목소리로 감사하다고 중얼거렸다. 내게 그 시나리오는 더 이상 그럴듯하게 들리지 않았다.

"'그럼에도 아직 많은 사람들이 이것이 파국의 시작임을 눈치채지 못했다. 라디오에서는 매일 전문가들이 나와 예전의 번영을 되찾을 날이 머지않았다고 주장하며 경제를 회복시킬 정책을 제시했다.

그때 허리케인 지나가 상륙했다. 2012년 9월 30일 뉴욕을 강타한 허리케인 지나로 무수히 많은 집과 회사가 파괴되었지만 피해는 그게 다가 아니었다. 보상을 요구하는 사람들이 보험 회사로 몰려들며 결국 한 주식 시장에서 일어난 금융 공황이 다른 곳으로 산불처럼 퍼졌다.'"

"이 날짜를 고른 이유가 있나요? 특별한 의미라도?" 사토시 선생이 물었다.

나는 생각해내려고 애쓰며 대답했다. "제 생일 다음 날입니다. 2012년은 마야인이 예언한 지구 종말의 날이기도 하고요."

사토시 선생은 잠시 나를 쳐다보다가 다시 읽기를 계속했다. "글로벌 공급망이 끊어졌다. 사람들은 사재기를 하기 시작했고, 하루 만에 슈퍼마켓 매대가 텅텅 비었다. 약탈자들이 거리로 몰려나오자 모든 주요 도시에 병력이 배치되었다. 그러나 자국의 계엄령을 유지할 준비가 되어 있지 않던 군인들은 하나둘씩 탈영을 시작하다가 곧 썰물처럼 빠져나갔다.

모두 도시를 버리고 떠나기 시작했다. 휘발유가 순식간에 동이 났기에 대개 걸어서 이동했다. 피난민 대부분은 그리 멀리 가지 못했다. 노숙 또는 야영에조차 익숙하지 않은 데다 추운 날씨까지 겹치자 수많은 사람들이 좌절했다. 몹시 추운 밤들을 견디고 살아남은 이들은 배고픔과 질병으로 점점 쇠약해졌다.

지금은 이 모두가 아주 오래전에 일어난 일 같다. 2025년인 현재 상황은 많이 호전되었다. 아직도 도시에 사는 사람들이 있지만 전반적으로 도시가 살기 좋은 곳은 아니다. 도시에서 그럭저럭 먹고살 길은 매춘을 하거나, 마약 거래를 하거나, 폭력단에 들어가 돈을 뜯는 것뿐이다. 이렇게 돈이 되는 일에 종사하지 않는 사람들은 간신히 입에 풀칠을 하며 살아간다. 벽에 매설된 구리관을 뽑거나 싱크대와 배관을 뜯어 길거리에서 식량과 교환하는 식이다. 도시를 떠나 시골로 가고 싶지만 이제는 너무 늦었음을 안다. 이미 시골에 사는 사람들은 새로 온 사람들을 그리 호의적으로 바라보지 않는다. 사실 시골 사람들의 못된 취미는 새로 온 사람들을 죽여 없애는 것이다.'"

사토시 선생은 눈썹을 추켜세웠다. "프로젝트 이름이 '유토피아 실험' 아니었나요? 별로 유토피아 같지 않은데요!"

"더 읽어보세요. 끝까지." 나는 중얼거렸다.

선생은 숨을 한 번 크게 들이쉬고 계속했다.

"'재난이 일어나기 전인 21세기의 첫 10년, 임박한 재앙의 조짐을 눈치 챈 소수의 사람들이 모여 곧 닥칠 어려운 시기를 대비하기 시작했다. 이들은 주요 도시에서 멀리 떨어진 시골 지역에 자급자족 공동체를 세워 곧 쇄도하게 될 난민의 첫 물결을 피하려 했다. 이들은 길쌈이나 제련처럼 산업혁명 이전에는 어디서나 볼 수 있었으나 20세기에 들어와 거의 명맥이 끊긴 옛 기술들을 독학으로 익혔다. 적대적인 이방인의 공격에 맞서 스스로를 방어하는 법도 배웠다. 후손들에게 전수하기 위해 책, 음반, 예술 작품과 같은 문화 산물도 축적하기 시작했다. 비록 세속에서 이루어졌다는 점이 달랐지만, 유럽 수도원이 중세 암흑기 내내 고대의 위대한 고전을 보존해 미래 세대가 고대의 보물을 접할 수 있게 해준 사례에 버금가는 일이었다.

이런 공동체 중에 '유토피아 실험'이라 불리는 공동체가 있었다. 오늘날 이곳에 사는 우리는 그저 '유토피아'라 부른다. 처음 시작했을 때 이 이름은 반어적이었을지 모르지만 지금은 그렇지 않다. 적어도 운이 좋아 도시가 아닌 이곳 시골에 살게 된 우리에게는 재난이 일어나기 전보다 현재 여러 가지 면에서 사정이 더 좋아졌기 때문이다. 우선 공기가 훨씬 맑아졌고 야생동물이 돌아왔다. 사람들은 자녀와 더 많은 시간을 보내고 이웃끼리는 늘 서로 돕는다. 걸어서 이동하고 육체노동을 하기에 사람들은 과거보다 훨씬 건강하다. 분명 비만인 사람은 더 이상 찾아볼 수 없다. 우리는 재난이 어떤 사람들에게는 두 번째 기회를 주었다고 믿고 싶다. 20세기 후반 우리 인간이 자초한 끔찍한 상태에서 탈출할 기회 말이다.'"

사토시 선생은 출력물을 내려놓고 또다시 깊이 숨을 들이마셨다.

"대단한 스토리군요! 작가의 소질이 있으신데요." 선생이 말했다.

"하지만 다시는 글을 쓰지 못할 겁니다!" 나는 불쑥 내뱉었다. 아직도 글을 읽을 때 한 번에 서너 문장 이상은 집중하기 어려웠다. 일관성 있는 문단 하나를 쓰는 건 말할 것도 없었다. 생각을 적어두려 할 때마다 고작 한 문장을 쓰고는 무얼 쓰려 했는지 까맣게 잊기 일쑤였다. 글씨도 지렁이가 지나간 것처럼 엉망이었다.

"그런 소리 마세요! 이런 글도 쓰셨던 분이!" 사토시 선생이 또 다른 출력물을 내 앞에서 흔들며 외쳤다. 그날 아침 내 웹사이트에서 논문을 내려받아 읽은 모양이었다. 나를 이해하기 위해 이렇게 많은 시간을 들였다는 사실에 가슴이 뭉클해졌다.

그러나 선생의 말을 믿을 수 없었다. 나는 대학에서의 경력이 끝장났다고 확신했다.

"이런 일이 당신 인생의 늘그막에 일어났다면 사태는 훨씬 절망적으로 보였겠지요. 그러나 이제 겨우 마흔입니다. 은퇴하기 전에 25년이나 더 저축을 해야 해요. 당신이라면 할 수 있습니다." 사토시 선생이 말을 이었다.

선생의 말은 아마 처음부터 다시 시작하라는 뜻일 테다. 나는 유토피아 실험의 비용을 대느라 집을 팔았고, 현재 진흙투성이 들판의 녹슨 컨테이너에 보관된 책 몇 상자 말고는 수중에 한 푼도 없었다.

"보세요. 저는 가난한 사람들을 많이 봐왔습니다. 아마 그 사람들은 여생 동안 계속 가난하겠죠. 나이가 들면 쥐꼬리만 한 돈으로 빙고 게임을 하거나 동네 술집에서 술을 마실 겁니다. 그래도 큰 곤란은 느끼지 않을 거예요. 그것이 자신들을 기다리는 미래라 해도 크게 겁먹지 않을 거라고요. 하지만 당신은 생각만으로 끔찍해할 겁니다. 당신이 살았던 세계가 아니니까요." 사토시 선생이 말했다.

선생의 솔직함이 감사했다. 정신과 의사의 입에서 나오리라고 또는 나와야 한다고 상상했던 종류의 말은 아니었다. 분명 정치적으로 그리 올바른 발언도 아니었다. 그러나 선생의 말은 요행히 내 사고방식에 아주 잘 들어맞았다. 런던의 술집에서 혀 꼬부라진 주정꾼이나 빙고 게임에 빠진 늙은이와 어울려 근근이 살아가는 말년의 나를 상상하니 잔뜩 겁이 났다. 그런 운명을 피하기 위해 무엇이든 해야 했다. 간단히 말해 다시 건강해져야 했다.

"차라리 이곳에 오게 되어 다행입니다. 운 좋게 살아난 거예요."

당시 사토시 선생이 하는 말이 무슨 뜻인지 정말로 이해하지는 못했다. 그러나 이제 내가 정신적으로뿐만 아니라 신체적으로도 병이 났음은 확실히 자각했다. 나는 깡말랐고 영양실조였으며 지저분하고 단정치 못했다.

"당장은 다시 시탈로프람을 처방하겠습니다."

시탈로프람은 이전에 우울증을 겪었을 때 처방받았던 항우울 제였다. 당시에는 이 약이 효과가 있었다. 그러나 그때는 상태가 지금보다 나쁘지 않아 우울증을 겪으면서도 일을 계속할 수 있었다. 그리고 몇 개월 후 증세가 호전되어 약을 끊었다.

"하루에 40밀리그램을 처방하고 경과를 지켜보도록 하죠."

이전 복용량의 두 배였다. 이 정도로 충분하길 바랄 뿐이었다.

"하지만 맨 처음 전체적인 구상이 어떻게 떠올랐는지 더 자세히 말해주셔야 합니다. 이 흥미로운 시나리오를 맨 처음 쓰게 된 계기가 뭔가요? 이런 괴상한 실험을 언제부터 구상했죠?

2

멕시코

유토피아 실험의 아이디어가 최초로 떠오른 것은 2005년 9월, 멕시코에 체류하고 있을 때였다. 나는 영국문화원으로부터 로봇 공학을 주제로 몇 차례의 강연을 해달라는 부탁을 받았다. 멕시코시티와 몬테레이의 카페에서 하는 비공식적인 강연으로 목적은 대중이 과학과 테크놀로지에 참여하도록 독려하는 것이었다. 나는 감정이 있는 로봇을 개발하고 있는 내 실험을 설명하며 인공지능의 이익과 위험을 주제로 토론을 하게 했다. 강연이 모두 끝나자 유카탄반도로 날아가 일주일 동안 마야 유적을 탐험했다.

　제일 먼저 들른 곳은 유카탄반도에서 가장 큰 도시 메리다였다. 1542년 스페인 정복자들이 마야인의 옛 정착지에 건설한 이 도시는 다른 곳에선 대개 멕시코시티의 현대적 모습에 밀려 사라진 옛 식민지 시대의 매력을 여전히 간직하고 있다. 대성당 벽에 남은 마야 신전의 일부였던 석조 조각들은 마치 옛 토착 신들이 상단에 위치한 가톨릭 조각상의 무게에 전혀 굴하지 않고 버티고 있는 것 같은 인상을 준다. 유전자 또한 살아남았다. 메리다는 멕시코의 대도시 중에서 선주민의 비율이 가장 높은 곳으로 마야인의 후손이 주민의 절반 이상에 이른다. 갈색 얼굴과 새 부리 같은 코, 알록달록한 옷차림과 다부진 체격은 스페인 침입자들의 창백한 후손과 마야인의 후손을 뚜렷이 구별하는 특징이다. 스페인 침입자들은 맨 처음 신대륙을 약탈하러 온 이후로 500년이 지난 오늘날까지 여전히 더 키가 크고 더 많은 부와 권력을 갖고 있다.

조용한 거리를 거닐다가 천장이 높고 내부는 시원한 흰 건물들을 구경하고 있는데 젊은 남자가 다가와 어디서 왔느냐고 물었다.

"영국에서 왔어요." 나는 대답했다.

"오, 영국! 영국 사람이시군요!" 남자는 미소를 지으며 말했다. "멕시코 전통 의상을 구경해보실래요? 좋은 가격에 파는 곳을 아는데."

해외에서 쇼핑을 할 때 지켜야 할 첫 규칙이 있다면 결코 여행 첫날에 쇼핑을 하지 않는 것이다. 시간을 갖고 여러 곳을 다니며 어떤 물건이 있는지 가격은 어떤지 비교해보아야 한다. 돌아다니다 보면 곧 같은 물건이 처음 들어간 가게보다 10배는 싸게 팔리고 있는 걸 발견하게 되기 때문이다.

'뭐 아무럼 어때.' 나는 혼자 생각했다. '휴가잖아! 어쨌든 이곳
은 뭐든지 이렇게 싼데. 따라가서 구경한다고 나쁠 게 있겠어?'

그래서 남자를 따라 몇 개의 골목을 지나 큰 나무 대문을 거쳐
식민지풍 건물의 안뜰로 들어섰다. 몇몇 마야인 노파들이 아치 밑
그늘에 앉아 직조와 자수를 하고 있었다.

남자는 어느 노파에게 나를 소개했다.

"안녕하시오. 이름이?" 노파가 미소를 지으며 영어로 물었다.

"딜런입니다. Como se llama usted(성함이 어떻게 되십니까)?"

"이런, 스페인어를 할 줄 아는구려!" 노파는 외쳤다. "Que bi-
en(아주 좋아요)! Yo me llamo Maria(내 이름은 마리아라오). 그래, 멕시
코 전통 의상을 보러 오셨다고?"

노파는 나를 데리고 아치 하나를 지나 큰 방으로 갔다. 구석구
석마다 옷이 빽빽이 걸려 있어 마치 옷감으로 만든 미로 같았다.
그곳에는 지그재그 무늬가 있는 밝은색 담요, 정교한 잔주름이 잡
힌 빳빳한 흰 셔츠, 두꺼운 회색 모직 판초, 밀짚으로 만든 담갈색
솜브레로[1]와 펠트로 만든 검은색 솜브레로가 있었고, 뒤쪽으로는
잘 개어 정돈한 해먹이 선반에 가득 쌓여 있었다.

"구아야베라[2] 셔츠를 입어 보시려오?" 노파가 물었다.

---

1   챙이 넓은 멕시코 모자.
2   쿠바의 전통 셔츠로 오픈칼라의 박스 형태에 앞면에 장식수가 있는 것이 특징이다.

노파는 옷걸이에서 셔츠 하나를 벗겨내 건넸다. 옅은 갈색을 띤 황백색 셔츠로 기분 좋게 까슬까슬했으며 전혀 무겁지 않았다. 면으로 만든 옷 같지는 않았다.

"무엇으로 만든 건가요?" 나는 물었다.

"사이잘삼이오. 최고급이지."

사이잘삼은 용설란과의 식물에서 뽑은 거친 섬유다. 선인장과 먼 친척처럼 생긴 이 식물의 두껍고 매끄러운 다육질의 이파리는 땅에서 위로 치솟은 모양으로 끝에는 날카로워 보이는 뾰족한 가시가 있다. 이 이파리를 섬유질만 남을 때까지 으깨고 두들긴 다음 말려 빗질을 하고 피륙을 짠다. 사이잘삼으로 만든 옷은 모기를 쫓아주는데, 그 안에 용설란의 천연 방충제 성분을 함유하기 때문이다. 또 매우 시원하고 가벼워 무더운 멕시코 날씨에 이상적이다.

나는 결국 셔츠는 물론 셔츠와 어울리는 헐렁한 바지 한 벌과 역시 사이잘삼으로 만든 솜브레로까지 샀다. 멕시코 전통 의상을 입은 내 모습이 살짝 우스꽝스러워 보인다고 생각했으나 마리아는 아주 잘생기고 기품 있어 보인다고 장담했다.

"해먹에는 관심이 없으신가?" 노파가 물었다.

"지금 당장 사고 싶지는 않은데요." 나는 웅얼거렸다.

"그러지 말고! 이리 와봐요! 얼른!"

노파는 나를 도로 안뜰로 데려갔다. 주위를 둘러싼 아치 기둥

29

사이에 마술처럼 해먹이 걸려 있었다. 노파는 해먹 위에 누워보라고 손짓했고, 내가 눕자 맑은 액체가 든 작은 나무 잔을 건넸다.

"뭔가요?" 내가 물었다.

"멕시코 전통술이라오. 맘에 들 거요. 마셔요!"

조심조심 한 모금을 마셨다. 와! 독한 술이었다. 테킬라 같은 맛이 나며 식도가 타는 느낌이 들었다. 숨이 턱 막혔다.

노파가 웃음을 터뜨렸다. "맘에 드시오?"

대답을 하려 했지만 목소리가 나오지 않았다. 나는 정중하게 고개를 끄덕였고, 그 말을 증명하기 위해 한 모금을 더 마셨다. 그리고 또 한 모금.

해먹에 몸을 맡기고 눈을 감았다. 아늑해서 몸이 빨려드는 것 같았다. 전신에 따뜻한 기운이 퍼지며 몇 년 후 지중해의 별장에 이 해먹을 걸고 비스듬히 누워 있을 내 모습이 그려졌다. 우연한 행운으로 최근 내 소유가 된 별장이었다. 인생은 좋은 것이었다.

그곳을 나올 때 내 손에는 당연히 해먹이 들려 있었다.

이튿날에는 욱스말로 가는 버스를 탔다. 메리다에서 남쪽으로 대략 60킬로미터쯤 떨어진 이 고대 마야 도시는 서기 600년부터 1000년 사이에 번성했다. 버스는 오전 중반 목적지에 도착했고 태양빛이 벌써 따가웠다. 솜브레로가 있어 다행이었지만 사이잘삼 셔츠와 바지를 입었어야 했다는 생각이 들었다. 평소 입는 티셔츠와 청바지는 금세 습기와 땀에 젖어 몸에 들러붙었다. 그러나 거대하고 인상적인 회색 석조 건축물 '마법사의 피라미드'가 35미터가 넘는 높이로 우뚝 선 광경을 보게 되자 불편함은 다 잊었다. 이 피라미드는 다른 마야 피라미드와 달리 측면이 약간 둥글었으며 타원형의 기단에 세워졌다. 측면 역시 다른 피라미드보다 더 가팔랐기에 불안한 마음으로 더위에 헐떡거리며 정상까지 올랐다. 마침내 정상에 있는 사원에 이르자 돌아서서 나머지 전체를 감상했다.

갑자기 울적한 기분이 들었던 것이 기억난다. 1,000년 전 한때 북적거리며 저 아래 거리와 광장을 가득 메웠을 것이 분명한 군중들이 떠오른 까닭이었다. 저 멀리 한때 옥수수와 콩으로 가득한 들판이 있었을 자리에 보이는 것은 초록색 지붕으로 덮인 정글뿐이었다. 정글은 사방으로 뻗어 있었고, 멀리 보이는 점점이 흩어진 피라미드 꼭대기만이 다른 잃어버린 도시들이 있던 자리를 짐작게 했다.

상념은 가이드가 말을 거는 바람에 깨졌다. 옆에 앉아 있던 그는 내게 어디서 왔느냐고 물었다.

"영국에서 왔습니다." 나는 대답했다.

"여기서 먼가요?"

"네, 아주 멀죠. 그쪽은 어디서 오셨나요?"

가이드는 한 번도 들어본 적 없는 지명을 댔지만 그곳이 어딘지 잘 아는 것처럼 고개를 끄덕였다.

"그곳에서는 무슨 일을 하시나요?"

로봇을 **본** 적조차 없을지도 모르는 사람에게 감정을 지닌 로봇을 만들고 있다는 사실을 어떻게 설명하면 좋을까?

"감정을 지닌 기계를 만들고 있어요." 나는 말했다.

가이드는 어리둥절한 표정을 지었다. "왜요?" 그가 물었다.

깊은 한숨이 나왔다.

"흠, 많은 사람들이 앞으로 기계가 점점 더 똑똑해질 거라고 생각해요. 기계는 인간과 같아질 거고, 가정에서 고용인처럼 심지어 친구처럼 인간과 더불어 살게 될 거예요. 이 말은 기계가 인간의 감정을 인식할 수 있어야 하고 아마도 자기감정을 표현하기까지 해야 한다는 뜻이죠."

가이드는 고개를 끄덕이며 한동안 발끝을 내려다보았다.

"하지만 사람들이 왜 그런 기계를 갖고 싶어 하는 거죠?"

나 역시 최근 스스로에게 묻던 질문이었다. 감정이 있는 로봇의 발명에 처음 관심을 갖게 되었을 땐 아이디어 자체에 너무 푹빠져 이런 현실적인 질문들을 생각해볼 시간을 갖지 못했다. 그런 기계가 무슨 용도로 사용되며, 기업체가 왜 그런 기계를 생산하는 수고를 무릅쓸까 하는 질문들 말이다. 이제 정말로 감정이 있는 로봇을 개발하고 있자니 그런 질문들이 더욱 무겁게 다가왔다. 적어도 지원금을 신청하고 언론과 이야기할 때 프로젝트의 타당성을 보여주어야 했기에 더욱 그랬다. 그럴듯한 답변을 하기가 점점 어려워졌다. 감정이 있는 로봇을 만들고 싶었던 건 그 일이 끝내 주게 재밌을 것 같아서였다. 하지만 정말 쓸모도 있을까?

나는 모범적인 답변을 내놓았다. 스스로도 그리 확신하지 못하는 답변이었다.

"글쎄요, 노인들의 말벗이 되어주는 것도 이유의 하나겠죠." 나는 말을 이었다. "내가 사는 나라의 노인 대다수는 아주 외롭고 같이 이야기할 사람도 없어요. 그러니 감정을 느끼고 교감하는 로봇 말벗을 환영할 거예요."

"노인들이 서로 말동무를 해주면 안 되나요?" 가이드가 물었다.

이제 내가 발끝을 내려다볼 차례였다. 가이드는 나와 같은 허점을 발견했다. 왜 사회 문제에 기술적인 해결책을 찾을까? 외로움의 해결책이 정말로 더 많은 기계 장치를 만드는 걸까? 나는 집집마다 독거노인이 살고, 이 독거노인들 옆에 로봇 말동무가 한 대씩 앉아 있는 아파트 단지를 상상했다. 그리 행복한 그림은 아니었다.

그러나 주장을 굽히는 대신 어떤 점에선 로봇 말동무가 인간 말동무보다 나을지 모른다고 우겼다. 하지만 말하면서도 가이드의 얼굴에 혼란스러운 기색이 점점 짙어지는 걸 볼 수 있었다. 그와 나의 세계 사이에 문화적 간극이 가로놓여 있음은 물론 더 큰 그림 안에서 보면 내가 사는 세계가 다소 무의미하고 자기 탐닉적일지 모른다는 생각이 들었다. 가이드는 하루를 벌어 하루를 먹고사는 남자였다. 하지만 나는 로봇을 개발하고 있었다.

욱스말은 마야의 거대 도시 중에서도 가장 마지막에 몰락한 도시에 속했다. 서기 9세기, 오늘날 과테말라 영토인 남쪽 저지대 지역이 위기에 휩쓸리고 인구 역시 급감하며 도시들이 차례차례 무너졌지만 욱스말은 계속 번영을 누렸다. 그러나 결국 이곳 역시 몰락을 피하지 못했다.

마야가 몰락한 이유는 복합적이나, 기후 변화가 결정적인 역할을 했던 것으로 보인다. 극심한 가뭄이 200년 동안이나 이어졌다는 증거가 있다. 게다가 삼림 파괴가 더해졌다. 도시가 팽창하자 점점 늘어나는 인구를 먹여 살리기 위해 더 많은 농지가 필요했고 삼림을 농경지로 개간함에 따라 증발량이 감소해 강우량이 줄어들었다. 작황이 나빠져 기근이 도시를 덮치고 사람들이 비의 신 차크의 가호를 잃은 듯 보이는 지배 계급에 반기를 들자 피비린내 나는 내전이 일어났다.

이렇듯 인구 증가가 식량 공급을 추월하게 된 상황은 영국의 성직자 토머스 맬서스의 논리와 일맥상통하는 듯 보인다. 맬서스는 1798년에 쓴《인구론》에서 주어진 토지로 부양할 수 있는 인구수는 매우 한정되어 있다고 주장했다. 오늘날 생태학자들은 자연 상태에서 지구의 수용력이 정해져 있으며, 인구수가 그 이상을 초과하면 큰 재앙이 닥칠 것이라고 이야기한다. 기본적인 생각은 같다. 맬서스는 인구가 계속 증가하면 빠르든 늦든 반드시 그 인구를 부양하는 데 필요한 식량을 생산하지 못하는 지점에 도달한다고 주장했다. 그다음엔 늘어난 인구를 적정 규모로 줄이는 재난이 필연적으로 뒤따른다. 아마 "질병, 전염병, 역병, 페스트가 엄청나게 돌아 수천수만 명의 목숨을 일순간에 앗아갈 것이다." 이런 재난들로도 인구가 생존 가능한 규모로 줄어들지 않는다면 "불가피하게 대규모 기근이 뒤따라 인구는 단번에 식량 생산량에 알맞은 수준으로 떨어질 것이다."

마야의 붕괴와 현재 우리 지구가 봉착한 난관이 아주 유사함은 분명하다. 마야인의 수가 환경이 수용 가능한 한계를 넘었듯이, 오늘날 전 세계 인구는 지구의 수용력을 넘어 위협적으로 증가하고 있다. 2005년 욱스말의 피라미드를 올랐을 때 이 지구상에는 65억의 인구가 있었다. 2050년까지 인구는 90억으로 증가할 것으로 예상된다. 이미 지구 곳곳이 기근으로 신음하고 있는데 이 여분의 인구를 어떻게 부양할 수 있단 말인가? 마야 문명 같은 위대한 문명도 붕괴되었다면 오늘날의 세계도 같은 운명을 맞지 말란 법이 어디 있겠는가?

물론 마야인의 세계와 우리 세계 사이에는 몇 가지 큰 차이도 있다. 그중 하나가 우리 문명은 전 지구화되어 있어서 지구 한쪽이 곤경에 빠지면 나머지가 원조를 할 수 있다는 점이다. 한편 원양 항해를 할 기술이 없는 마야 문명은 고립되어 있었다.

하지만 전 지구화된 세계에 산다는 것은 한편으로 곤경이 빨리 퍼진다는 뜻이기도 하다. 광저우의 시장에서 출현한 조류 인플루엔자 변종이 순식간에 전 세계로 퍼진다. 도쿄에서 발생한 지진으로 보험 회사가 자산을 매각해 보험 청구를 처리하면 전 세계 금융 시스템이 그 영향을 받는다.

우리 식탁까지 값싼 음식이 오르게 해주는 과도하게 효율적인 글로벌 공급망 역시 국지적 쇼크에 점점 취약해진다. 수요에 따라 물건이 선적되고 재고가 최소화되는 상황일 때는 단 하나의 사슬만 끊어져도 전체 사슬이 붕괴될 수 있다. 한 슈퍼마켓이 보유한 재고는 아마 이용권 안에 있는 소비자 각각이 세 끼의 식사를 하기 적당한 양일 것이다. 이 세끼의 식사가 끝날 무렵 우리는 문명과 무정부 상태 사이를 나누는 위태로운 선이 무너지는 순간을 목도하게 될지 모른다.

우리 문명이 붕괴될지도 모른다는 생각이 이상한 생각 같다면, 전성기에 있던 마야 문명이 붕괴될지 모른다는 생각도 똑같이 미친 소리 취급을 받았을 것이 분명하다. 한때 욱스말의 거리를 가득 메웠던 군중에게 누군가 몇 년 후 이 거리가 텅 비어 고적해질 것이라고 말했다면 틀림없이 비웃음을 샀을 것이다.

그래서 피라미드 정상에 앉아 온통 마야 문명 붕괴에 관한 상념에 잠긴 순간 누군가 우리의 최첨단 문명 역시 똑같이 연약하고 똑같이 덧없다고 속삭이는 것 같았다. 허리케인 카트리나가 지나

간 현장을 찍은 사진이 아직도 눈앞에 생생했다. 허리케인 하나가
고삐 풀린 약탈자가 되어 지구상에서 가장 발전한 나라의 거리를
폐허로 만들 수 있다면, 욱스말의 폐허에서 유사성을 발견하기는
결코 어렵지 않았다.

마야인이 문명의 붕괴와 함께 멸종한 것은 아니다. 수백만 명이
죽었지만 일부는 정글로 숨어들어 목숨을 건졌다. 전 지구적인 파
국이 현대 문명을 끝장낸다면 우리에게도 틀림없이 비슷한 일이
일어날 터였다. 생존자들은 도시를 버리고 직접 식량을 재배하거
나 채집할 수 있는 곳에서 목숨을 이어갈 것이다. 개발도상국에서
는 그리 어려운 일이 아니다. 아직도 많은 사람들이 자급자족하며
살고 있기 때문이다. 마야인은 심지어 가시가 있는 식물로 길쌈을
하는 방법까지 알아내지 않았는가! 마야인은 현대 기술 없이도 수
천 년을 살았고, 일부는 유카탄반도의 정글에 점점이 흩어진 작은
촌락에서 아직도 그렇게 살고 있다. 그러나 농사에 대해 아는 사
람은 극히 적은 경제 선진국 사람들이라면? 뉴욕이나 런던의 난
민들이 전 지구적 파국 이후를 어떻게 헤쳐나갈 수 있겠는가?

욱스말을 방문한 후 며칠 동안 내 마음속에는 이런 질문들이 싹
트기 시작했다. 더 동쪽으로 이동해 폐허가 된 다른 도시들을 여
행하며 어쩌면 답이 되어줄지도 모르는 일종의 실험을 구상했다.
책상머리에 앉아 문명이 붕괴된 이후의 삶은 어떨지 상상만 하느

니 자원자의 도움을 받아 실행에 옮겨보기로 결심한 것이다. 우리가 할 일은 최첨단 문명의 도움 없이 자기가 먹을 식량을 재배하고, 자기가 입을 옷을 만들고, 생존에 필요한 모든 일을 하는 것이었다. 그러나 그저 또 하나의 히피 공동체나 소로의 월든 호수가 되어서는 곤란했다. 우리는 협업으로 만들어진 가상의 시나리오를 실행에 옮기는 공동체였다. 글로벌 붕괴의 시나리오를 지속적으로 참조하되 현실 세계에서의 실연(實演)을 통해 더욱 다듬어질 시나리오였다.

유카탄반도의 동쪽 해안에 있는 고대 마야 도시 툴룸에 도착할 즈음엔 실험은 더 이상 허황된 공상이 아니라 구체적인 행동 계획이 되어 있었다. 한때 항구 도시였던 툴룸은 욱스말보다 조금 작았고 카리브해에 면한 작은 절벽 꼭대기에 위치해 있었다. 이곳은 마야인이 마지막까지 거주했던 도시 중 하나로, 스페인인들이 맨 처음 멕시코에 상륙한 후로도 몇십 년 동안 존속했다가 결국 유럽인이 전파한 바이러스에 굴복했다.

나는 2~3일 임대할 바닷가 오두막을 찾았다. 구조는 몹시 단순했다. 아마도 벽돌로 쌓았을 원형 벽에는 흰 회반죽을 칠했고 위에는 짚으로 엮은 커다란 원뿔형 지붕을 덮었다. 임시로 만든 나무 문으로 들어가면 안에는 간이침대와 작은 나무 탁자밖에 없었다. 바닥은 오두막이 세워진 모래사장 그대로였다.

배낭을 벗어 침대 위에 던져 놓았다. 때는 한낮이었고 짚으로 엮은 지붕을 뚫고 들어오는 빛만으로도 짐 정리를 하기엔 충분했다. 배낭에는 새로 산 멕시코 셔츠와 바지, 역시 새로 산 해먹, 티셔츠 두 벌, 양말과 속옷, 수영복, 책 한두 권, 세면도구가 있었다. 이 물건들이 지금 이 세상에서 내가 가진 전부였지만 이것으로도 충분해 보였다. 굉장히 홀가분해지면서 영원히 이렇게 살고 싶다는 바람이 들었다. 거의 가진 것 없이 아주 단출한 거처에서 말이다.

수영복으로 갈아입고 바다로 갔다. 따뜻하고 우호적인 바다에서 잠시 첨벙거리다가 뒤로 누워 눈을 감고 물 위에 떠 있었다. 물결에 따라 떠올랐다 가라앉았다 하며 얼굴에 내려앉는 따뜻한 햇살과 부드럽게 찰싹이는 파도를 느꼈다. 이곳은 지상 낙원이었다.

얼마 후 땅거미가 지기 시작할 때쯤 해변 위쪽에서 바비큐 파티를 하는 작은 무리가 눈에 띄었다. 모두 반바지만 걸치고 위에는 아무것도 입지 않은 젊은 멕시코 남자 다섯으로 근육질의 몸은 황금빛으로 그을려 있었다. 건너가 인사를 건네자 연기가 나는 물고기를 뒤적이던 남자가 잠시 멍했다가 놀란 표정을 지었다.

"최근에 메리다에 있지 않았나요?"

그의 반응에 당황해하며 고개를 끄덕였다. 분명 메리다에서는 본 적 없는 얼굴이었다.

그러자 그는 친구들에게로 몸을 돌려 스페인어로 이렇게 말했다.

"메리다에서 바가지를 잔뜩 쓰고 옷을 샀다는 남자가 바로 이 남자야!"

무리 사이로 웃음소리가 퍼져나갔다. 젊은이들이 나를 돌아보며 노골적으로 웃었다. 내가 자기들 말을 알아들을 거라는 생각은 손톱만큼도 없는 듯했다.

그러니까 어째서인지는 모르겠지만 어리숙한 '그링고'[3]가 한 명 있다는 소문이 메리다에서 이곳 해안까지 쫙 퍼진 것이다. 아무리 **어마어마한** 바가지를 썼다 한들 그게 이렇게 멀리까지 소문이 날 일일까? 솔직히 생각만으로도 오싹한 기분이 들었다. 그러나 오싹함은 잠시뿐이었다. 나는 금세 장난스럽고 태평한 기분으로 돌아갔고, 이 기분은 멕시코에서 남은 시간을 보내는 내내 계속되었다.

따뜻한 해변에서 느긋이 쉬고 있자니 종말 이후의 삶도 그리 끔찍해 보이지만은 않았다. 종말 자체는 끔찍한 게 맞겠지만, 살아남은 사람들이 선택할 수밖에 없는 더 단순한 삶의 방식은 그 이전의 기술 의존적인 삶의 방식보다 더 나을지 몰랐다. 어쩌면 긍정적 의미에서 유토피아에 가까울 가능성도 있었다.

물론 유토피아라는 난어에 항상 긍정적인 뜻만 있는 것은 아니다. 완벽한 사회를 뜻하는 한편 희망 없는 비현실적 이상을 뜻하기도 하는 까닭이다. 토머스 모어가 1516년 발표한《유토피아》에서 이 단어를 처음 사용했을 때 염두에 두었던 것도 아마 후자의

---

3 gringo. 라틴아메리카에서 앵글로색슨계 미국인을 경멸적으로 칭하는 말.

의미일 것이다. 왜냐하면 그리스어 'où(없다)'와 'τόπος(장소)'를 합성한 이 단어는 '어디에도 없는 곳(nowhere)'이라는 뜻이기 때문이다. 유토피아란 단어는 우리는 완벽한 사회를 꿈꾸지만 그런 사회는 이 세상 어디에서도 찾을 수 없음을 함축한다.

그렇지만 이 분명한 경고를 무시하고 모어의 책에 혹해 자신의 판타지를 현실로 바꾸려 한 이상주의자들은 끊임없이 존재해왔다. 첫 시작은 바스코 데 키로가(Vasco de Quiroga)라는 이름의 스페인 성직자로 그가 자신의 유토피아를 건설할 장소로 선택한 곳은 공교롭게도 멕시코였다. 모어의 책이 출판된 지 겨우 20년 만에 키로가는 이 책을 청사진 삼아 멕시코시티 외곽에 공동체를 세우게 된다.

파츠쿠아로호 연안의 이 공동체에서 인디오들은 기독교뿐 아니라 다양한 예술과 공예, 자치의 기초를 배웠다. 그 이후의 많은 유토피아 공동체처럼 키로가가 세운 정착촌 역시 원시적 사회주의의 요소를 갖고 있었다. 사람들은 하루에 6시간을 일했고 평등하게 공공복지에 기여했다.

그러니 내가 유토피아 실험의 아이디어를 처음 떠올린 곳이 하필 멕시코라는 사실도 공교롭지만 한편으로는 당연하게 여겨졌다. 그럼에도 툴룸의 태양을 흠뻑 머금은 나날들에는 어딘가 초현실적인 구석 또한 있었다. 모든 것이 마법에 걸린 것처럼 몽롱했다. 나중에는 메리다에서 노파가 내게 건넸던 술에 무언가 들었던 건 아닐까 의심되기까지 했다. 그 안에 어떤 환각 물질이나 신비의 약이 들었던 걸지도 모른다. 그래서 기꺼이 전 재산을 바치고, 갖고 있는 모든 것을 포기하고, 아무것도 소유하지 않은 삶을 살게 되었는지도 모른다. 유토피아 실험의 아이디어가 떠오른 것 자체가 실은 어떤 마법 때문 아니었을까?

다시 돌아온 영국은 어둡고 우울했다. 나는 아직은 모호한 계획을 실천에 옮기기 시작했다. 가장 먼저 할 일은 적당한 장소를 물색하는 것이었다. 전 지구적 파국의 생존자들이 피신하기에 알맞은 장소는 어떤 곳일까? 붕괴의 원인 중에 기후 변화가 있다면 이전 기후 환경에서 살기 좋았던 곳은 반대로 살기 힘들어질 우려가 있었다. 어떤 기후 예측에 따르면 잉글랜드 남부는 점점 메마른 불모의 토양이 되어가지만 스코틀랜드 하일랜드는 여전히 풍부한 강우량을 유지한다. 또 평균 기온이 상승한다는 말은 하일랜드가 농경에 더 유리한 지역이 됨을 의미한다. 어쩌면 모든 게 끝장나기 전 소수의 선견지명 있는 사람들이 대도시를 떠나 북쪽으로 향할지 모른다. 이들은 그곳에서 직접 먹을 식량을 재배하고 곧 사라질 현대 과학 기술을 멀리하며 다가올 종말을 대비하리라. 소수의 마야인이 정글로 숨어들어 마야 문명의 붕괴 이후에도 살아남았듯이 런던과 에든버러를 탈출한 소수의 피난민이 스코틀랜드 하일랜드에서 삶을 이어나갈 수 있을지도 몰랐다.

그런 일이 일어난다면 도움을 줄 하일랜드 출신의 오래된 친구가 하나 있었다. 로메이는 1987년 사우샘프턴 대학교에서 만난 친구였다. 대학 시절 로메이는 자주 고향인 하일랜드로 돌아갈 뜻을 비쳤고, 2000년에 정말 고향으로 돌아가 어린 시절 지내던 오래된 농가를 구입해 개조했다. 로메이의 오빠는 그 주변의 농지를 상속받아 현재 스코틀랜드에서 가장 상질의 육우를 기르고 있었다.

나는 초조한 심정으로 전화기를 들어 로메이의 번호를 눌렀다.

"네 오빠한테 실험에 쓸 땅을 몇천 제곱미터쯤 빌릴 수 있을까?" 나는 물었다.

로메이는 대답을 망설였다. 로메이의 오빠 앨러스테어는 허튼 짓은 전혀 하지 않는 분별 있는 성격으로, 낯선 사람이 자기 땅에서 종말 이후의 삶을 실험하도록 허락할 사람으로는 보이지 않았다. 그러나 로메이는 내 아이디어에 지나치게 솔깃한 나머지 냉정을 잃었다.

"좋아. 아마 너라면 오빠를 설득할 수 있을 거야. 그리고 내가 안성맞춤인 장소를 알지." 그녀가 말했다.

몇 주 후 일주일 동안 스코틀랜드를 여행하며 이곳을 파악하는 시간을 가졌다. 전에도 여러 번 방문했었지만 로메이의 농가와 앨러스테어의 농장 사이로 펼쳐진 땅, 그러니까 블랙 아일의 북쪽 기슭, 인버네스 북쪽에 자리한 땅의 지형을 이렇게 주의 깊게 살

펴본 적은 결코 없었다. 들판 사이로 개울이 흐르며 나무와 고사리가 빽빽이 자라 작은 계곡을 형성했다. 이곳에 서면 주변의 농경지가 시야에서 사라지며 갑자기 문명과 매우 동떨어진 듯한 기분을 느끼게 된다. 여기가 바로 로메이가 말한 장소였다.

내가 도착한 때는 땅거미가 지기 전 마지막 햇살이 멀리 눈 덮인 산봉우리에 반사되어 반짝일 무렵이었다. 로메이는 평소처럼 열정적인 태도로 나를 맞았다. 40대 후반인 그녀의 헝클어진 갈색 머리는 군데군데 세어 있었고, 진갈색 눈은 웃을 때마다 개구쟁이처럼 반짝반짝 빛났다. 그러나 로메이는 혼자 힘으로 자립해 아이 둘까지 홀로 기른 세월이 남긴 강인함 역시 갖고 있었다. 이제 나고 자란 고향으로 돌아와, 녹색 웰링턴 장화를 신고 진흙투성이 들판을 성큼성큼 가로질러 미래의 유토피아가 될 장소를 구경시켜주는 그녀는 마치 자신이 있어야 할 자리를 찾은 사람 같았다.

로메이가 말한 장소에는 전력 생산에 사용할 만한 작은 폭포가 있었다. 개울의 양쪽 비탈면은 과수나 베리를 기르는 계단식 밭으로 삼기 좋았다. 계곡은 어느 한 지점에서 넓어져 양쪽으로 캠프를 세우기 적당한 크기의 평평한 지역을 형성했다.

계곡 위에는 석벽에 녹슨 골함석 지붕을 얹은 거대한 감자 창고가 있었다. 비가 새지 않게 하려면 지붕에 난 구멍 몇 군데를 수리해야 했고 지금은 바람만 들락거리는 크게 벌어진 구멍에 문도 달아야 했지만, 이를 제외하면 창고의 외양은 꽤 쓸 만했다. 로메이는 이곳을 공동으로 식사를 하고 요리를 하는 장소로 사용하자고 제안했다.

감자 창고 근처에는 잡목으로 덮인 땅이 4,000제곱미터 정도 있어 농사를 짓고 돼지나 닭을 기를 수 있었다. 자갈투성이 땅에 무엇이든 심으려면 준비할 게 많아 보였다. 그러나 토양은 기름진 검은색이었고 북향이긴 했지만 비탈의 경사가 완만해 잠깐씩 드는 해라도 충분히 볕을 받을 수 있었다.

그러나 나는 농사에 대해 아는 바가 없었다. 유일하게 길러본 작물은 실용적인 목적에서라기보다 호기심에 기른 대마초가 전부였다. 나는 누가 봐도 농사에 재능이 있는 사람이 아니었다. 친구나 가족은 내가 땅을 갈고 묘목을 심고 추수를 한다는 생각만으로 웃음을 터뜨릴지도 몰랐다. 그러나 당시 나는 손에 굳은살이 박인 농사의 귀재가 되어 토머스 하디의 소설에 나오는 근면한 자영농처럼 일하겠다는 야무진 꿈을 꾸고 있었다. 내가 그런 삶의 방식과 얼마나 안 어울리는 사람인지를 몰랐기에 가능한 일이었다.

3

로봇

스코틀랜드 여행에서 돌아와 내 웹사이트에 '유토피아 실험 자원
자 모집'이라는 제목의 공지를 올렸다. 글에서 나는 다음 세 가지
원칙에 기초한 새로운 공동체를 만들고 있다고 밝혔다.

1. 유토피아 실험은 **학습 공동체**입니다. 모든 자원자는 자기만의 기
   술이나 지식 분야를 다른 사람에게 가르칠 수 있어야 합니다.
2. 유토피아 실험은 **노동 공동체**입니다. 자원자에게 금전을 요구하
   지 않는 대신 모든 자원자가 노동에 참여해야 합니다.
3. 유토피아 실험은 **제한 시간**을 엄수합니다. 이 실험의 목적은 지속
   성 있는 공동체를 만드는 것이 아닙니다. 실험 기간은 18개월입니
   다. 자원자는 3개월까지 체류할 수 있으며 2주의 단기 체류도 가

능합니다.

유토피아 실험은 플라톤의 아카데미아와 소설《더 비치》의 사이를 지향하는 공동체입니다.

플라톤을 언급한 것은 다소 거창하게 들렸을지 모른다. 그러나 플라톤의 아카데미아는 정말로 고대 아테네의 성벽 외곽에 위치한 올리브 숲에 지나지 않았다. 그곳에서 그의 벗과 추종자가 모여 철학을 공부하고 토론을 벌였다. 내가 되살리고 싶었던 것은 바로 이 고결하지만 격식에 얽매이지 않는 분위기였다.

《더 비치》는 또 다른 유토피아의 이야기를 들려준다. 알렉스 갈런드가 쓴 이 대작 소설의 주인공인 한 젊은 배낭여행자는 태국에서 비밀의 해변을 발견하게 된다. 이 해변은 전 세계에서 온 젊은 이들이 목가적인 환경 한가운데서 어울려 살아가는 공동체였다. 처음엔 모든 것이 순조로웠고 우리의 주인공은 자신이 지상낙원을 발견했다고 생각한다. 그러나 결국 모든 것은 재앙으로 끝난다.

실험에 영감을 준 소재로 하필《더 비치》를 인용한 것이 불길하다는 생각은 당시엔 들지 않았다. 자원자를 선별하는 방법도 깊이 고민하지 않았다. 단지 200단어로 된 이메일을 보내 자기소개와 공동체에 기여할 수 있는 바를 설명해달라고만 했을 뿐이다.

웹 페이지를 홍보하거나 그곳에 공지를 올렸다는 사실을 누군가한테 말하지도 않았다. 공지를 찾는 유일한 방법은 내 홈페이지의 링크를 따라가는 것이었다. 맨 처음 링크를 따라간 사람들이 내 공지를 공유해 저절로 퍼져나갈지 아닐지도 궁금했다.

아니나 다를까 며칠 후 첫 자원자들이 메일을 보내오기 시작했다. 처음엔 몇 통에 불과했으나 머지않아 실험 공동체에 참여하기를 원하는 수백 통의 지원서를 받게 되었다. 내 친구의 예측과 달리 이들이 모두 20대의 히피는 아니었다. 연령은 18세에서 67세까지였고 여성과 남성이 대략 비슷한 비율이었으며 각자 다양한 배경을 갖고 있었다. 지금은 제화공으로 일하는 전직 영국 해병대원부터 열렬한 채식주의자인 컴퓨터 프로그래머, 이누이트족과 함께 살아가는 퇴직 교사, 인도에서 온 저널리스트, 벨파스트에서 온 그라피티 아티스트, 공동체의 음악가가 되겠다고 자원한 케임브리지 대학교 졸업생에 이르기까지 자원자들의 면면은 참으로 다양했다.

온라인에 게시한 원래 공지에 세계의 종말에 관한 이야기는 없었다. 사토시 선생이 읽은 가상의 시나리오를 쓴 것은 몇 개월이 지나서였다. 왜 첫 단계부터 실험의 종말론적 성격을 드러내지 않으려 했는지 지금은 기억나지 않는다. 얼마나 미친 소리로 들리는지 알 만큼은 제정신이었던 모양이다. 너무 많은 사실을 누설하고 싶지 않아서였을 수도 있다.

그럼에도 맨 처음 지원한 사람들 중 몇몇은 이미 나와 비슷한 생각의 가닥을 따르고 있음을 분명히 보여주었다. 그중 하나가 애그릭이었다.

50대 초반의 자영업 컴퓨터 기술자인 애그릭은 슬라우에 살며 밭에서 직접 채소를 길렀다. 그러나 그는 유목 생활을 하기 위해 집을 팔 계획을 하고 있었다.

내게 보낸 첫 메일에서 애그릭은 자원 동기를 설명한 후 피크 오일의 비참한 결과를 '경고'하며 끝을 맺었다.

피크 오일은 지구의 석유 생산량이 줄어들기 시작하는 시점을 이른다. 1950년대 석유기업 셸에서 일했던 지질학자 매리언 킹 허버트는 석유 생산량이 종형 곡선을 그릴 것이라고 말했다. 맨 처음 생산 속도는 매우 느리다. 그러나 그 후 속도는 매우 빨라지기 시작하며 정점에 이르러 안정되었다가 똑같이 급속도로 감소한다.

피크 오일이 임박했다고 믿는 사람은 애그릭 혼자가 아니었다. 나는 곧 피크 오일이 지구 종말론자들 사이에서 흔한 믿음임을 알았다. 지구 종말론자(doomer)란 머지않아 전 지구적 파국이 닥칠 거라고 믿는 사람들을 말한다. 이들은 파국의 원인을 지구온난화부터 금융 위기까지 다양하게 분석하는데 그중에서도 가장 많이 꼽는 원인이 값싼 석유의 종말이다. 현대 기술 문명에서 석유가 얼마나 중요한 역할을 차지하는지 생각해보면 그 이유를 알기는 어렵지 않다.

낙관주의의 정도를 스펙트럼으로 나타내면 지구 종말론자의 반

대편 끝에는 번영론자(boomer), 또는 낙관적 미래론자(cornucopian)
가 있다. 지속적인 기술의 발전으로 우리가 처한 모든 문제가 해
결되며 생활 수준도 계속 높아지리라 믿는 이들이다.

오랫동안 나는 스스로 확고한 낙관적 미래론자라고 생각했다.
나는 인류가 아서 C. 클라크 같은 과학 소설가가 머릿속에 그린
테크노 유토피아와 비슷한 방향으로 나아가리라 확신했는데, 아
서 클라크는 "고도로 발전된 과학 기술은 마법과 구별하기 어렵
다."라는 유명한 말을 남겼다. 그리고 나는 내 자신이 이런 미래의
일부가 되기를, 이런 미래를 실현할 수 있기를 간절히 바랐다.

인공지능이 약속하는 미래에 열광한 나는 세계에서 가장 좋은
장비를 갖춘 로봇 공학 연구소의 하나인 브리스톨 로봇 연구소에
직장을 얻었다(당시에는 '지능형 자율 시스템 연구소'라는 이름이었다). 나는
그곳에서 만난 대개의 다른 연구자들처럼, 인간과 어울려 지적인
대화를 나누고 인간을 따분하고 더럽고 위험한 일에서 해방시켜
줄 로봇을 개발한다는 원대한 야망을 품게 되었다. 물론 그런 첨
단 기술을 실계하는 데 큰 어려움이 있음은 알았지만, 무엇보다
가장 큰 어려움이 에너지라는 사실은 알아채지 못했다. 에너지는
로봇 공학이 숨겨온 더러운 치부다.

인공지능과 인간의 지능을 견주기에는 아직 갈 길이 멀지만 인
공지능은 이미 일부 분야에서 인상적인 개가를 올렸다. 인공지능
은 체스에서 인간 챔피언을 꺾었고, 자동차를 운전하거나 얼굴을

인식하는 등의 일상적이지만 사실상 더 수요가 많은 일을 한다. 그러나 모든 최첨단 인공지능은 에너지가 다 바닥난 상태의 인간마저 그리 크게 앞지르지 못하며 대개의 로봇은 에너지가 매우 빨리 닳는다. 로봇이 배터리에 의존하기 때문인데, 휴대용 전화기에 사용되는 리튬 이온 배터리가 발전을 거듭했음에도 배터리는 여전히 대단히 비효율적인 에너지원이다. 적어도 개미나 인간 같은 살아 있는 생물을 작동시키는 생물학적 메커니즘과 비교하면 그렇다. 개미가 얼마나 작은지 생각해보라. 그리고 개미가 자기 몸무게의 몇 배나 되는 짐을 지고 얼마나 먼 거리를 이동하는지를 보라. 로봇 개미에게 같은 일을 시키려면 개미보다 훨씬 큰 배터리를 장착해야 한다. 하지만 또 그 배터리를 지고 나르기 위해 더 많은 에너지가 필요하게 되고, 개미에게 더욱더 큰 배터리를 장착해야 하는 악순환이 거듭되는 것이다.

브리스톨에서 몇 개월을 보낸 후 이런 의미에서 (그리고 또 많은 다른 의미에서) 로봇이 오히려 인간 사회와 비슷하다는 생각이 들었다. 로봇의 지능은 로봇이 가진 에너지를 능가한다. 로봇은 온갖 놀라운 지적 프로젝트를 수행하지만 줄곧 에너지 부족에 부닥치며 그것을 메울 더 많은 자원을 찾아다닌다. 이와 비슷하게 과거 많은 사회가 갖고 있는 에너지 자원보다 더 많은 에너지를 필요로 하기 시작하며 붕괴되었다.

마야 문명은 좋은 예지만 또 다른 예를 찾는 것도 어렵지 않다.

이스터섬은 태평양에 위치한 작은 섬으로 육지와 멀리 떨어져 있다. 800년 전 폴리네시아 정착민 한 무리가 이곳에 도착했을 때 섬은 나무로 뒤덮여 있었다. 대략 1,600만 그루에 일부는 30미터가 넘는 높이의 나무들이 있었을 것으로 추정된다. 정착민들은 농경지를 확보하기 위해 숲을 불태우고 크게 번성하기 시작했다. 마침내 인구가 1만 5,000명 정도로 늘어나자 나무가 멸종되고 말았다. 나무가 없어지자 섬 주민들은 물고기를 잡으러 갈 카누를 만들 수 없었고 토양 침식으로 농경지까지 점점 줄어들었다.

제임스 쿡 선장이 1774년 이스터섬을 찾았을 때 이곳에는 오직 몇백 명만 남아 간신히 명맥을 잇고 있었다. 조상이 창조한 한때 자랑스러웠던 문명의 흔적은 오늘날에도 이스터섬에서 가장 유명한 거대 석상밖에 없었다. 이 석상 중에서도 많은 수가 경쟁 관계에 있던 부족의 침략으로 파괴되었고 부족들이 서로를 공격하며 이들의 사회는 붕괴되고 말았다.

우리가 살고 있는 지구의 상황도 마야 문명이나 이스터섬이 처했던 상황과 다르지 않다는 생각이 들었다. 우리 문명은 오랜 시간 화석 연료, 특히 석유에서 동력을 얻어왔고 연료의 수요는 점점 더 증가했다. 그러나 조만간 연료가 다 떨어질 날이 올 터였다. 그리고 나중에 애그릭이 끊임없이 상기시켰듯이 이것이 종말의 시작이다.

그러나 인간 사회가 연구소의 로봇들과 매우 다른 점도 있었다. 우리는 대개 '무리지능(swarm intelligence)'이라 알려진 집단행동을 중점적으로 연구했다. 여기엔 아주 단순한 로봇 다수가 무리 지어 일하도록 설계하는 일이 포함되었다. 로봇 하나하나만 놓고 보면 그 자체로는 지능이 낮지만 공통의 목표를 이루기 위해 협력시키면 일종의 집단 지능, 또는 무리 마음(hive mind)이 생겨난다는 개념이었다. 하지만 인간 사회는 정반대라는 생각이 들었다. 하나하나만 놓고 보면 우리 인간은 매우 지적인 생명체다. 그러나 사회를 이루면 일종의 집단 어리석음이 저절로 생겨나는 것처럼 보인다. 스코틀랜드의 저널리스트 찰스 매케이가 1841년 쓴 책에서 이를 '대중의 광기'라 부른 것은 매우 유명하다. 이 책은 투기 거품, 십자군 전쟁, 마녀사냥 등 대중이 미망에 빠진 역사를 연대순으로 정리했다. 매케이는 말한다. "인간은 무리로 있으면 광기에 빠졌다가 오직 한 명씩 천천히 제정신으로 돌아온다."

내게는 우리가 살고 있는 지구 역시 미쳐가는 것처럼 보였다. 분별 있는 개인들이 기후 변화의 위험을 경고하며 저항하고 있음에도 불구하고 전체로서의 세계가 위험을 막기 위해 할 수 있는 일은 전혀 없어 보였다. 하지만 어딘가에는 분명 정상적인 공동체, 집단 사고나 미망에 물들지 않은 공동체를 만드는 방법이 있지 않겠는가? 유토피아 실험은 이런 사회의 축도(縮圖)를 만들려는 시도였다.

지구 종말론자들은 사실상 현대 문명이 붕괴되기를 고대한다. 비록 수십억의 목숨이 희생될 것을 알지만, 거품 경제가 결국 터지게 되어 있는 것처럼 이 세계를 바로잡을 날이 예정되어 있다고 생각한다. 그 결과 생존자들은 더 인간적인 사회, 산업화로 인한 무수한 폐해에 물들지 않은 사회를 재건설할 기회를 갖게 될 것이다.

이런 세계관에서 다가올 붕괴는 세속적으로 변형된 일종의 묵시록이자 기독교 신학에서 말하는 '대환난'의 자연주의적 등가물이 된다. 그 속에서 사람들은 대개 재난과 기근과 전쟁으로 사망한다. 대환난이 우리의 죄로 말미암아 신이 내리는 벌이듯, 현대 문명의 붕괴는 어머니 지구가 환경 오염으로 말미암아 내리는 복수이자 소비 과잉에 대한 벌이다. 대환난 이후 천년왕국의 평화와 번영이 이어지듯 붕괴 이후의 세상은 산업혁명 이전의 행복한 삶의 방식으로 돌아갈 것이다.

이런 이야기의 흐름에는 어떤 보편성이 있는 듯하다. 혁명적 사회주의와 파시즘은 웨이코와 존스타운에서 일어난 비극처럼 천년왕국을 믿는 전통을 계승하고 있다.[1] 피크 오일은 이런 범문화

---

1   천년왕국은 대환난 이후 그리스도가 재림해 1,000년 동안 통치한다고 믿었던 왕국이다. 정의와 평화가 지배하는 이상적 세계나 유토피아를 비유하는 말로 쓰이기도 한다. 천년왕국의 도래를 믿는 광신자들이 비극적 사건을 일으킨 사례도 적지 않은데, 1978년 가이아나의 존스타운에서는 광신적 종교 지도자 짐 존스(Jim Jones)의 명령으로 집단 자살극이 일어나 900여 명이 사망했고, 1993년 미국 텍사스주에서는 정부군과 대치하던 웨이코 종교 집단의 신도 70여 명이 불에 타 사망했다.

적 충동의 가장 최신판일 뿐이다.

현대 세계 질서에 자리 잡지 못한 이들, 과학 기술의 진보에 뒤처진 이들이 천년왕국의 도래를 앞당기려는 충동에 쉽게 넘어가는 이유를 이해하기는 어렵지 않다. 하지만 첨단 기술의 최전선에서 일하는 이들 중 스스로 이룬 과학적 성취의 정점에서 이 유혹적인 믿음으로 갈아탄 사람도 많다. 이른바 이 '개종'을 겪었을 때 나는 선도적인 로봇 공학 연구소에 다니고 있었다. 나 이전에도 훨씬 더 저명한 과학자들이 같은 길에 발을 디뎠다.

빌 조이를 예로 들어보자. 선마이크로시스템스의 공동 창업자인 그는 전설적인 프로그래머로 1970년대 말과 1980년대 초반에 선구적인 소프트웨어를 개발했다. 그래서 조이가 《와이어드》 2000년 4월호에서 컴퓨터와 여러 신기술의 영향력이 증가하는 데 깊은 우려를 표했을 때 첨단 기술 산업에 종사하는 많은 이들이 충격을 받았다. 조이는 "우리의 가장 강력한 21세기 과학 기술이 인류의 종말을 초래할 수 있다."라고 경고했다.

《와이어드》에 실린 글에서 조이는 1998년 레이 커즈와일과 나눴던 불편한 대화를 되짚는다. 커즈와일은 광학식 문자 판독기부터 신시사이저의 발명에 이르기까지 인공지능 분야에 많은 발전을 가져온 인물로 2012년 구글의 엔지니어링 이사가 되었다. 커즈와일은 선도적 트랜스휴머니스트이기도 한데, 트랜스휴머니스트는 미래 기술 발전을 이용해 인간의 본성을 근본적으로 더 바람직하게 개선하려는 이들을 말한다. 다시 1998년으로 돌아가 커즈와일이 인간은 "로봇이 되거나 로봇 또는 로봇 비슷한 무엇과 융합하게 될 것"이라고 말했을 때 조이는 깜짝 놀랐다.

> 전부터 그런 얘기를 들어왔지만 그때는 지능형 로봇이란 과학 소설에나 등장하는 이야기라고 생각했다. 그러나 이제 내가 존경하는 학자가 그런 로봇이 등장할 날이 멀지 않았다고 강력히 주장하는 말을 들었다. (…) 이미 인간이 유전 공학이나 나노 기술 같은 신기술을 통해 이 세계를 개조할 힘을 얻었음을 알았지만, 지능을 가진 로봇의 등장이 임박했음을 알리는 현실적인 시나리오가 나를 깜짝 놀라게 했다.

호텔 바에서 커즈와일은 조이에게 출간이 임박한 그의 책《영적 기계의 시대》[2]의 교정쇄를 건넸다. 책에는 커즈와일이 예측하는 기술적 유토피아상이 그려져 있었다. 이를 읽고 조이의 불안감은 더 심해졌다. 조이는 커즈와일이 이 길에 따르는 위험을 축소하고 있으며 결과가 나쁠 확률을 과소평가한다고 확신했다. 모든 작업이 거대하고 고도로 조직화된 기계 시스템으로 수행되기에 인간의 노력이 불필요해진다는 디스토피아적 시나리오를 상술하

---

2 *The Age of Spiritual Machines.* 국내에는 《21세기 호모 사피엔스》라는 제목으로 출간되었다.

는 구절에서 가장 큰 우려를 느꼈다. 이 시점에서 인류의 운명은
기계의 처분에 맡겨지게 될 것이다.

누군가는 인류가 결코 기계에게 모든 힘을 넘겨줄 만큼 어리석지
않다고 주장할지 모른다. 그러나 우리는 지금 인류가 자발적으로
기계에게 권력을 양도한다거나 기계가 계획적으로 권력을 탈취
한다고 얘기하려는 게 아니다. 기계에 의존하는 처지를 너무 쉽게
받아들이다 보면 기계가 결정하는 대로 받아들이는 것 말고는 실
질적으로 아무것도 선택할 수 없는 날이 올지도 모른다고 말하는
것이다. 사회와 그 사회가 직면한 문제가 점점 더 복잡해짐에 따
라, 기계가 점점 더 똑똑해짐에 따라, 인간은 기계가 자신들을 대
신해 더 많은 결정을 내리게 할 것이다. 고작 기계가 내린 결정이
인간이 내린 결정보다 더 나은 결과를 가져온다는 이유에서다. 결
국엔 시스템을 유지하는 데 필요한 결정을 내리는 과정이 너무 복
잡해져 인간의 지능으로 현명한 결정을 내릴 수 없는 단계까지 이
를지 모른다. 이 단계에서도 기계는 실질적인 통제권을 잃지 않는
다. 인간은 기계를 끌 수 없게 될 것이다. 기계에 너무 의존한 끝에
기계를 끄는 것이 자살행위나 다름없어지기 때문이다.

커즈와일의 책에서 이 인용구를 읽은 독자는 다음 쪽을 읽기 전
까지 이 글을 쓴 이가 시어도어 카진스키라는 사실을 눈치 채지 못

할 것이다. 유나바머라는 이름으로 악명을 떨친 카진스키는 17년 동안 우편물 폭탄으로 테러를 벌여 3명을 죽이고 무수한 사람을 다치게 했다.

카진스키는 뛰어난 수학자였지만 박사 학위를 받은 지 2년 만에 캘리포니아 대학교 버클리 캠퍼스의 조교수 자리를 박차고 자취를 감추었다. 1971년 카진스키는 몬태나주의 외딴 오두막집으로 이사해 전기도 수도도 없는 소박한 삶을 살았다. 1978년 그는 엔지니어, 컴퓨터 과학자, 유전 공학자를 대상으로 우편물 폭탄을 보내기 시작한다.

유나바머는 오두막집에서 홀로 오랜 시간을 보내며 구식 타자기로 3만 5,000단어에 이르는 두서없는 선언문을 썼다. 1995년에는 신문사 몇 군데에 자신의 선언문을 실어주면 폭탄 테러를 중단하겠다고 약속하는 편지를 보냈다. 긴 숙고 끝에 《뉴욕 타임스》와 《워싱턴 포스트》가 동의했다. 얄궂은 운명의 장난으로 이 일이 그의 발목을 잡고 말았다. 신문에 실린 글을 읽은 그의 남동생이 형의 문체를 알아보고 FBI에 제보를 한 것이다. 유나바머는 이듬해 체포되었고 지금은 콜로라도주 플로렌스의 연방 교도소에서 형을 살고 있다.

카진스키의 폭탄에 심각한 부상을 입은 사람 중에는 빌 조이의 친구이자 미래를 보는 안목이 있는 탁월한 컴퓨터 과학자 데이비드 겔런터도 있었다. 한때 조이는 자신이 유나바머의 다음 표적이 될 수도 있겠다고 생각했다. 그럼에도 커즈와일의 책에서 유나바머 선언문의 일부를 읽었을 때 조이는 그 논리에서 어떤 설득력을 발견했다. "나는 그가 제기한 문제를 직시해야 한다고 느꼈다." 나중에 그는《와이어드》에 기고한 글에서 말한다. 조이는 이 글을 발표하고 얼마 후 "더 이상 인류를 대체할 기술을 구축하게 해주는 도구를 개발하는 일에 종사할 수 없다"며 실리콘 밸리에서 일하기를 그만두었다.

유나바머 선언문과의 첫 만남은 내게도 큰 영향을 미쳤다. 2005년 말 멕시코로 여행을 다녀온 직후 옥스퍼드 대학교에 재직하는 친구 닉 보스트롬을 만나러 갔다. 처음 닉을 만난 것은 8년 전 우리가 둘 다 런던 정경대학교 철학과 박사 과정에 있을 때였다. 이제 닉은 지금까지 들어본 가장 근사한 이름의 직책에서 기막히게 멋진 일을 하고 있었다. 바로 '인류미래연구소장'이라는 직책이었다. 물론 연구소라는 단어가 없었다면 더 인상적이었을 것이다.

닉은 종말 논쟁을 주제로 박사 논문을 썼다. 논문의 취지는 인류 멸망이 나중이 아니라 곧 일어날 가능성이 높음을 보여주는 것이었다. 5년이 지난 현재, 그는 여전히 인류가 멸망할 가능성에 관심을 갖고 전 지구적 파국이 일어날 확률을 조사하는 연구 프로그램을 설계하는 중이었다.

닉과 옥스퍼드 대학교에서 만나 저녁을 먹은 그날 밤은 핼러윈 데이여서 이번만은 그가 입은 긴 검은색 웃옷도 괴상해 보이지 않았다. 칠면조에 크랜베리 소스를 곁들여 먹는 축제 음식을 화제 삼아 이야기를 나누던 중, 요즘 과학 기술에 점점 환멸을 느끼고 있으며 유토피아 실험이라는 것을 계획하고 있다고 고백했다. 닉은 큰 관심을 보였지만 그리 놀라지는 않았다.

"유나바머 선언문 읽어봤어?" 닉은 무심하게 물었다.

읽어본 적 없는 글이었다. 사실 유나바머라는 이름을 들은 것도 처음이었다.

"꼭 읽어봐야 할 거야." 닉이 말했다.

매우 궁금해진 나는 집에 오자마자 온라인으로 선언문을 찾아보고 밤을 새워 다 읽었다. 그리고 당장 푹 빠졌다.

선언문은 매우 신기하고 들쭉날쭉한 글이었다. 어떤 부분은 유려하고 설득력이 있었지만 다른 부분은 그저 두서없는 치기 어린 글에 지나지 않았다. 그럼에도 글에는 중독성이 있었으며 아마도 빌 조이 역시 그런 점에 영향을 받았을 터였다. 맨 처음 그 글을 읽었을 때 조이와 나는 둘 다 최첨단의 인공지능 분야에서 일했다. 그리고 둘 다 인공지능 기술이 초래할지 모를 위험을 막 우려하기 시작하고 있었다. 우리는 둘 다 유나바머가 예언한 무시무시한 미래를 앞당기는 데 공모하고 있다고 느꼈으며, 우리가 하는 일 자체가 그가 펼치는 더 극단적인 주장들을 뒷받침하는 강력한 근거가 되었다.

이제와 돌이켜보면 선언문에 홀딱 빠진 데는 다른 이유도 있었다. 그것은 점점 커져만 가는 나의 불안감을 쉽게 설명해주었다. 지난 1년가량 나는 점점 더 신경이 날카로워지는 기분을 느꼈다. 뒤늦게야 깨달았지만 당시 썼던 일기에는 숨길 수 없는 우울증의 조기 징후가 드러나 있었다. 그러나 그 징후는 매우 서서히 나타나 스스로 겪고 있는 미묘한 변화를 알아차리지 못했다. 내 기분은 아주 서서히 우울해져서 밤이 찾아올 때 즈음엔 낮의 세상이 어땠는지가 기억나지 않았다.

유나바머는 내 병의 책임을 미룰 편리한 희생양이 되어주었다. 내 불안은 나와는 아무 상관이 없었다. 모두 사회 탓이었다. 더 구체적으로는 우리의 자율성을 빼앗고 자연과의 관계를 악화시키며 "점점 자연스러운 인간 행동 양식에서 멀어지는 쪽으로 행동하게" 강요한 산업 기술 시스템의 탓이었다. 아주 독창적인 생각도 아니고 이전에 관심을 가졌던 생각도 아니었지만, 나는 이제 선언문의 단순하고 거친 어조에 최면이라도 걸린 듯 며칠 만에 갓 개종한 사람만큼이나 열렬히 카진스키의 괴상한 복음을 전파하고 있었다. 오늘날 사람들이 말하듯 '급진화'된 셈이다. 카진스키처럼 컴퓨터 과학자들을 죽여 문명의 붕괴를 앞당겨야 한다는 결론을 내리지는 않았지만, 문명이 저절로 붕괴돼 인류가 산업화 이전의 과거로 돌아갈 날을 고대하기 시작했다.

당시 검은 몰스킨 노트에 적었던 메모에서 이런 생각들이 어떻게 발전해갔는지를 추적할 수 있었다. 노트에는 유토피아 실험의 다양한 구상 사이사이 루소라는 이름의 어린 원숭이가 주인공인 이야기가 여러 번에 걸쳐 적혀 있다. 줄거리는 대강 이렇다. 루소는 다른 원숭이들처럼 자기가 살고 있는 우리가 자연 서식지가 아니라는 사실을 깨닫지 못한다. 포획된 상태에서 태어났기 때문이다. 그러나 그때 마침 이웃 우리에 사는 개코원숭이와 대화를 할 기회가 생긴다.

개코원숭이는 자기가 항상 경미한 불안과 어디에도 속하지 못한 듯한 소외감에 시달리는 것은 원숭이의 본성이 이끄는 대로 살지 못하고 있기 때문이라고 폭로한다.

"우리 안에서 살면서 인간이 주는 대로 먹고, 포식자의 위협도 없이 그저 울타리를 빙빙 돌며 하루하루 헛되이 보내는 삶은 자연스럽지 않아." 개코원숭이가 말한다.

"헛소리야! 나한텐 엄청 자연스러운데!" 루소가 답한다.

"그건 이 우리 안이 네가 아는 세상의 전부이기 때문이지." 개코원숭이가 말을 잇는다. "과연 이 안이 엄청 자연스러운데도 이런 공허함과 무의미함을 느낄까? 우리 안에서 태어나지 않은 원숭이는 결코 이런 기분을 느끼지 않아. 그런 원숭이는 스스로 납득하는 삶을 살지. 살아가는 일에 몰두하기 때문에 이런 실존적 위기를 겪는 일 없이 배가 고프면 먹이를 찾고, 먹고 나면 쉬고 즐기며 지낸다고. 불안은 손톱만큼도 끼어들 틈이 없어. 물론 똑같이 고통을 느끼고 죽기도 하지만 그 의미를 고민하느라 마음이 심란해지는 일은 절대 없다니까."

"정말?" 어린 원숭이는 반쯤은 홀려, 반쯤은 정말일까 의심하며 외친다.

"물론이지. 이제부터 내가 보여줄게." 개코원숭이가 말한다.

그리고 둘은 함께 동물원에서 탈출할 계획을 짠다.

작은 원숭이 루소는 나의 또 다른 자아였고, 내가 일하던 연구소는 점점 더 루소의 동물원처럼 느껴졌다. 우리가 개발 중이던 로봇이 모두 동물에게서 영감을 받았기 때문만이 아니라―우리 연구소에는 로봇 쥐와 파리를 잡아먹는 로봇이 있었다―나 자신이 우리 안에 갇힌 동물 같았기 때문이었다. 동물원 우리 같은 것은 연구소만이 아니었다. 현대 사회 전체가 인류 진화의 무대이자 자연 서식지였던 저 아프리카 사바나의 관목지로부터 한참이나 멀어진 인공적 공간으로 느껴졌다.

가르치는 수업에도 흥미가 없어져 학생들에게 과제를 내준 뒤 구석에 조용히 앉아 유나바머 선언문이나 과학 기술에 반대하는 다른 글들을 생각했다. 학생들은 그런 나를 어떻게 생각했을까? 인공지능의 전도사가 어쩌다 신기술에 반대하는 러다이트로 탈바꿈했는지 궁금해했을까? 학생들은 내가 겪은 지적 회심(回心)의 크기를 알아봤을까?

아마 그들이 보는 내 모습은 2006년 봄 나를 인터뷰하러 연구소에 왔던 다큐멘터리 제작자 닉 로젠의 눈에 비친 모습과 다르지 않았으리라. 닉은 오프 그리드로 사는 삶[3]을 책으로 쓰기 위해 자료 조사를 하던 중이었으며, 온라인에서 이미 내 유토피아 실험 계획을 읽고 오는 길이었다. 키가 크고 날씬하며 걸음걸이가 느긋한 이 짧은 검은 머리의 50대 남자는 어느 오후 녹음기와 노트를 들고 나를 찾아왔다.

안내 데스크에서 그와 인사를 나누고 연구실로 안내했다. 천장이 높고 널찍한 연구실 공간은 다양한 모양과 크기의 온갖 괴상한 장비로 가득 차 있었다.

"구경을 시켜드리죠." 내가 말했다.

먼저 우리 연구실의 자랑인 소형 모바일 로봇을 보여주었다. 바퀴 달린 원반처럼 보이는 이 로봇의 상부에는 띠 모양의 검은 액체가 담긴 투명 플라스틱 상자가 부착되어 있었다.

"우리 연구실의 자랑인 파리를 잡아먹는 로봇입니다!" 나는 자랑스레 소개했다.

흡족하게도 닉은 감명을 받은 듯 보였다. "어떻게 작동하는 거죠?" 그가 물었다.

"플라스틱 상자가 보이시나요? 그게 바로 미생물 연료 전지입니다. 저 검은색 하수 오물에는 키틴질을 소화하는 다량의 박테

---

3   Off-Grid. 전기, 상하수도 등 사회 기반 시설에 의존하지 않고 자급자족해 사는 생활 방식.

리아가 들어 있어요. 키틴질은 곤충의 외골격을 이루는 물질이죠. 여기 죽은 파리 몇 마리를 넣으면 박테리아가 키틴질을 먹어치우는데, 그 과정에서 전자가 방출됩니다. 이 전자로 발생시킨 전류가 로봇에 동력을 공급하죠."

"로봇은 파리를 잡아먹어 얻은 에너지로 뭘 하나요?" 닉이 물었다.

"더 많은 파리를 찾아 움직입니다."

"속도는 어떻게 되죠?"

"아, 속도는 시속 몇 센티미터밖에 안 됩니다."

"터미네이터는 못 되는군요?" 닉이 웃으며 말했다.

"물론이죠. 아직 인류가 육식 로봇에 잡아먹힐까 봐 걱정할 필요는 없습니다." 나 역시 웃으며 대꾸했다.

"하지만 언젠간 그런 날이 오겠죠?"

나는 대답하지 않았다. 요즘 나를 괴롭히는 악몽 같은 시나리오에 인간과 기계가 끔찍한 전투를 벌인다는 내용은 없었다. 나는 인간이 로봇에게 지나치게 의존한 결과 자율성을 잃어버린다는, 더 미묘하지만 내 생각에는 훨씬 더 그럴듯한 시나리오에 관심이 쏠려 있었다. 유나바머가 걱정한 것은 이런 미래였고, 나 역시 마찬가지였다.

다음으로 닉을 어떤 칸막이 방으로 안내했다. 그곳에서는 동료 두어 명이 아주 큰 설치류의 형상을 한 로봇에 잘 구부러지는 얇은 플라스틱 필라멘트를 부착하려 하고 있었다.

"로봇 쥐입니다. 완성되면 진짜 쥐처럼 수염을 이용해 어둠 속에서 길을 찾죠."

"도대체 로봇 쥐는 왜 만들려는 겁니까?" 닉이 물었다.

"첫째는 진짜 쥐가 경로를 탐색하는 방식을 테스트를 통해 파악하기 위해서입니다. 쥐의 두뇌가 작동하는 방식은 대충 짐작하고 있지만 그 짐작이 정확한지까지는 알지 못합니다. 그래서 우리가 생각하는 진짜 쥐의 경로 탐색 방식대로 작동하도록 로봇 쥐를 프로그래밍하는 거죠. 만일 로봇 쥐가 진짜 쥐처럼 행동하기 시작한다면 우리가 올바른 방향으로 가고 있다는 뜻이겠죠."

닉이 눈썹을 추켜세웠다. "실제 쓰임새가 있나요?"

"그렇습니다. 하지만 일종의 기밀이죠."

"혹 군사용인가요?"

나는 음모꾼처럼 은밀히 고개를 끄덕이며 말했다. "이렇게 설명해보죠. 어두운 동굴 속에서 앞에 불빛을 비춰 자기 정체를 노출시키지 않고도 길을 찾아갈 수 있는 로봇은 특정 상황에 긴요한 쓸모가 있다고요."

"그럼 아프가니스탄의 동굴에 숨어 있는 빈 라덴 앞에 갑자기 로봇 쥐 한 마리가 나타난다면, 그 쥐가 다음 할 일은 뭡니까? 빈 라덴을 체포하나요? 아니면 자살 폭탄 테러라도 저지르는 건가요?"

"과거에는 더 기상천외한 일도 있었습니다. 2차 세계 대전 당시 미군은 박쥐 몸통에 소형 폭탄을 장착해 도쿄 상공에 투하하는 계획을 생각해냈죠. 그 작은 생물들이 목조 건물 다락으로 날아 들어가 서까래에 매달리면 터지는 거예요. 펑!"

"미군은 항상 상상도 못할 독창성을 발휘하죠."

"그리고 로봇 공학 연구에 천문학적인 비용을 퍼붓죠. 왜, 먹이를 주는 손은 물지 말라고 하지 않습니까." 나는 말했다.

닉에게 연구실을 마저 보여준 뒤 마지막으로 내가 일하는 작은 구역으로 안내했다. 연구 조수 피터가 머리만 있는 로봇 뒤편의 책상에 앉아 있었다.

"이쪽은 피터입니다." 나는 말했다. 이어서 머리만 있는 로봇을 가리키며 말했다. "이쪽은 에바고요."

에바의 얼굴은 누가 봐도 여성의 얼굴이었다. 갈색 눈은 커다랬고, 속눈썹은 길고 검었으며, 입술은 강렬한 붉은색이었다. 하지만 피부는 귀와 이마까지만 덮여 있었다. 그 너머 원래 머리카락이 있어야 할 자리에 어지럽게 배열된 소형 모터에는 얼굴 피부 뒤쪽에 부착된 가는 전선 다발이 연결되어 있었다. 다양한 조합으로 모터를 작동시키면 에바가 다채로운 표정을 짓도록 프로그래밍할 수 있었다.

"기분 나쁘군요!" 닉이 외쳤다. "피부가 피부 같지 않아요. 너무 고무 같은데요."

"그래요, 피부는 제대로 표현하기가 가장 어려운 부분 중 하나죠. 그리고 기분 나쁜 건 아주 정상적인 반응입니다. 그런 걸 일컬어 '불쾌한 골짜기(uncanny valley)'라고 하죠."

"불쾌한 뭐라고요?"

"불쾌한 골짜기요. 1970년대 일본의 로봇 공학자가 발표한 이론이에요. 이 이론에서는 로봇이 사람의 모습과 흡사해질수록 로봇에게 느끼는 호감도가 증가하다가 어느 지점에 이르러 급격히 떨어진다고 주장하죠. 로봇과 인간이 거의 비슷하지만 완전히 똑같지는 않은 경우, 사람들이 갑자기 로봇에 일종의 혐오감 같은 감정을 느끼게 된다는 거예요."

닉은 에바 쪽으로 몸을 기울여 그녀와 눈을 맞췄다. 마치 어떤 반응을 기대하는 것 같았다. 에바의 무표정 뒤에 영혼이라도 숨어 있다고 생각하는 것처럼 말이다.

피터가 키보드의 버튼을 누르자 에바가 벌떡 살아났다. 에바는 고개를 뒤로 젖히고 속눈썹을 몇 번 깜빡거리더니 환하게 웃었다.

닉은 공포심에 뒷걸음쳤다. "오, 맙소사! 깜짝이야!"

에바의 입술 양 끝이 아래로 처지며 찡그린 표정이 되었다.

"아아! 미안 미안! 널 기분 나쁘게 하려던 건 아니었어." 닉은 사과를 하다가 외쳤다. "젠장, 로봇 따위한테! 대체 내가 지금 뭐라고 한 거지?"

"이제 아시겠죠?" 나는 웃으며 말했다. "우리 인간은 아주 쉽게 이런 로봇에까지 인격을 투영한답니다. 설령 그게 머리카락도 하나 없이 스탠드 위에 덜렁 놓인 머리통에 불과하더라도요."

"그렇군요." 평정을 되찾은 닉이 말했다. "그럼 이제 인터뷰를 시작할까요."

우리는 내 칸막이 안에 앉았고, 나는 기후 변화와 피크 오일을 비롯해 현대 사회가 직면한 여러 위험들이 점점 더 두려워지고 있다고 설명하기 시작했다. 그런 위험들이 일종의 티핑 포인트[4]에 도달해 문명이 붕괴되면 어떻게 될까? 붕괴 이후 생존자들은 어떻게 살아가게 될 것인가? 이런 것들이 내가 유토피아 실험 과정에서 탐구하고자 하는 주제였다.

1년 후 닉의 책《오프 그리드로 사는 법》이 출간되어 나왔을 때 그가 묘사한 내 모습을 읽고 다소 놀랐다. "딜런은 체구가 작고 예민하게 생긴 연갈색 머리의 30대 중반 남성이었다." 여기까진 좋다. 그러나 그는 덧붙인다.

> 테 없는 안경 뒤에서 그의 눈은 광기로 번쩍였고, 거의 감정이 담기지 않은 낮은 목소리와 자기를 내세우지 않는 버릇은 어떠한 희생을 치르더라도 인류를 구원해야 한다고 믿는 전형적인 과학자상에 아주 잘 들어맞았다.

---

4 tipping point. 작은 변화들이 축적되다가 어느 순간 균형이 깨져 모든 것이 한순간에 변화하는 순간.

이 구절을 보니 궁금하지 않을 수 없었다. 일부러 자극적으로 쓰느라 닉이 과장을 한 걸까? 아니면 나는 이미 그때부터 구제불 능의 상태였던 걸까?

4

병원

병원에서는 유토피아 실험을 하게 된 진짜 동기를 알아내기 위해
속마음을 떠보는 질문을 던지기 시작했다. 나는 여전히 온종일 걷
잡을 수 없는 두려움과 모든 것이 불가해하게만 느껴지는 정신적
위기 상태에 시달렸다. 그러나 가끔 마음이 가라앉아 좀 더 맑은
머리로 생각에 집중할 때가 있었다.

그런 순간 최초로 이 기괴한 프로젝트에 뛰어들게 된 숨은 동
기를 찾아보기 시작했다. 멕시코에서 처음 구상이 떠오른 날부터
몇 개월의 준비 기간을 거쳐 2007년 내 눈을 가리던 장막이 벗겨
진 그 끔찍한 나날들에 이르기까지, 단 한 번도 멈춰 서서 자문해
보지 않았다. 어떤 심리적 원인이 또는 개인적 문제가 나를 이 이
상한 길에 들어서게 했는지 묻지 않았다. 그리고 객관적 사실, 즉

외부적이고 합리적인 정당성이라고 생각했던 것에만 오롯이 집 중했다. 끔찍한 혼란에 빠진 것은 세상이지 내가 아니었다. 문명 은 붕괴될 위험에 처해 있었다. 유토피아 실험은 생존자들이 살아 남을 길을 찾는 방법이 되어줄 터였다. 호기심과 모험심에서 출발 했으며 환경과 세계 문명에 닥친 위협에 경종을 울리고자 하는 내 동기는 전적으로 고귀했다.

현재 나는 그렇게 확신하지 못한다. 공식적으로 꾸며낸 이야기 의 포장 이면에서 희미하게 다른 동기를 감지할 수 있었고, 그 동 기는 그리 훌륭하지 못했다. 난 그저 소질도 없고 남보다 뛰어나 게 될 가망도 없는 일에서 벗어날 길을 찾고 있었던 게 아닐까? 내 가 박사 학위를 받은 건 철학 분야에서였지만 어떤 경로로 마음이 바뀌어 로봇 공학 분야에서 일을 하게 되었다. 엔지니어링이나 인 공지능에 대한 배경지식은 없었다. 습득은 빠른 편이었으나 곧 내 능력 밖의 벽에 부딪혔고, 1~2년은 어찌 버틴다 해도 결코 이 분 야의 전문가나 주요 연구자가 될 수 없음이 점점 분명해졌다. 유 토피아 실험은 어디로도 가고 있지 않은 길에서 우아하게 탈출하 는 걸 돕는 거짓 핑계가 아니었을까?

아마 그럴지도 모른다. 하지만 왜 그토록 **정교한** 핑계를 지어냈 을까? 설명하려면 더 많은 이유가 필요했다. 사토시 선생과 대화 하던 중에 문명의 붕괴에 그토록 몰두하게 된 다른 이유에 한 발 짝 더 가까이 갈 수 있었다. 사실 내가 했던 걱정들은 바깥 세계와는 아무 관련이 없는 주관적 성격을 갖고 있었다.

나는 서부 하일랜드의 오지에서 오래 살아온 믹이라는 자급자족 전문가와 나눴던 대화를 떠올렸다. 저녁 늦은 시간이었고, 실험을 시작하려고 스코틀랜드에 온 지 며칠이 지난 후였다. 믹과 나는 각자 손에 위스키를 한 잔씩 들고 로메이네 집의 커다란 식탁에 앉아 있었다. 믹은 내가 막 설명한 유토피아 실험에 대한 얘기를 곱씹느라 깊은 생각에 잠겨 있었다.

"일종의 모의실험입니다." 도대체 무슨 실험이냐고 묻는 믹의 질문에 나는 이렇게 말했다. "웹사이트를 통해 이미 자원자를 모집했어요. 우리는 격변적 재앙으로 문명이 붕괴된 이후의 지구에서 살아가는 것처럼 역할극을 할 겁니다."

또 그에게 우리가 겨울철의 추위를 견디기 위해 유르트[1]에서 거주할 거라고 설명했다. 그러나 믹은 구체적이고 현실적인 문제들은 걱정하지 않았다. 그가 곱씹고 있던 것은 나의 다소 흔치 않은 구상 이면에 숨은 진짜 동기와 두려움이었다.

"세상의 끝이라고요?" 그는 위스키를 한 모금 마시며 말했다. "그런 건 인간의 유한성을 사유하는 또 다른 방식일 뿐이죠."

정신병원은 정신 질환을 치료하는 무딘 칼이다. 삶이 산산조각

---

1 중앙아시아 유목민들이 사용하는 이동 가능한 전통 천막집. 몽골어로 '게르'라 불린다.

난 누군가를 데려와 다른 정신 질환자들이 있는 건물에 집어넣는
다. 하루에 한두 번씩 약물을 투여하고 일주일에 한 번 의사가 방
문한다. 정신병원에서 벌어지는 일은 대개 이러하다.

정신병원에서는 아무것도 하지 않는 시간이 무척이나 많다. 아
마 상황을 더 악화시키기 십상인 광적인 조증 행동을 하지 않으
려면 그저 휴식하는 시간이 필요할지 모른다. 그러나 정신 질환의
흔한 증상 중 하나가 하루 일과를 제대로 수행하지 못하는 것이기
때문에 일상의 체계를 복구하려는 노력이 중요하다. 간호사들은
아침에 나를 침대 밖으로 끌어내고 때때로 병원 밖으로 데리고 나
가 산책을 시키며 가장 기본적인 시간표를 지키게 하려고 최선을
다했다.

한번은 간호사가 미친 사람처럼 마당을 서성이는 나를 발견하
고 다가와 진정시키려 했다.

"걱정 말아요, 딜런. 상황이 그렇게 나쁘지는 않아요. 지금 가장
두려운 최악의 상황이 뭔가요?"

간호사는 내가 그 최악의 상황이 그렇게 나쁘지만은 않다고 결
론짓고 기운을 내리라 생각했던 모양이다. 그러나 지난 1년간 문
명의 붕괴를 걱정하며 보낸 사람에게 던지기 좋은 질문은 아니었
다. 간호사의 질문을 듣자마자 내 눈앞에 주르륵 펼쳐진 종말의 이
미지들은 특히 끔찍한 죽음을 맞는 내 모습을 보는 데서 끝났다.

내 미래학적 실험의 배경을 설정하기 위해 쓴 가상의 시나리오

는 생존자들이 현대 과학 기술의 저주에서 벗어나 더 인간적인 생활 방식으로 돌아가는 긍정적인 결말로 끝을 맺었다. 그러나 지난 몇 개월 동안 그런 판타지의 실체가 드러났고, 전 지구적 붕괴가 일어났을 때 실제 우리 삶이 얼마나 황량해지는지를 보여주었다. 병원 침대에 누워 내가 만들었던 서사를 돌이켜보니 종말 이후의 악몽 같은 상황을 주제로 어찌 그리 행복하고 목가적인 전원시를 읊을 수 있었는지 스스로도 신기할 정도였다. 진짜 세계에서 시나리오를 현실로 옮겼을 때 일어난 일은 정확히 그 반대였다.

하지만 간호사는 내가 그렇게 오래 생각에 잠기게 놔두지 않았다. 그들의 등쌀에 나는 요리부터 태극권, 헬스, 미술 치료에 이르기까지 온갖 수업을 들어야 했다.

미술 치료는 생각보다 재밌었다. 강사는 아주 느긋한 성격의 여자로 환자 네다섯 명이 커다란 도화지에 수채화 물감을 칠하는 동안 오디오로 클래식 음악을 틀었다. 강사가 듣고 싶은 음악이 있냐고 물어 그녀가 가져온 CD 목록을 뒤져 비발디를 골랐다. 어떤 곡이었는지는 기억나지 않는다. 그 CD를 튼 순간 내 귀에 들린 것은 비발디의 다른 곡이었기 때문이다. 분명 그녀의 목록에는 없던 곡이었다.

나는 폭풍우 한가운데 있네
그곳에 던져진 배같이

> 거친 파도에 흔들리네
> 이쪽에서 공포가, 저쪽에서 두려움이 솟구치고
> 휘몰아치는 광풍 속에 가야 할 항구도 알지 못하네
> 밤하늘엔 길을 알려줄 별 하나 볼 수 없네

머릿속에서 소프라노의 목소리가 위아래로 출렁이는 동안, 서툰 붓질로 폭풍우 치는 바다에 떠 있는 작은 조각배 하나를 그렸다. 이 조각배가 내 불안한 영혼의 비유임을 알아보기는 그리 어렵지 않았다. 그리고 내 마음은 1년 전, 코츠월드를 출발해 스코틀랜드로 향했던 그때로 돌아가 있었다. 내 앞에 놓인 모험에 대한 열정으로 가슴이 터질 듯했던 때였다.

며칠 후 어머니가 면회를 왔지만 무슨 말을 해야 할지 알 수 없었다. 궁여지책으로 내가 그린 그림을 보여주기로 했다. 어머니가 보도록 침대 위에 그림을 펼쳤다. 서툰 붓질로 조잡하게 그린 수채화들은 어딘가 어린아이가 그린 그림 같았다. 고등학교를 졸업한 이후 처음 그린 그림이었으니 이상할 것도 없었다. 먼저 동료 환자를 그린 초상화가 있었다. 비발디의 폭풍우에 휩쓸린 조각배를 그린 그림도 있었다. 그리고 음산하고 슬퍼 보이는 자화상에 어울리는 텅 빈 눈에는 우연히 내 의지가지없는 심리 상태가 포착되어 있었다.

어머니는 이 그림들이 모두 완벽히 정상인 듯 아무런 내색 없이
바라보았고 나 역시 아무렇지 않은 척하려고 최선을 다했다.

어머니가 몰래 눈물을 닦아내자 우리는 서로를 끌어안았다. 나
는 힘없이 웃었다. 어머니는 사토시 선생의 요청으로 잉글랜드에
서 이곳까지 비행기를 타고 날아왔다. 꼭 필요한 일은 아니었지만
어머니는 당신이 무엇이든 할 일이 있다는 사실에 기뻐했다.

"사토시 선생님이 몇 가지 메모를 적어 달라고 부탁하셨단다."
어머니는 말을 이었다. "네 상태를 설명하는 데 도움이 될 만한 기
억이 떠오르면 뭐든지 적어 달라고 하시더구나. 네 어린 시절에
관한 기억이나 네가 어렸을 때 뭔가 유별나다고 느꼈던 점이 있으
면 무엇이든."

다시 미소를 지으려 했지만 너무 슬퍼졌다. 어린 시절의 장면이
눈앞에 떠올랐다. 나는 잉글랜드 서남부 우리 집 근처 들판의 긴
풀숲 사이를 달리고 있다. 뒤로는 산책을 하는 어머니와 여동생이
보인다. 어머니는 그때 상상이나 했을까? 거의 40년 후 정신병원
에 입원한 아들을 찾아가 글로스터셔의 햇살 아래서 보냈던 지난
날들보다 훨씬 무력하고 연약해진 모습을 마주하게 되리라고?

그때가 바로 내 광기—그걸 광기라고 불러야 한다면—가 처음
시작된 때일까? 유토피아 실험은 그저 오래전 뿌린 씨앗에서 움
튼 첫 싹에 불과한 걸까? 씨앗은 내 상상력이라는 비옥한 토양에
조용히 뿌리를 내리고 싹을 틔울 적절한 순간을 숨죽여 기다렸음

이 분명했다. 그렇다면 그 씨앗은 내 어린 시절에 뿌려진 걸까, 아니면 아마도 부계로부터 내려온 암울한 유산으로 유전자에 뿌려진 걸까? 나는 원래 그렇게 태어난 걸까? 그런 광기를 품고? 사토시 선생은 어머니가 이 질문들에 대답해주길 바랐지만 아무리 실마리를 찾아 기억을 더듬어봐도 명백한 증거를 찾을 수 없었다. 내가 여덟 살 때 부모님이 다투는 소리를 듣다못해 켄트의 집 창문에서 뛰어내린 일이 있었다. 그러나 그 행동이 부모님에겐 매우 충격이었을지 몰라도 내게는 다치지 않으리라는 확신이 있었다. 높이는 대략 3미터 정도였지만 아래 푹신한 풀밭이 있어 멍조차 들지 않았던 것이다. 그 사건이 어머니에게 지워지지 않는 인상을 남겼음은 분명했지만 내 정신 질환을 설명할 열쇠는 되지 못했다.

사실 어머니는 내가 어린 시절에 얼마나 우울했는지를 전혀 알아차리지 못했다. 나는 종종 혼자 시간을 보냈지만 그때마다 책에 코를 박고 있었기 때문이다. 나 자신조차 아주 어린 시절에 느꼈던 우울함을 기억하지 못한다. 다만 많은 세월이 지나 어린 시절의 일기를 들여다보고서야 비로소 30대 초반부터 나를 괴롭히기 시작한 우울증을 예고하는 지속적 우울감의 흔적을 발견했을 따름이다.

"우울증이 처음 발병한 건 언제였죠?" 사토시 선생이 물었다.

"1996년 겨울일 겁니다. 뉴욕 북부의 버팔로에 있을 때였어요."

"거기서 뭘 하고 있었죠?"

"박사 학위 준비로 공부를 하고 있었습니다." 나는 말을 이었다. "정말 불행했어요. 춥고, 눈이 왔고, 런던에 있는 친구들이 정말 보고 싶었죠. 이전에 경험했던 것보다 훨씬 깊고 어두운 우울감이 몰려왔고 끔찍한 공황 발작을 겪기 시작했어요. 버팔로를 떠나 런던 정경대학교에서 박사 학위를 따려고 영국으로 돌아오자 상황이 조금 나아지긴 했지만 1년 후 재발했죠. 그때 병원에 갔습니다."

"도움이 됐습니까?"

"네." 나는 고개를 끄덕이며 말했다. "운이 좋았어요. 항우울제가 아주 잘 들었으니까요. 6개월 후에는 약물을 끊었고, 이후 2년 동안은 괜찮았습니다."

"그다음에는요?"

"두 차례 더 발작이 있었지만 다시 약을 먹으면 비교적 빨리 사라졌습니다. 저는 증상을 아주 잘 알아차렸어요. 초기 징후를 알아차리자마자 병원을 찾아갔으니까요."

"그 징후가 무엇이었나요?"

"보통은 가장 먼저 기운이 없어집니다. 평소보다 훨씬 피곤함을 많이 느끼고 낮잠을 자기 시작하죠. 하지만 또 아침에는 새벽 일찍 눈이 떠지며 공황과 불안이 느껴집니다."

"새벽부터 눈이 떠지는 건 아주 전형적인 증상입니다." 사토시 선생이 말했다.

"다음엔 쇼핑이나 강의처럼 전에는 쉬웠던 일들이 훨씬 어렵고 겁나는 일로 여겨지기 시작합니다. 그리고 점점 삶이 의미 없어지기 시작하죠. 평소 몰두하던 일상의 관심사들이 하나도 중요하지 않아지고, 모든 것이, 음, 그저 무의미하게 느껴집니다."

"또 다른 증상이 있습니까?"

"네. 이상하게도 더러움에 더 자주 신경을 쓰기 시작합니다. 특히 집 안의 더러운 부분에요. 온 세계가 부패하는 중이라 아무리 애써도 깨끗해질 수 없는 기분이랄까요. 그리고 낮에는 뚜렷한 이유 없이, 예고도 없이 아무 때나 왈칵 눈물이 터집니다."

"자살 충동은 없었나요?"

"지난 몇 개월간 처음 느껴봤습니다." 나는 말을 이었다. "그전에 발병했을 때 자살 계획을 세운 적은 단 한 번도 없습니다. 다만 더 이상 살고 싶지 않다는 생각은 했죠. 그저 가만히 앉아 얼른 죽었으면 하고 바라곤 했어요."

"유토피아 실험에서도 그런 생각과 감정을 경험했나요?"

"네. 모두 다요." 나는 말했다.

"왜 이전처럼 당장 병원에 가지 않았죠?"

"잘 모르겠습니다." 나는 머리를 긁적거리며 말을 이었다. "아마 우리가 실행하고 있는 실험의 시나리오에 충실하고 싶었던 것 같습니다. 문명이 붕괴된 후라면 병원도 항우울제도 없을 테니까요. 우울증이 현대 문명이 낳은 병에 불과하다고 생각했기 때문인지도 모르겠습니다. 자연과 가까운 환경에서 살면 저절로 나을 거라고 생각했죠."

"하지만 낫지 않은 거로군요."

"낫기는커녕 더 나빠졌죠. 그 어느 때보다 안 좋은 상태에 빠졌습니다. 제 발로 병원에 찾아갔을 땐 아주 끔찍한 상태였죠."

"네, 확실히 그랬죠." 사토시 선생은 고개를 끄덕였다.

어머니는 병원에서 읽을 책 몇 권을 사왔다. 그중에 리처드 도킨스의 《신이라는 망상》[2]이 있었다. 이 제목은 신을 믿는다는 것이 자신이 중국의 황제라고 믿거나 외계인이 자기 두뇌를 제거했다고 믿는 것만큼이나 그릇되고 괴상하다는 생각을 담고 있다. 그러나 몇몇 간호사가 의심스러운 눈길을 던지는 것을 보고 이 제목이 또 다른 맥락으로 해석될 수 있음을 깨달았다. 간호사들은 이것이 스스로 신이라고 믿는 사람들에 관한 책이며, 내가 그런 사람 중 하나라고 생각했던 게 아닐까? 그러나 어쩌면 그것은 괜한 생각이 아닐지도 몰랐다. 스코틀랜드로 떠나기 일주일 전, 나는 친구 캐롤라인과 전화로 말다툼을 했다. 캐롤라인은 내가 감당하지 못할 일을 벌이고 있다고 경고하려 했지만 나는 오만한 자만심에 친구의 염려를 무시했다.

2　*The God Delusion*. 국내에는 《만들어진 신》이라는 제목으로 출간되었다.

그러자 캐롤라인이 내게 그 실험으로 이루고 싶은 게 무엇이냐고 물었다.

"사람들에게 영감을 주고 싶지!" 나는 말했다.

"왜 사람들에게 영감이 필요하다고 생각해?"

"대부분의 사람들은 피상적이고 따분하고 희망 없는 삶을 살고 있어. 그래서 무언가 더 특별하고 모험심을 자극할 만한 것을 갈구하지. 나는 사람들이 부르주아의 범속함에 안주할 필요가 없다는 걸 보여주고 싶어. 더 위대한 일을 할 수 있다고!"

"어떤 일? 너처럼 직장을 때려치우고 스코틀랜드의 허허벌판에서 사는 일?"

"문명이 파멸해가고 있다는 걸 깨닫게 될 거야. 더 지속 가능한 방식으로 살기 시작할지도 몰라. 내가 있는 곳으로 와서 함께할지도 모른다고!"

캐롤라인은 잠시 조용해졌다. 그리고 분노의 한숨을 내쉬었다.

"말도 안 되는 소리 하지 마, 딜런! 넌 지금 지독한 창조주 콤플렉스에 빠진 거라고!"

5

애덤

2006년 봄이 여름으로 바뀌며 스코틀랜드로 떠날 날이 가까워질수록 나는 점점 열성적인 지구 종말론자가 되어갔다. 나는 흠잡을 데 없는 과학적 권위를 지닌 신흥 예언자들의 책을 닥치는 대로 읽는 중이었다. 《마지막 세기》(2003)에서 마틴 리스는 인류가 2100년까지 생존할 확률이 50퍼센트밖에 되지 않는다고 주장했다. 게다가 리스는 무려 영국 왕실 천문학자였다! 《가이아의 복수》(2006)를 쓴 유명한 생태학자 제임스 러브록은 소수의 생존자들이 모여 "새로운 문명의 중심지인 북극으로 떠나는" "뜨겁고 건조한 세상"이라는 섬뜩한 전망을 제시했다. 《문명의 붕괴》(2005)에서 재레드 다이아몬드는 과거 얼마나 많은 문명이 '생태 학살'을 저질렀는지 설명했다.

실험의 배경을 설정하는 가상의 시나리오를 구상해 온라인에 게시한 것도 이때였다. 나는 캐나다의 정치학자 토머스 호머딕슨의 연구에 크게 의존했는데, 그는 세계 질서의 표층 아래 깊은 곳에 "지각 변동을 불러일으킬 힘"이 축적되고 있다고 주장했다. 기존 원유의 고갈은 퍼즐의 한 조각일 뿐이고, 다른 조각으로는 점점 커지는 경제 불안정과 늘어나는 환경 피해, 그리고 기후 변화가 있었다. 이 모든 힘들이 한데 결합해 최악의 위기를 불러올 터였다.

전 지구적 재앙을 예고하는 전조에 너무 예민하게 촉각을 곤두세운 나머지 나의 개인적 재앙을 예고하는 신호를 완전히 놓쳐버렸다. 2005년 12월 《가디언》에 기고한 글의 제목이 내 심리 상태까지 아우르는 이중의 의미를 갖고 있음을 전혀 감지하지 못했으니, 그 글의 제목은 바로 "완전 붕괴의 위험"이었다. 또 영화 〈도니 다코〉를 보고서도 명백해 보이는 이 영화의 심리적 해석을 무시했다. 내게 거대한 토끼 괴물 프랭크는 도니의 병든 상상력이 만들어낸 허구의 존재가 아니라 세계의 종말을 알리는 진짜 정보를 알고 있는 존재였다.

유토피아 실험은 이제 내 마음속에서 단순한 모의실험, 그러니까 붕괴 이후의 삶이 어떤 모습일지 상상해보는 방식의 단계를 넘어서고 있었다. 유토피아 실험은 진짜로 닥칠 일을 대비하는 실험이었다. 지구가 붕괴되리라는 생각에 깊이 빠지면 빠질수록 종말은 그저 언젠가 일어날 가능성이 있는 일이 아니라 가까운 시일

안에 확실히 일어날 일처럼 여겨졌다. 처음엔 내 걱정을 심각하게 받아들이는 사람들에게 놀랐다면, 이제는 그러지 않는 사람들에게 놀랐다.

어느 날 저녁 여동생에게 전화를 걸어 내 계획을 설명했던 순간이 기억난다.

"안녕, 샬럿. 나 근사한 아이디어가 떠올랐어!"

동생은 이미 이런 말에 면역이 되어 있었다. "이번엔 뭔데?"

나는 동생의 목소리에서 약간의 여지를 느꼈다. 동생은 늘 회의적이고 합리적인 성격이었지만 내 말을 들으면 흥분하지 않고는 못 배길 터였다.

"실험을 하나 시작할 거야."

"그래그래. 무슨 실험인데?"

"지구 종말 이후의 삶을 실험하는 거야."

수화기 반대편에서 침묵이 흘렀다.

나는 동생이 이 프로젝트의 중요성을 이해하지 못한다는 데 놀랐고, 최후의 그날 런던에 발이 묶일까 봐 걱정이 되었다. 동생에게 석유가 바닥났을 때 교통수단으로 삼도록 말을 한 마리 사라고 재촉한 기억이 난다. 동생이 노팅힐의 자기 아파트 근처에 말을 맡겨둘 방목장을 찾을 수만 있다면, 그 말을 타고 스코틀랜드까지 와서 나를 비롯한 생존주의자 무리에 합류할 수 있을 터였다. 그것만이 약탈과 질병의 광풍으로 무너질 런던의 악몽 같은 마지막

나날들에서 탈출하는 길이었다. 당시에는 이런 이야기가 전혀 이상하게 여겨지지 않았고, 반대로 샬럿에게는 이상하게 여겨진다는 사실이 당혹스러웠다.

한편 내게 메일을 보낸 자원자 대부분은 내가 쓴 가상 시나리오에 크게 공감했다. 고지식한 사람인 전직 해병대원 데이비드 로스조차 열광적인 이메일을 보내 자기 역시 나처럼 곧 이 지구 전체가 붕괴될 거라 생각한다고 말해주었다. 장화와 배낭을 만드는 데이비드는 공동체 사람들에게 옷과 신발을 만들어주겠다고 했다. 또 자신이 사슬톱과 큰 낫을 잘 다룬다고 공언하기도 했다.

나중에 드러난 바와 같이 데이비드는 자원자 중 가장 쓸모 있고 도움이 되는 사람이었다. 사실 데이비드 같은 사람이 네다섯 명만 있었어도 사정은 완전히 달라졌을지 모른다.

그러나 그건 중요하지 않았다. 내가 보고 싶었던 것은 현대 첨단 기술 사회에서 무작위하게 살아남은 생존자들이 전기도, 석유도, 정부도 없는 세상에 대처해 나아가는 모습이었다. 전직 해병대원이 무더기로 합류하는 건 반칙이나 다름없을 터였다.

4월과 5월에는 최종 준비 단계로 생태 마을과 대안 공동체 여러 곳을 견학하며 자급자족하는 생활을 배웠다. 처음 들른 곳은 남웨일스의 코이드 힐스(Coed Hills, 'coed'는 웨일스어로 '숲'을 뜻한다)였다.

카디프에서 멀지 않은 베일 오브 글러모건에 위치한 이곳은 무성한 신록이 우거진 언덕 꼭대기에 자리 잡고 있었다. 내가 도착했을 때는 비스듬한 저녁 햇살이 옹기종기 모인 신기한 건축물들—철도 객차, 몽골 유르트, 통나무집, 천막, 볏짚 오두막 등—을 따뜻한 황금빛으로 물들이고 있었다. 차를 주차하고 본관으로 보이는 곳으로 걸어갔다. 큰 거실 겸 회의 공간으로 개조한 낡은 석조 헛간이었다.

안에서는 잡다하게 뒤섞인 사람들이 저녁을 준비하고 있었다. 털모자와 낡은 점퍼, 파카, 군복 바지, 진흙투성이 장화에 이르기까지 차림새도 각양각색인 사람들이 낯선 얼굴에 눈길 한번 주지 않고 스토브 주위를 바삐 오갔다. 내가 할 수 있는 일은 친구 앵거스가 알려준 이름을 꺼내는 것뿐이었다.

"여기 롤리 있습니까?" 내가 물었다.

"아뇨, 떠났어요." 붉은 레게머리에 덥수룩한 수염을 기른 키 큰 남자가 대답했다.

롤리 클레이는 세계 스카우트연맹 설립자 베이든 파월 경의 증손자였다. 코이드 힐스는 그의 아이디어로 만든 마을로 그의 아버지 소유의 땅에 자리 잡고 있었다. 앵거스는 펠트 양복을 입고 개들에게 둘러싸여 있거나 직접 만든 대형 새장 안에서 시를 낭송하는 남자를 찾으라고 했다. 그가 이곳에 없다는 사실이 매우 실망스러웠다.

결국 그들 한가운데 불쑥 나타난 객을 불쌍히 여긴 주민 한 명이 해가 지기 전에 주위를 구경시켜주겠다고 했다. 나는 열심히 고개를 끄덕였고, 다른 사람들이 식사 준비를 마무리하는 사이 자리를 떴다.

우리는 영속 농업 정원을 지나갔다. 상자텃밭에 다양한 채소와 허브를 키우는 곳이었다. 소박한 조각품들이 점점이 흩어진 오솔길을 따라 들어간 숲에는 신선한 톱밥이 카펫처럼 두툼히 쌓인 제재소와 생나무 목공장이 있었다. 숲으로 더 들어가면 나무들 사이로 자리 잡은 움막과 직접 만든 유르트가 더 많이 보였고, 알루미늄 원통에서는 가는 연기가 새어 나오고 있었다.

다시 건물로 돌아오는 길에 한 줄로 늘어선 퇴비 변소와 염소 두서너 마리, 커다란 배터리 더미가 들어 있는 것처럼 보이는 수수께끼의 건물을 지나쳤다.

"에너지를 저장하는 건 가장 힘든 일입니다." 리처드라는 이름의 안내자가 말을 이었다. "에너지를 발생시키기는 쉽지만 저장하려면 낡고 지저분한 배터리에 의존해야 하죠." 리처드는 이곳 전체가 대체 에너지로 돌아간다고 설명했으며, 그 범위는 최첨단 풍력 발전 터빈부터 해바라기처럼 태양을 따라 회전하는 대형 태양열 집열판, 바이오매스 바닥 난방 장치, 라디에이터 폐품으로 만든 태양열 샤워기까지 다양했다.

이 모두가 무척 생소했기에 리처드가 다양한 시스템이 어떻게 작동하는지를 설명하는 동안 하나도 빠짐없이 머릿속에 새기려 애썼다. 나는 문명이 붕괴된다면 바로 이런 곳에서 살고 싶다고 생각했다. 이곳은 에너지, 식량, 건축 자재를 거의 자급자족했다. 또 심미적으로도 호소력이 있는 우아함과 독창성, 소박함 역시 갖추고 있었다. 나는 큰 영감을 얻었다.

일주일 후 애덤이라는 남자에게서 이메일을 받았다. 코이드 힐스 사람들에게 내 실험에 관한 이야기를 듣고 완벽한 공동체를 만들겠다는 내 꿈에 끌렸다고 했다.

호기심이 생긴 나는 애덤에게 며칠 후 연구실을 방문해달라고 청했다. 이메일을 보고 다소 괴짜일 거라 짐작은 했지만 안내 데스크에서 누더기를 입은 유랑자를 맞이하게 될 줄은 꿈에도 몰랐다. 50대 초반인 애덤은 브리티시 에어웨이에서 준 담요를 뒤집어쓰고 깃털 하나를 비죽 꽂은 카우보이모자를 쓰고 있었다. 그의 잿빛 수염과 주름진 얼굴은 영화 〈반지의 제왕〉에 나오는 간달프를 연상시켰으나, 연한 파란 눈과 친근한 미소 덕분에 위협적인 마법사보다는 더 친근해 보였다.

이 괴짜 같은 인물에게 허둥지둥 연구실을 안내해주는 동안 동료들이 나에 대해 무슨 생각을 할지가 머릿속에 그려졌다. 그래서 서둘러 그를 내 칸막이 방으로 데려갔다. 하지만 당황하는 내 모습에 약간의 가책도 느꼈다. 어쨌든 나는 사회의 관습을 떨치고 이 번듯한 생활을 버리고자 결심하지 않았던가. 애덤은 스코틀랜드에서 기다리는 새로운 삶을 예고하는 인물이었다. 그곳에서 우리는 닥치는 대로 아무 옷이나 주워 입거나 손수 만든 옷을 입어야 할 게 분명했다. 아마도 나 역시 애덤만큼이나 이상한 차림을 하게 될 터였다.

나중에 애덤이 그의 진짜 이름이 아님을 알았다(심지어 그의 표현에 따르면 "인간들이 지어준 이름"도 아니었다). 애덤은 2004년 "인간 세상을 떠나며" 스스로에게 이 이름을 지어주었다. 그 이전에는 제법 평범한 삶을 살았지만 "부름"을 받고 "영적인 순례자"가 되어 길 위의 여행을 떠났다. 몇백 파운드만 남긴 채 전 재산을 기부했고, 3주 만에 빈털터리가 되어 노숙자 신세가 되었다. 이제 그는 공동체에서 공동체로 전국을 떠돌며 이상한 복음을 전파하려 했다. 뉴에이지적 사고와 독특한 기독교 해석이 뒤죽박죽된 그의 믿음은 소설가 댄 브라운의 영향을 강하게 받은 듯했다.

그러나 첫 만남에서 애덤은 이런 사정은 하나도 밝히지 않았다. 그저 내 실험에 현실적인 제안을 하는 데 그쳤는데, 나중에 생각해보니 모두 자신의 괴상한 믿음을 감추려는 교묘한 수작이었던 듯하다.

"유르트를 만듭시다!" 애덤이 눈을 빛내며 제안했다.

"그러죠. 가르쳐줄 수 있나요?" 내가 말했다.

"가르쳐주는 정도가 아니지!" 애덤이 외쳤다. "난 당장 유르트 두 채를 짓기 시작할 거요. 다음 주 헤리퍼드의 또 다른 공동체로 갈 예정이거든. 거긴 목재가 많고 캔버스 천도, 재봉틀도 있다오. 다음 달 그곳으로 날 찾아오면 직접 볼 수 있을 거요."

그래서 몇 주 후 나는 헤리퍼드로 차를 몰았다. 생태 마을, 유르트 캠프, 기타 여러 대안 공동체들이 외부에 자신들을 노출하거나 방문객을 받아들이는 방식은 서로 매우 다르다. 코이드 힐스는 공식 방문 시간을 정했고, 지속 가능한 생활 방식을 가르치는 강좌를 운영했으며, 멋진 웹사이트를 만들었다. 이번에 찾아간 헤리퍼드의 공동체는 코이드 힐스와 이쪽 끝에서 저쪽 끝만큼이나 멀리 떨어져 있었다. 먼저 전혀 건축 허가를 받지 않았고 주민과 소수의 여행자를 제외하면 아무도 이곳의 존재를 알지 못했다. 이름조차 없었다.

애덤이 알려준 캠프의 위치는 웨일스 국경 근처 한 사유지의 숲속이었다. 사유지 안으로 들어가 양쪽에 떡갈나무와 목초지가 펼쳐진 도로 표시 없는 길을 따라갔다. 약 1.5킬로미터쯤 가자 비포장도로가 나오며 울창한 숲에 들어서게 되었다. 그때 왼쪽 틈 사이로 모닥불과 유르트 몇 채가 보였다. 차를 주차하고 밖으로 나오자 애덤이 나를 맞으러 나왔다. 애덤은 모닥불 주위에 둘러앉은 남루한 옷차림의 무리를 짧게 소개한 뒤, 나를 또 다른 빈터로 데려가 유토피아 실험을 위해 지은 새 유르트 두 채를 자랑스레 가리켰다. 그가 만든 유르트는 대단히 인상적이었다. 푸른 캔버스 천으로 된 외피는 구식 싱어 재봉틀로 훌륭히 바느질되어 있었다. 그는 허리를 굽혀 입구의 덮개를 걷어 올리며 나를 안으로 들였다.

"이게 당신 유르트요." 그가 말했다.

안에서는 양초 2개가 타오르며 유르트의 뼈대인 개암나무 장대
—아직 껍질이 그대로인—로 엮은 격자에 가물거리는 불빛을 던
지고 있었다. 나는 바닥에 침낭을 펴고 그 위에 누웠다. 유르트에
서 잠드는 첫 밤이 될 테지만 마음은 이미 집에 있는 것처럼 편안
했다. 이 소박한 원형 구조물은 사람을 진정시키는 효과가 있는
듯했다. 마음이 고요해지고 맥박이 느려졌다.

꿈꾸는 기분은 애덤이 입구로 불쑥 머리를 들이미는 바람에 깨
져버렸다. 저녁 식사가 준비되었음을 알리러 온 것이었다. 모닥불
이 있던 자리로 돌아가니 긴 황갈색 레게머리의 비쩍 마른 여자가
김이 나는 가마솥에서 콩 스튜를 퍼 그릇에 담아주고 있었다. 여
자의 두 살 난 아들은 벌거벗은 채 흙투성이 공터를 뛰어다녔다.
여자는 자신의 이름이 샤크티고, 히피 공동체 '레인보우 패밀리'
의 일원이라고 말했다. 그녀는 다음 국제 레인보우 모임(internation-
al rainbow gathering)[1]에 적당한 장소를 섭외하는 임무를 띠고 이곳
에 와 있었다. 불 주위에 둘러앉아 저녁을 먹으며 나는 이곳이 코

---

1   rainbow gathering. 소비문화, 과학 기술, 대중 매체 등과 같은 현대 문명에 회의를 느낀 이들
이 모여 평화, 조화, 자유, 존중에 관한 공통의 이데올로기를 합의하기 위해 만든 일시적인 공
동체. 매년 한 주 혹은 그 이상의 기간 동안 진행되는 이 모임은 1960, 1970년대 반문화 및 비
영리적인 록 페스티벌의 영향을 받은 것으로 알려져 있다.

이드 힐스와는 사뭇 다름을 알았다. 이곳 사람들은 텃밭을 가꾸지 않았다. 필요한 물품은 버스킹과 구걸로 모은 변변찮은 수입으로 지역 도시에서 구입했다. 직접 전기를 생산하지도 않았다. 사실상 이들의 캠프는 자신들이 거부한 문명에 전적으로 기생하고 있었으며, 문명이 붕괴된다면 이곳 주민들은 도시에서 더 안락한 생활을 영위하는 사람들과 마찬가지로 살아남지 못할 것이었다. 본질적으로 이곳은 히피와 낙오자의 은신처에 지나지 않았다. 그럼에도 코이드 힐스와 아주 유사한 점이 있었는데, 바로 땅의 소유주가 코이드 힐스처럼 설립자의 아버지라는 사실이었다. 아들은 아버지 덕분에 대안적 생활 양식에 마음껏 빠져 살 수 있었고, 다른 주민은 대개 이 아들의 주변을 기웃거리는 이들이었다.

나는 속으로 나라면 이보다 더 잘할 수 있다고 생각했다. 주어진 18개월 안에 코이드 힐스만큼 인상적인 무언가를 만들지는 못하겠지만, 유토피아 실험에 참가할 우리는 자기가 먹을 식량은 틀림없이 직접 길러낼 수 있었다. 적어도 매주 슈퍼마켓을 들락날락하지 않을 것은 분명했다. 또 우리에겐 비전이 있고 어쩌면 사명까지 있었다. 종말의 시나리오를 탐구하는 사명이었다. 이로써 우리의 모든 행동은 의미를 부여받고, 전 세계에 기후 변화와 피크 오일의 위험을 알리는 경고장을 보내게 될 것이었다. 어중이떠중이들이 모인 눈앞의 이 공동체는 노동에 대한 애매모호한 반감을 제외하면 이렇다 할 가치관을 공유하고 있지 않았다. 보고 있자니 비웃음이 났다.

저녁을 먹은 후 애덤이 만들어준 유르트로 돌아갔다. 따뜻하고 건조한 봄밤이었지만 침낭으로 미끄러져 들어가며 이 유르트가 스코틀랜드 하일랜드의 강풍을 견딜 만큼 견고할 거라는 생각을 했다. 유르트는 혹독한 몽골 기후에 아주 적합한 주거 형태였다. 가운데 있는 난로는 야크의 배설물을 연료로 밤낮없이 타올랐고, 겹겹이 친 두꺼운 펠트는 내부의 훈기를 가두어 더할 나위 없이 아늑하게 만들었다. 나는 이것이 스코틀랜드의 겨울을 나기에 아주 필수적인 특징이라고 생각했다.

그러나 그 후 수개월 동안 빈번히 떠올리게 된 사실이지만 스코틀랜드는 그저 춥기만 한 게 아니었다. 스코틀랜드는 습하기도 했다. 사실 몽골보다 훨씬 더 습했다. 유르트의 펠트 외피 위에 거친 수제 캔버스 천을 추가로 덮긴 했지만, 스코틀랜드를 정말이지 지긋지긋한 곳으로 만드는 집요하고 무자비한 빗줄기를 막을 정도는 아니었다.

그러므로 훗날의 일이지만 유토피아 실험에서 우리는 유르트 안에 빗물이 새지 않게 하느라 엄청난 시간을 쏟았다. 잠자기 썩 쾌적한 조건은 아니었다. 난로가 (야크 배설물이 아닌 나무를 연료로) 타오르고 캔버스 천이 단단히 고정된 따뜻하고 보송한 상태에서 깜빡 잠이 들었다가도 한밤중에 이를 딱딱거리며 깨어났다. 난로는 꺼져 있고 바람에 펄럭거리는 캔버스 천 사이로는 빗물이 새어 들기 일쑤였다. 더 젖어 추워질까 봐 밖에 나가 캔버스 천을 다시 묶을 엄두도 못 내고 그저 침낭 속에서 덜덜 떨며 애덤과 그의 **빌어먹을** 유르트를 저주하는 수밖에 없었다.

오늘날의 생태 마을과 1960년대의 히피 공동체는 유토피아 실험의 길고 긴 목록 중 가장 최근의 사례일 뿐이다. 유토피아 실험의 역사는 수천 년 전까지 거슬러 올라간다. 최초의 기독교 수도원은 4세기 이집트에서 생겼으며, 최초의 불교 수도원은 이보다 500년 정도 먼저 생겼다. 플리머스 식민지와 펜실베이니아주에는 파라과이의 예수회 레둑시온²처럼 다양한 종교적 유토피아가 있었다. 로버트 오언이 인디애나주에 세운 뉴하모니나 존 밴델러가 아일랜드에 세운 랠러헌 공동체 같은 사회주의 유토피아는 19세기에 생겨나기 시작했다.

이 모든 다양한 실험에서 주목할 것은 이들이 얼마나 많은 공통점을 갖고 있느냐다. 비교적 작은 규모의 집단—200명에서 300명이 잘 넘지 않으며 보통은 그보다 훨씬 적은—은 대개 함께 생활하고 일한다. 적어도 일부 재산을 공동으로 소유하며 비교적 위계가 없는 공동의 의사결정 시스템을 갖고 있다. 소박한 삶과 자급자족을 강조하는 경우가 많고 보통 자신이 먹을 식량 대부분을 직

---

2 reducción. 16세기 이후의 라틴아메리카에서 예수회가 포교 활동을 촉진하기 위해 설치한 대규모 원주민 촌락을 말한다. 이곳에서 지내는 원주민들은 레둑시온 변경에서 종종 발생하곤 한 노예사냥으로부터 보호받았다.

접 재배한다. 또 일반적으로 이런 실천을 뒷받침하는 뚜렷한 이데올로기를 갖는데, 비록 신념 체계가 다르더라도 가장 우선시되는 것이 실천이라는 점에서는 서로 비슷하다. 마치 단순한 생활 방식으로 돌아가려는 충동은 인류의 역사에 계속 반복되는 충동이어서 시대와 장소를 막론하고 비슷한 방식으로 나타나는 것만 같다. 이 충동에 휩싸일 때 사람들은 자신의 시대에 접할 수 있는 이념에 비추어 자신의 행동을 정당화한다.

이런 실험 중에는 수십 년 동안 지속되는 실험도 있지만 대개는 몇 년 이내에 와해되는 것으로 보인다. 19세기 가장 유명한 유토피아 공동체였던 브룩 농장은 이런 측면에서, 그리고 다른 많은 측면에서 전형적이었다. 1841년 사회 개혁가 조지 리플리가 매사추세츠주 웨스트록스베리에 세운 이 소규모 공동체는 불과 3년 만에 쇠퇴의 길을 걸었다. 저술가이자 설교자 오레스티스 브라운슨은 1844년 10월 이곳을 방문해 "여기 분위기는 끔찍하다."라고 썼다. 재정적 곤란이 있다는 말은 주민들이 고기, 커피, 차, 버터 없이 살아야 한다는 의미였고, 이듬해에는 비록 사망자는 없었지만 26명의 브룩 농장 주민이 천연두에 감염되었다. 팔랑스테르[3]라는 이름으로 알려진 야심찬 공동체 건물은 "크고 널찍한 부엌, 300명

---

3 phalanstère. 영어로는 phalanstery. 프랑스의 공상적 사회주의자 샤를 푸리에가 구상한 집단 거주지의 이름이다. 푸리에는 자급자족을 기반으로 한 사회주의 유토피아를 꿈꿨다.

에서 400명까지 수용할 수 있는 큰 식당, 두 군데의 바, 광대한 홀 또는 강당"을 수용하도록 설계되었는데, 1846년의 화재로 이 건물이 소실되자 주민들은 뿔뿔이 흩어지기 시작했다. 그중 한 명인 존 코드먼은 만년에 브룩 농장의 마지막 몇 개월을 회상하며 그 시간이 "마치 꿈속처럼 비현실적으로 보였다."라고 말한다.

> 그 시간은 마치 실타래처럼 천천히 풀어졌다. 얼음처럼 물이 되어 조용히 증발했다. (…) 사과꽃처럼 나무에서 떨어져 내렸다. (…) 자연 속의 삼라만상처럼 무수히 변하고 사라져갔다.

유토피아 실험을 시작한 지 채 1년도 안 되어 와해되기 시작했을 때 내가 경험한 것도 꼭 이와 같았다. 마지막 몇 개월은 아직도 꿈속처럼 비현실적으로만 느껴진다. 그러나 브룩 농장의 최후를 애도하는 글을 썼을 때 존 코드먼이 그랬듯이 애정 어린 시선으로 그때를 돌아볼 생각은 없다.

왜 이런 실험은 대개 실패하며, 또 그렇게 빨리 실패하는 걸까? 유토피아는 왜 종종 디스토피아로 변질되는가?

아마 그 이유는 마음을 완전히 백지로 만들겠다는, 시계를 0년으로 다시 맞추겠다는, 제로에서부터 다시 쌓겠다는 생각 자체와 관련이 있을지 모른다. 이상주의자들이 바꾸고 싶어 하는 기성 제도는 대개 결함투성이지만, 한편으로 여러 세대와 무수한 세월의 연구 개발을 거쳐 축적된 지혜를 구체화하고 있기도 하다. 사람들은 제도의 특징보다 그 오류를 먼저 찾는다. 제도가 가진 결함의 일부는 단지 역사의 우연이 아니라 모든 종류의 사회 조직에 내재한 결함일지 모른다. 사람들은 공통된 관심사를 갖고 있기에 집단을 형성하나, 교집합을 이루는 부분은 항상 일부이며 갈등은 교집합을 이루지 못한 부분에서 생겨나기 마련이다.

유토피아 실험이 빨리 실패하는 원인은 이런 실험에 매력을 느끼는 사람들의 유형에 있을지도 모른다. 이상주의자가 현실적이기까지 한 경우는 매우 드물다. 이상주의자는 터무니없이 높은 기대치를 갖고 있어서 현실이 따라주지 않으면 금세 환멸을 느낀다. 또 완벽한 사회가 어때야 하는지에 관해 의견 일치를 이루지 못하면 싸움은 훨씬 더 격렬해진다. 이들이 사회에 더 많은 관심을 갖고 있기 때문이다. 유토피아는 또한 사회 부적응자를 끌어들이는데, 이 부적응자들이 사회에 통합되지 못하는 것은 이들이 비난하는 사회의 탓이 아니라 불평불만 많은 스스로의 성격 탓일 가능성이 있다.

규모 또한 중요하다. 소규모 공동체는 안전판 없는 압력솥과 같다. 과민함을 달래줄 가족 관계의 아늑함 없이 매일매일 소수의 똑같은 사람들과 부대낄 때 긴장은 더욱 가중된다. 농경에 앞서 우리 선조들이 그랬듯이 대가족을 이루어 사는 것과, 낯선 이들

무리에서 꼬박 함께 시간을 보내는 것은 전혀 다른 문제다. 게다가 후자의 경우엔 싫은 사람에게서 벗어날 기회도 별로 없다. 이런 한정된 공간은 질투와 분노가 퍼져 나가기 더없이 좋은 조건이다. 도시에 사는 사람은 친밀한 마을 생활을 동경하지만, 막상 어디 구석진 시골에 처박히게 된다면 대개 곧 도시 생활의 익명성을 뼈저리게 그리워하게 될 것이다.

자원자들이 결국 내 신경을 갉아먹는 존재가 되리라고는 정말로 예상하지 못했다. 스코틀랜드로 향하기 1개월 전 이 프로젝트 때문에 나와 인터뷰를 했던 한 저널리스트는 "에번스는 공동체가 알아서 갈등을 해결하리라는 지나친 장밋빛 전망을 갖고 있다."라고 썼다. 저널리스트의 말이 옳았다. 나는 조화로운 동료 생존자 집단을 상상했다.《더 비치》의 주인공이 맨 처음 섬에 도착했을 때 만난 눈부신 젊은이들처럼 서로에 대한 애정으로 불타오르는 집단이었다. 나는 이 젊은이들이 부상을 입은 친구를 정글에 버려 죽게 놔두는 나중 장면을 편리하게도 잊어버렸다. 이들은 친구가 아파 울부짖는 소리에 방해받지 않는 곳에서 다시 광란의 파티를 즐긴다. 또 지도자가 섬을 외부인에게 감추기 위해 살인을 계획하는 장면도 마찬가지였다. 인간 본성을 잘 안다고 주장하는 사람들의 눈에 나는 분명 실제의 인간을 잘 이해하지 못하는 듯 보였을 것이다.

10년 이상 살아남은 소수의 유토피아 공동체는 거의 종교적 성

격을 띠고 있다. 일부 수도원은 수백 년 동안 명맥을 잇고 있으며
미국의 많은 아미시 공동체[4]는 200년 전 유럽에서 이주해왔을 때
선조들이 들여온 관습을 아직도 지킨다. 그러나 나는 무신론자로
서 내 실험에 어떤 독단도 없기를 바랐다. 예를 들어 내 웹사이트
에 밝힌 프로젝트의 목표 중 하나는 "창발적 가치를 중심으로 공
동체를 형성하는 법을 아는 것"이었고, 여기서 창발적 가치는 "종
교나 정치적 신념에서 통째로 가져오기보다 공동체 구성원의 상
호 작용으로 나온 가치"를 뜻했다.

　창발(emergent)이라는 단어는 로봇 공학에서 연구하던 분야를 상
기시킨다. 무리지능 패러다임에서는 지능 낮은 로봇들이 많은 수
를 이루어 함께 일하도록 프로그래밍한다. 상호작용을 통해 일종
의 집단 지성이 창발하게 하는 방식이다. 유토피아 실험의 목표를
세우기 시작할 때 나는 사람으로 실험을 하는 것이 로봇 실험만큼
수월하리라 속단했다. 물론 당시 누군가 내게 그런 실험을 제안했
다면 그저 웃어넘기고 말았으리라. 그러나 이제 와 생각해보면 내
가 쓴 창발이라는 단어는 다소 순진한—어쩌면 무심하기까지 한
—믿음을 드러내고 있었다. 한 무리의 로봇을 연구실에 몰아넣었
듯이 한 무리의 사람들을 스코틀랜드의 황무지에 몰아넣을 수 있

4　현대 문명과 단절한 채 자신들만의 전통을 유지하며 생활하고 있는 침례 종파. 주로 펜실베이
　니아, 오하이오, 인디애나주에 집단적으로 거주하고 있는 이들은 전화, 자동차 등과 같은 현
　대 문명의 이기를 사용하지 않고 교회를 중심으로 가족 단위 공동체를 형성하고 있다.

다고 믿은 것 자체가 그러했다. 나는 초기 조건을 설정하고, 스위치를 켜고, 무슨 일이 일어나는지 관찰하면 그만이라고 생각했다. 그러기만 하면 사람들의 상호작용을 통해 새로운 일련의 가치─당연히 종교와는 아무런 상관없는 가치─가 저절로 생겨나며 일종의 경이로운 조화가 생겨날 터였다. 연구실의 로봇들과 어떤 면에서 비슷한 자원자들을 보며 나는 인간이 훨씬 복잡한 존재라는 사실뿐만 아니라, 지난날 나 스스로 인간의 조화를 이루는 능력을 의심했다는 사실까지 간과했다. 어쨌든 나는 인간 사회를 **부정적**으로 보는 입장에서 인간 사회와 로봇 사회를 대조하지 않았던가? 연구실에서 일할 당시 늘 멍청한 로봇이 무리를 지으면 똑똑하게 행동하는 반면, 똑똑한 인간이 무리를 지으면 멍청하게 행동하는 것 같다고 생각했었다.

또 내 사고에는 순진한 평등주의가 있었다. 무리 로봇 공학에서 모든 로봇은 평등하며 우두머리는 존재하지 않는다. 내 실험에도 우두머리는 없으며 남들보다 위에서 가치를 강요하는 권위주의적인 인물도 없었다. 가치는 그저 평등한 개인의 상호작용으로 **창발**─그렇지 않은가?─하게 되어 있었다. 그러나 이는 실험에서 내 역할의 특수성을 간과한 생각이었다. 나는 실험의 설립자임과 동시에 평범한 자원자 중 한 명이었다. 나는 다른 모든 사람들처럼 일과에 동참하고 관찰하는 동안에도 계속 참여하며 그저 모든 걸 흘러가는 대로 자연스럽게 놔두고 싶었다. 그러나 동시에 매개

변수를 설정하는 사람도 나였다. 나는 최초로 이 모두를 구상하고 전체 서사를 지배하는 기본 시나리오를 쓴 사람이었다. 결국 이것은 내 실험이었던 것이다.

실험이 진척되자 이중의 역할을 해내기가 점점 더 어려워졌다. 참가자인 동시에 주최자가 되려고 애쓰다가 이도 저도 아니게 되어버린 셈이다. 역할 혼란은 나를 정반대 방향으로 이끈 많은 모순의 하나로 드러났고, 그 사이에서 점점 더 갈팡질팡하다가 마침내 모든 것이 산산조각 나고 말았다. 나는 《위대한 개츠비》의 서술자 닉 캐러웨이처럼 "안에 있는 동시에 밖에 있었다." 구체적인 계획을 고민하느라 일상의 활동에 완전히 몰입하지 못하고, 장작을 나르거나 도망친 돼지를 잡는 데 불려 다니느라 계획에 집중하지도 못하는 악순환이 거듭되었다.

물론 불가피하게 어떤 주도적인 역할을 한 적도 있었다. 그러나 나는 독재자는 고사하고 카리스마적인 인물조차 되고 싶지 않았다. 그저 있는 듯 없는 듯 조용히 섞여 일어나는 일들을 관찰하고 싶었을 뿐이다.

어쩌면 속마음은 달랐던 걸까? 마음속 깊은 곳에 구루나 교주 비슷한 무엇이 되고 싶은 욕망이나 미처 알아차리지 못한 과대망상이 있었던 건 아닐까?

6
스코틀랜드

사실 실험 자금을 대기 위해 집을 팔 필요까지는 없었다. 잠시 임대했다가 스코틀랜드에서의 체류가 끝난 후 다시 들어가면 그만이었다. 금세 쓸모없어진 물건들−단 1개의 전구를 하루 2시간 밝히는 전력만을 생산하는 애처로울 만큼 작은 태양열 집열판 같은−을 충동구매하느라 날린 돈을 아꼈다면 최종적으로 쓴 비용의 일부만으로도 실험을 끝낼 수 있었을 것이다.

직장을 그만둘 필요도 없었다. 안식년을 요청하거나 무급 휴가를 가졌다면 실험이 끝나고 다시 제자리로 돌아올 수 있었으리라. 그러나 마음 깊은 곳에서 안전망을 다 없애버리고 퇴로를 차단하고 싶은 충동이 일었다. 직장을 그만두는 것으로는 부족했다. 학계 전체를 비판하는 떠들썩한 쇼를 벌여야 했다. 다시는 영국의 어떤 대학에도 발붙이지 못하게 말이다. 2006년 4월 《타임스 하이어 에듀케이션 서플리먼트》와 가진 인터뷰에서 나는 대부분의 대학에 "어마어마한 관료주의와 좌절"이 만연해 있으며 "사람들의 얼굴에서는 더 이상 흥분의 표정을 찾아볼 수 없다."라고 불평했다.

나는 정말로 영감을 준 흥미롭고 창조적인 사람들은 죄다 나이 들어가고 있으며 학계에 이들의 자리를 대체할 젊은이들이 나오지 않을 것 같아 보인다고 말했다. "낮은 연령대로 눈을 돌릴수록 틀에서 벗어난 사고를 하는 엉뚱함을 보여주는 증거들이 줄어듭니다." 나는 개탄하며 말을 이었다. "그들이 덜 똑똑해서가 아닙니다. 위로부터 명령을 받기 때문입니다. 교수들에게는 창조적인 생각에 잠겨 있을 시간이 없습니다." 또 나는 "학계에 자율성이 결여되었고 모든 것이 학습 성과에만 갇혀 있다."라고 비난하며 다음과 같이 말했다. "교수들이 대학에 도입된 사업 논리인 평가 문화를 흉내 낼 필요가 있다고 생각하는 이유를 모르겠습니다." 이런 대답에는 비관주의가 가득 깔려 있었고, 나는 스스로의 감정을 다른 동료들에게 투사하고 있을지도 모른다는 의심조차 하지 못한 채 거들먹거렸다.

나는 철학자 조지 산타야나처럼 학계의 주변부에 있는 사람을 영웅으로 생각한다고 말하며 다음과 같이 끝맺었다. "산타야나는 학계를 떠난 뒤 급격히 창의력이 증가했습니다. 나 역시 그렇게 되었으면 합니다."

또 다른 《타임스》의 저널리스트는 거의 같은 시기에 나를 인터 뷰한 뒤 "이미 돌아갈 다리를 불태운 느낌"을 강하게 받았다고 썼 다. 그리고 이미 그때 나 역시 그 사실을 알고 있었다. 나는 일부러 다리에 불을 질렀다. 내 계획에 흥분해 있었기 때문이기도 하고, 남겨둔 삶에 대한 경멸 때문이기도 했다.

캐롤라인이 코츠월드에 있는 내 시골집이 그리울 거라고 말해 주었다. 그래서 작별 인사를 나눌 겸 떠나기 전의 어느 주말에 그녀 를 초대했다. 캐롤라인은 친구를 데려와도 좋으냐고 물었고, 5월의 어느 화창한 토요일 오후 캐롤라인과 그 친구가 집에 찾아왔다.

캐롤라인의 친구는 보라고 불렸다. 나이는 30대로 키가 컸고 금 발로 염색한 생머리를 어깨까지 기르고 있었다. 몇 년 전 나와 만 난 적이 있다고 했지만 거의 기억이 나지 않았다.

나는 보를 보자마자 반해 다음 몇 주 동안 몇 차례나 런던에 있 는 그녀를 보러 갔다. 더 가까운 사이가 되면서 내가 스코틀랜드로 떠나면 이 관계가 어떻게 될지 궁금해지기 시작했다. 전혀 예상하 지 못한 일이었다. 이전 여자 친구와는 멕시코에 가기 직전 헤어졌 기에, 파트너를 돌본다는 부담 없이 독신 남성으로 유토피아 실험 에 참여하는 내 모습만을 줄곧 상상했었다. 하지만 이제 보에게 함 께 스코틀랜드에 가자고 하고 싶은 생각이 깊이 싹트기 시작했다. 보에게 아이가 있으면 어떤가? 10살인 아들은 아빠와 함께 런던 에 남을 테고, 6살 난 딸만 엄마를 따라 스코틀랜드로 올 터였다.

소박한 몽골 가족처럼 유르트에서 함께 사는 우리 셋을 상상했다. 실험의 중심에 있는 독신 남성의 모습 대신 어린아이를 데리고 있는 한 커플의 모습은 낡은 세상의 잿더미에서 솟아날 새로운 사회의 축소판이 될 터였다.

퇴사일이 되자 동료들이 조촐한 송별회를 열어 새로운 모험에 행운을 빌어주었다. 직접 계획을 들려준 사람은 한두 명에 불과했지만 이미 소문이 퍼졌고, 몇몇은 신문에서 학계 생활을 저주하며 동료들의 창의력 부족을 비웃은 내 인터뷰를 읽었음이 분명했다. 하지만 동료들은 내 오만에 놀라운 관용을 베풀었고 한 명은 케이크까지 만들어 왔다.

우리는 오전 11시 엔지니어링 빌딩의 별 특색 없는 회의실에 모였다. 부서장인 재니스가 몇 마디 송별사를 했다.

"그만둔다니 슬프군요. 덕분에 연구실 분위기가 활기찼었는데." 재니스는 따뜻한 목소리로 말했다.

커피와 케이크가 돌자 몇몇의 얼굴에 미소가 떠올랐다.

"돈을 모아 선물을 샀어요." 재니스의 손에는 두툼하고 따뜻한 플리스 스웨터가 들려 있었다. "그곳에 겨울이 오면 이게 필요할 거라고 생각했어요."

모두 킥킥대고 웃었지만 비웃는 기색은 없었다. 비웃는다기보다 오히려 염려하고 당황스러워하는 듯 보였다. 그러나 나는 속으로 그들의 의심에 코웃음을 쳤다. 그리고 내 앞에 난관이 놓여 있음을 잘 알 뿐더러 극복할 결심도 되어 있음을 보여주기 위해 《블라이스데일 로맨스》의 한 구절을 낭독했다. 너새니얼 호손의 이 소설은 1841년 브룩 농장에 7개월간 머물며 직접 경험한 일에 영감을 얻어 쓰였다. 내가 읽은 짧은 발췌문은 호손이 기대한 행복한 시골 생활과 공동체 생활의 음울한 현실을 대조하는 부분이었다.

> 우리의 기획은 모두 이론에 근거했지만 그중에서도 노동의 영성화라는 매력적인 비전이 우리를 기쁘게 했다. 노동은 우리의 기도와 예배 의식이 될 터였다. 괭이질을 한 번 할 때마다 이제껏 태양 아래 감춰져 있던 지혜의 향기로운 뿌리가 밖으로 드러날 것이다. 들판에 멈춰 서서 잠시 바람이 이마에 맺힌 땀을 식히게 놔두며 시선을 머리 위로 들어 멀리 있는 진리의 영혼을 일별할 것이다. 하지만 이런 측면에서 현실은 예상과 사뭇 달랐다. 한창 고되게 일하다가 문득 주위를 둘러보면 눈앞에 펼쳐진 하늘과 땅에서 더 생생한 운치가 느껴지는 건 사실이었다. (…) 그러나 그게 전부였다. 이 흙덩어리, 우리가 끊임없이 뒤집고 또 뒤집는 이 흙덩어리는 결코 정신으로 승화되지 않았다. 반대로 정신은 흙덩어리 속에 처박힌 듯 빠르게 둔화되어갔다. 우리의 노동은 아무것도 상징하지 않았으며 땅거미가 질 때쯤 우리 정신은 진창에 빠진 듯했다. 지적 활동은 과도한 육체노동과 양립할 수 없다.

　물론 이 모두를 다 알고 있는 나는 이런 환멸에 빠질 일이 없었다. 동료들에게 그들의 우려가 근거 없다는 사실을 보여줄 셈이었다. 어려운 시기가 닥칠 때에 대한 대비는 되어 있었다. 사실 기대되기까지 했다. 시련은 신체를 단련시키고 정신을 풍요롭게 하는 법이다. 내 정신은 흙덩어리 속에 처박히지 않을 것이다. 호손은 실패했지만 나는 성공할 자신이 있었다.

　7월까지 여행을 떠날 준비를 마쳤다. 집을 팔았다. 직장도 곧 그만둘 예정이었다. 가진 물건 대부분은 스코틀랜드로 보냈고, 지금쯤 곧 유토피아가 될 장소 옆의 진창에 놓인 낡은 선박용 컨테이너 안에 차곡차곡 쌓여 있을 터였다.

　이제 남은 것은 차 한 대에 가뿐히 실릴 정도의 가장 아끼는 물건 몇 가지뿐이었다. 그중에는 일부 문서와 노트북과 당연하게도 내가 기르는 고양이 소크라테스가 있었다. 대개 고양이가 그러듯이 소크라테스도 자동차를 딱히 좋아하지 않았기에 장거리 여행을 견디는 데 도움이 되리라는 생각에 신경 안정제를 먹이기로 했다. 단골 수의사가 알약 한 통을 처방해주었다. 겉에는 아마 내가 훔쳐 먹지 못하게 할 목적인 듯 '**동물용 바륨**'이라고 쓰여 있었다.

　1시간 정도 운전을 한 뒤 멈춰 서서 소크라테스의 상태를 확인했다. 뒷좌석의 옷가지와 여행가방 사이에 껴 있는 이동장의 뚜껑을 조심스레 열었다. 눈을 화등잔만 하게 뜬 고양이가 불안과 질책이 뒤섞인 표정으로 나를 보고 있었다. 이 팔팔한 고양이를 진정시키려면 신경 안정제 한 알로는 어림없음이 분명했다. 여전히 나를 신뢰하는 고양이에게 약 한 알을 더 먹이고 다시 운전을 계속했다.

1시간 후 다시 멈춰 섰다. 소크라테스는 아직 깨어 있었고 계속 갇혀 있어 잔뜩 골이 난 듯 보였다. 하지만 여기서 알약을 하나 더 먹이는 게 현명한 일일지 확신할 수 없었다. 소크라테스를 잠재우고 싶었지 죽이고 싶지는 않았다. 그러나 불쌍한 고양이가 앞으로 8시간에서 9시간을 더 이 좁은 이동장 안에 갇혀 있어야 한다는 생각이 꺼림칙함을 이겼기에 세 번째 알약을 먹였다.

점심을 먹으려고 차를 세우고 소크라테스를 다시 확인했을 때 고양이는 잠들어 있었다. 사실 마음을 놓기에는 **너무** 깊이 잠든 듯했다. 겁에 질린 나는 고양이를 쿡쿡 찔러대기 시작했다. 살아 있다는 반응을 보고 싶어서였다. 그러나 아무런 반응도 없었다.

'제길, 내 손으로 고양이를 죽이고 말았어.' 나는 속으로 생각했다.

그러나 소크라테스는 죽지 않았다. 긴 여행 후 비교적 좋은 컨디션으로 깨어났지만, 마침내 전에 살던 집의 흔적을 하나도 찾을 수 없는 곳에 도착했을 땐 다소 혼란스러워하는 듯했다. 강가에 작은 텐트를 치고 소크라테스를 그 안에 넣었다. 고양이는 도도하게 캔버스 천 냄새를 맡다가 냅다 입구로 뛰쳐나갔다. 고양잇과 동물의 존재론에 '집'이라는 범주가 있다면 이 텐트는 그 범주에 들어가지 않는 것이 분명했다.

소크라테스는 속으로 이렇게 외쳤으리라. '5년 동안 충성한 대가가 겨우 이것이라니!' 내가 살던 오래된 석조 시골집에서 소크라테스는 조용한 호사를 누렸다. 날마다 현관에 앉아 직장에서 돌아오는 나를 기다렸고, 긴긴 겨울 저녁에는 벽난로 옆에 개처럼 몸을 쭉 펴고 누워 있었다. 검은 털은 뜨거워져 만지기도 힘들 정도였다. 밤에는 내 침대 발치에서 잠을 잤으며 사냥이 하고 싶으면 지붕 창문을 통해 오래된 돌기와 지붕에 올라갔다. 그런 곳에서 바람에 휘청거리는 하일랜드의 텐트로 옮겨졌으니 엄청난 충격을 받았음이 분명했다.

소크라테스가 나를 용서했는지도 잘 모르겠다. 유르트를 짓고 그 안에 낡은 주철 난로까지 놓았지만 고양이는 좀처럼 놀러 오지 않았다. 대신 부엌과 식당으로 사용하게 된 감자 창고 주위를 어슬렁거리곤 했는데, 창고엔 적어도 돌로 된 벽이 있어 조금 더 집 같은 느낌을 주었다. 며칠씩 사라지기도 했다. 아마 몇 킬로미터 떨어진 한 농부의 집에서 은신처를 찾은 듯했다. 다시 나타날 때 얼굴에는 어김없이 똑같은 책망의 표정이 어려 있었다. 그 표정은 이렇게 말하는 듯했다. '왜, 왜 내게서 코츠월드의 아늑한 보금자리를 빼앗은 거야? 왜 나를 이런 황량한 곳으로 데려온 거야?'

스코틀랜드에서 맞은 첫날 아침 텐트에서 빠져나온 나는 이른 아침 햇살에 눈을 깜박이며 갑자기 홍수처럼 밀려드는 환희를 느졌다. 강가의 빈터에 서서 주위를 둘러보는 동안 스코틀랜드에서 나를 기다리는 빛나는 미래를 그려볼 수 있었다. 곧 이곳에 유르트 두 채와 모닥불, 그 주위를 둘러싼 간소한 나무 벤치가 생길 것이다. 저녁이면 모두 이곳에 모여 앉아 저녁을 먹으리라. 옆에서는 모닥불이 타오르고 솥에서는 무언가 보글보글 끓을 것이다. 우리는 하루 동안 있었던 일을 이야기하며 정신을 고양시키리라. 호손이 무슨 말을 했든 상관없었다. 각자의 일상적인 경험은 우리가 실험 중인 종말 이후의 삶이라는 집단 서사에 녹아들게 될 것이며, 강인하지만 행복한 생존자로서 우리를 그릴 수 있게 될 것이다.

마침내 더 많은 유르트가 생겨날 테고 장작더미 옆에 줄지어 늘어선 채소밭엔 돼지의 침입을 막는 울타리가 쳐질 터였다. 육체는 노동을 통해 강건해지고 정신은 우리가 떠난 도시에서 멀리 떨어진 자연 속에서 생기를 되찾으리라. 고사리와 나무 틈을 정신없이 뛰어다니며 즐겁게 노는 아이들의 모습까지 그려볼 수 있었다.

그리고 이 모두의 중심에 겸손하지만 반론의 여지없이 현명한 내가 있을 터였다. 유토피아 실험의 동료들에게 사랑받고 존경받는 이 모든 실험의 설립자인 내가. 내 유르트는 손수 짠 모직 카펫과 플리스 담요로 장식될 것이다. 아마 보도 나와 함께 유르트에 살게 되리라. 우리 둘은 집단의 다른 이들에게 영감의 원천이 될 터였다. 모범적 커플로서, 공동체 전체에 퍼진 사랑과 조화의 상징으로서 말이다.

나뭇가지를 모아 강가에 작은 불을 피웠다. 처음 며칠 동안 버틸 간단한 식량을 가져왔고 아침으로 그중에서 베이컨과 계란을 먹었다. 그다음 유르트를 지을 장소의 풀을 베는 일에 착수했다. 따뜻하고 양지바른 곳으로 고사리와 쐐기풀을 베어내느라 힘들기는 했지만 다 베어낸 뒤 첫 유르트의 나무 데크를 만들기 시작했다. 애덤이 헤리퍼드에서 지었던 유르트 두 채를 분해한 조각들이 이미 감자 창고에 쌓여 있었다. 일주일 전 한 친구가 화물차 뒤칸에 실어 옮겨온 것이었다. 애덤이 다음 주 오기로 되어 있었기에 도착하자마자 유르트를 지을 수 있도록 만반의 준비를 해놓고 싶었다. 이 장대 다발들은 곧 우리가 들어가 살 집이 될 터였지만 나는 엮는 방법을 알지 못했다.

데크를 다 쌓는 데 꼬박 일주일이 걸렸다. 키스라는 이름의 지역 건축업자의 도움을 받아 각고의 노력을 한 결과였다. 일이 끝나고 하루 휴가를 내어 연어 낚시를 갔다. 낚시철의 막바지인 어느 이른 아침 로메이의 친구들이 머리만(灣)[1]에 초대해준 덕분이었다. 오전 6시에 도착했을 때 로메이와 친구들은 이미 바다에 나가 있었다. 둘은 보트 위에서 노를 저었고 나머지 둘은 바닷속 돌무더기 위에 걸터앉아 그물의 끝을 하나씩 쥐고 있었다. 로메이의 친구 조지가 친절하게도 자기 차 트렁크에 한 쌍의 가슴장화를 남

---

[1] Moray Firth. 영국 스코틀랜드 북동안에 있는 만.

겨준 덕분에 그것을 입고 돌무더기까지 물살을 헤치며 걸어갔다. 도중에 수심이 깊어지자 보트에 탄 조지가 데리러 와 남은 거리는 보트를 타고 이동했다.

이런 종류의 낚시를 그물낚시라 부르는데, 여기엔 물고기가 나타날 때까지 물속에 오래 서 있는 과정이 포함된다. 수면의 색이나 결이 바뀌는 방식을 관찰해 물고기를 찾아낼 수 있다. 물고기를 발견하면 보트에 탄 사람들이 반원을 그리며 물고기 뒤로 돌아가 그물을 친다. 그다음 돌무더기에 있는 사람들 모두 힘을 합쳐 그물을 끌어올리는 방식이었다.

4시간이 넘게 낚시를 한 끝에 그릴스 세 마리를 잡았다. 스몰트 중에서 바다에서 첫 겨울을 나고 성체가 되어 돌아온 연어를 그릴스라 부르는데, 무게가 작게는 몇백 그램에서 크게는 작은 성체와 맞먹는 2~3킬로그램에 이른다.[2] 세 마리가 그리 많아 보이지 않을지도 모르지만 확실히 형편없는 어획량은 아니었다. 조지는 빈손으로 집에 돌아갈 때도 있다고 말해주었다. 10년 전만 해도 이렇지 않다고 했다. 그땐 바다에 물고기가 넘쳐났다. 그러나 이제 어류 남획과 물개 개체 수 증가(몇 년 전 물개가 보호종으로 지정되며 개체 수가 폭발적으로 증가했다)가 맞물려 어류 자원이 극도로 감소했다.

---

2 강에서 바다로 향하는 청년 연어를 스몰트(smolt)라 부르며, 바다에서 겨울 한 철을 보내고 고향 산천으로 돌아오는 연어를 그릴스(grilse)라 부른다. 이렇게 두 번, 또는 세 번의 겨울을 거쳐야 완전히 다 자란 연어가 된다.

조지는 이듬해 여름에는 유토피아 실험 참가자 중에서 몇 명의 자원자를 받아 낚시를 가면 좋겠다고 말했다. 멋진 생각이었다. 그때가 올 때까지 물고기가 조금이라도 남아 있기를 바랄 뿐이었다.

다음 날 애덤이 도착했다. 인버네스의 버스 정류장으로 마중을 나가 깃털을 꽂은 갈색 펠트 중절모를 쓰고 위에는 모피 장식이 달린 민소매 양가죽 재킷을, 밑에는 빨간 사이클용 긴바지 위에 검은 가죽 반바지를 겹쳐 입은 애덤과 만났다. 괴상한 옷차림과 과장된 몸짓 때문에 주변의 승객들이 당혹스러운 듯한 시선을 던졌다. 최대한 서둘러 그를 차에 밀어 넣고 유토피아로 돌아왔다. 하일랜드 주민들 사이에 퍼질 소문이 귀에 들려오는 듯했다. 주민들은 난데없이 등장한 괴상한 이방인을 두고 수군댈 테고, 곧 잉글랜드 출신의 괴짜 남자가 만든 수상한 정착촌을 향해 더 많은 사회 부적응자들이 몰려올 터였다.

애덤은 내가 만든 2개의 나무 데크에 몹시 흡족해하며 곧바로 유르트를 짓기 시작할 수 있겠다고 말했다. 다음 몇 시간 동안 개암나무 장대로 엮은 격자를 하나씩 원하는 자리에 고정하고 나일론 끈으로 묶은 뒤, 애덤이 전문가의 솜씨로 바느질한 푸른 캔버스 천을 전체 구조물에 덮었다. 전 과정이 내 예상보다 훨씬 더 오래 걸렸기에 오후 늦도록 겨우 유르트 하나를 간신히 완성할 수 있었다. 그러고 나서도 내가 만든 나무 데크에 빈틈없이 맞추기 위해 몇 가지 조정을 해야 했다. 데크가 필요한 크기보다 조금 더 작게 만들어진 까닭이었다.

지난 주 내내 작은 텐트에서 지낸 내게 유르트는 사치나 다름없이 느껴졌다. 한복판에서는 몸을 굽히지 않고 일어서기까지 할 수 있었다. 그러나 나는 유르트에서 애덤과 함께 자는 대신 애덤이 유토피아에서의 첫날밤을 혼자 보낼 수 있게 양보하는 쪽을 택했다.

애덤은 호의에 감사하면서도 그 유르트가 "자기 소유의" 유르트는 아니라고 했다. 잠은 자되 그곳을 소유했다고 생각하지는 않으며, 다른 사람들이 쓰고 싶어 하거나 자고 싶어 하는 건 얼마든지 괜찮다는 말이었다. 그러나 실험 내내 여러 번 알게 되었다시피 애덤의 고매한 말들이 반드시 현실과 일치하는 것은 아니었다. 1시간 후 유르트로 기어들어간 나는 애덤의 침낭 한쪽에서 이상한 물건들을 발견했다. 유목(流木) 조각 위에 동전, 양초, 동물 뼈, 색 바랜 사진처럼 어울리지 않는 물건들이 한데 진열되어 있었다. 애덤은 이것이 자신의 신을 모아놓은 신당이라고 말해주었다. 그러나 그것은 명백한 영역 표시이기도 했다.

소유권과 사용권을 유동적으로 바라보아야 한다는 애덤의 관점은 내가 실험 내내 발전시키고자 한 관점이기도 했다. 수렵 채집 시대 조상들의 사고방식도 이쪽에 더 가까우리라. 그러나 아주 어렸을 때부터 '내 것'과 '네 것'을 명확히 구별하도록 가르친 사회에서 자란 우리 대부분이 과연 이런 관점을 쉽게 받아들일 수 있을지 궁금했다.

그날 저녁엔 애덤의 도착과 첫 유르트의 완성을 기념하며 모닥불에 요리한 맛좋은 콩과 토마토 스튜를 먹었다. 여름철 스코틀랜드 하일랜드에는 해가 아주 늦게까지 떠 있다. 그러나 마침내 잠자리에 들러 갈 무렵엔 주위가 완전히 어두워져 텐트로 돌아가는 길을 찾는 데 손전등의 힘을 빌려야 했다. 문득 남아 있는 건전지가 다 닳거나 남아 있는 손전등이 다 망가지면 어떻게 될지 궁금했다. 문명이 붕괴된다면 조만간 반드시 닥칠 일이었다. 바이킹처럼 횃불을 들고 다니게 될까? 눈이 어둠에 더 잘 적응하게 될까? 아니면 그저 유르트 안에만 머물며 밤마다 밤의 생물들에게 유토피아의 통제권을 양보하게 될까?

침낭으로 파고드는 도중에 멀리서 늑대의 울음소리를 들은 것 같았다. 똑바로 일어나 앉아 귀를 기울였지만 들리는 것이라곤 미풍에 나뭇잎이 희미하게 바스락거리는 소리뿐이었다. 폭증한 붉은사슴의 개체수를 조절하기 위해 하일랜드에 다시 늑대를 데려와야 한다는 의견이 있었으나 목양업자들의 강력한 반대에 부딪힌 일이 있었다. 조금 더 귀를 기울였다가 내 상상의 산물이었다는 결론을 내리고 다시 침낭에 누웠다.

그러나 그때 다시 소리가 들려왔다. 이번에는 더 분명히, 더 크게 들렸다. 누가 들어도 확실한 늑대의 울부짖음이었다. 갑자기 겁이 났다. 내가 자는 동안 텐트 밖에 야생 동물들이 어슬렁거리는 장면은 그리 유쾌하지 않았다. 아직 타고 있을 모닥불 옆에 가까이 있는 게 좋겠다는 생각이 들었다. 나는 침낭을 주워 들고 아까 저녁을 먹은 모닥불 곁에 다시 돌아가기로 결심했다.

하지만 텐트에서 나왔을 때 소리의 진짜 출처가 분명해졌다. 구름이 흩어지고 희미한 달빛이 나무 사이의 공터에 스산한 빛을 던지는 가운데 어떤 남자의 실루엣을 간신히 분간할 수 있었다. 모자의 모양으로 그것이 애덤임을 알아보았다. 강가에 꼿꼿이 선 애덤은 머리를 뒤로 젖히고, 다시 한번 길고 오싹한 울부짖음을 토해냈다.

7

애그릭

스코틀랜드 하일랜드는 오랜 세월 낙오자와 명령 불복종자, 히피의 피난처였다. 유토피아 실험은 이 스코틀랜드 북동부 촌구석에서조차 유일한 대안 공동체는 아니었기에 동지들을 찾아가보고 싶은 마음이 들었다. 특히 방문하고 싶었던 곳은 1960년대 후반 닐 오람이 세운 고솀이었다.

나는 스코틀랜드로 떠나기 한 달 전 요빌 근처에서 열린 뮤직 페스티벌에서 우연히 닐을 만났다. 그는 티피 천막에서 나른한 분위기의 소규모 히피 청중을 앞에 두고 독특한 강연을 하고 있었다. 나중에 함께 페스티벌에 간 사람들에게 방금 닐의 강연을 듣고 왔다고 말하자 그들의 눈이 커졌다. "우와!" 그들은 일제히 감탄하며 살짝 경외를 담아 말했다. "닐은 아주 오랫동안 이쪽에 있었던 사람이에요."

닐에 대해 더 알고 싶었던 나는 하일랜드에서 맞은 처음 몇 주 동안 주변에 몇 차례 그의 이야기를 꺼냈다. 그러나 이곳에서의 반응은 사뭇 달랐다. 어떤 사람들은 그를 약간 수상쩍어했고 어떤 사람들은 완전히 적대적이었다. 전혀 와닿지 않는 반응들이었다. 페스티벌에서 이야기하는 걸 들었을 때 괴짜지만 나쁜 사람은 아니라는 인상을 받은 까닭이었다. 그리고 그가 만든 작은 공동체를 방문해도 좋으냐고 묻는 이메일을 보냈을 때 그는 분명 친절히 답장해주었다. 그를 경계하는 이유를 조금 더 자세히 캐묻자 몇몇이 어물어물 그가 구루를 자칭하며 네스호 위쪽 언덕에서 광신적 종교 의식을 주관한다고 말해주었다. 그러나 나는 이 소문을 믿기 힘들었다.

하지만 8월 초의 어느 화창한 아침, 애덤과 함께 고셈으로 출발하는 길에 살짝 긴장했음을 고백하지 않을 수 없다. 우리는 네스호 북쪽의 작은 마을 드럼나드로킷으로 차를 몰고 가다가 네스호를 굽어보는 가파른 언덕 위로 구불구불 이어진 좁은 길로 들어섰다. 자갈로 구획을 나눈 언덕 꼭대기의 작은 주차 칸에 차를 세우고 공동체의 부속 건물들로 이어진 좁은 나무다리를 걸어서 건넜다.

길은 요란한 간판을 단 목조 건물로 이어졌다. 간판에는 '도예 공방'이라고만 쓰여 있었다. 뒤쪽으로는 지어진 시기도 견고한 정도도 제각각인 여러 목조 건물들이 있었는데, 닐이 만든 은거지의 거주민들이 사는 곳처럼 보였다. 애덤과 슬쩍 둘러보았지만 사람의 흔적은 보이지 않았다. 다시 도예 공방으로 돌아간 우리는 문이 살짝 열린 것을 발견하고 안으로 들어갔다. 손으로 만들어 색색의 물감과 유약을 칠한 접시와 컵이 선반 위에 세련되게 진열되어 있었다. 애덤은 곧장 방 한복판의 진열대에 놓인 커다란 찻주전자에 다가갔다. 그가 찻주전자에 감탄하는 동안 미모의 30대 여자가 다른 문으로 들어왔다. 여자의 짧은 머리는 금발로 염색되어 있었고 우리에게 인사를 건네는 동안 파란 눈이 반짝반짝 빛났다.

"안녕하세요, 레베카라고 해요." 그녀가 말했다.

"안녕하세요, 딜런입니다." 내가 말을 이었다. "두 달 전에 잉글랜드에서 열린 한 페스티벌에서 닐의 강연을 들었어요. 이쪽으로 막 이사한 김에 만나 뵈러 왔습니다."

"이런, 어쩌나. 닐은 지금 여기 없는데요." 그녀가 대답했다.

닐은 또 다른 페스티벌에 참가하러 다시 잉글랜드로 갔다고 했다. 레베카는 혼자 자리를 지키는 중이었고, 이제는 수가 꽤 줄어든 다른 공동체 사람들은 닐을 따라갔다. 나는 실망했으나 레베카는 낯선 손님들을 크게 환영하며 도예 공방을 구경시켜주었다. 그동안 나는 조심스레 고셈에 관해 더 많은 정보를 캐내려 했다.

레베카는 이곳에 18년 동안 살았다고 했다. 닐과 처음으로 만나 깊은 감명을 받은 이래 성인 시절의 전부를 이곳에서 보낸 셈이었다. 그러나 오래 외부와 단절된 생활을 해왔음에도 레베카는 더

할 나위 없이 사교적이었으며 어색한 구석은 전혀 없었다. 그래서 1시간 후 그곳을 떠날 때 닐을 두고 퍼진 어두운 소문이 진짜인지 아니면 그저 도를 넘은 유언비어일 뿐인지 여전히 확신할 수 없었다. 최대한 빨리 재방문해 진상을 알아내야겠다고 다짐했다.

유토피아에서 멀지 않은 곳에 또 다른 공동체 핀드혼이 있었다. 1962년 잉글랜드에서 온 괴짜 셋이 이동 주택 주차장에 세운 이 공동체에는 현재 400명이 넘는 사람들이 거주하며 전 세계에 이름을 알리고 있다. 고셈을 방문하고 며칠 후 애덤과 이곳을 방문한 나는 고셈과는 크게 대조되는 모습에 깊은 감명을 받았다.

핀드혼이 갖춘 기반 시설은 인상적이었다. 다양한 모양과 색깔로 멋지게 지어진 목조 가옥들이 울창한 관목숲 곳곳에 자리 잡았고, 각 집에는 태양열 집열판, 우드펠릿 스토브, 잔디 지붕, 퇴비 상자에 이르는 일련의 친환경 설비들이 갖춰져 있었다. 멀리 보이는 몇 개의 거대한 풍력 터빈은 전력망 회사 내셔널 그리드에 잉여 전력을 꼬박꼬박 수출하고도 남는 많은 양의 전력을 생산했다.

그러나 우리를 안내해주는 사람의 열정 넘치는 설명을 듣는 동안, 핀드혼 전체에 스민 설립자들의 괴상한 영적 이데올로기가 점점 윤곽을 드러냈다. 안내자의 말에 따르면 설립자들은 맨 처음 이동주택 주차장의 척박한 토양에서는 아무것도 기르지 못할 것이란 얘기를 들었다고 한다. 그러나 그들은 곧 거대한 채소를 길러냈다. 이 엄청나게 큰 양배추의 출현은 오늘날 핀드혼 신화를 이루는 핵심으로 어떤 초자연적인 원인 덕분에 이렇게 되었다고 여겨졌다. 지역의 한 농부가 상당한 양의 말똥 거름을 기부했다는 사실은 쏙 빠졌다. 오늘날 핀드혼에 새로 합류하는 사람들은 식물에게 말을 걸고 "더 찬란한 빛을 내는 식물의 영"에 적응하는 법을 주의 깊게 교육받는다.

모두 넌더리 나는 헛소리일 뿐이었지만 애덤은 매우 솔깃해했다. 그는 희망으로 눈을 빛내며 이렇게 속삭였다. "유토피아에서 같은 일이 일어나면 어떨 것 같소? 아마 40년쯤 후 사람들이 이런 식으로 유토피아를 견학하며 우리 이야기를 하게 되겠지?"

영적 공동체의 설립자가 되어 역사에 기록된다는 생각만으로도 진심으로 소름이 끼쳤다. 유토피아가 세속 공동체가 되어야 한다는 내 생각은 확고했다. 물론 종교를 가진 사람들의 합류를 거부한다는 말이 아니다. 다만 특정한 종교적 관점을 공식적으로 옹호하는 일이 없도록 면밀히 또 꾸준히 주의를 기울여야 했다.

애덤과 나는 종교적 중립이라는 원칙을 두고 가장 먼저 충돌했다. 나는 그가 점점 뻔질나게 언급하는 이른바 '위대한 영'과 뉴에이지의 영향을 받은 듯 보이는 다른 개념들에 경각심을 느끼기 시작했다. 곧 이것이 애덤이 가진 정체성의 근간을 이루는 부분임을 알게 되었지만 먼젓번 만났을 때는 전혀 눈치 채지 못한 탓에 놀라움이 컸다. 첫 만남에서 무심결에 흘려들은 걸까? 아니면 애덤이 나를 안심시키려고 신중하게 말조심을 한 걸까? 그는 자주 위선적인 모습을 보이며 자신의 통찰력 부족을 드러내 보였다. 예컨대 모든 재산을 공동으로 소유해야 한다고 주장하면서도 자기 혼자 먹으려고 다람쥐처럼 식량을 자기 유르트에 감춰 놓는 식이었다. 때로 그는 교활하고 야비한 인간도 될 수 있었다.

나는 8월의 어느 오후 애덤과 나란히 앉아 이 문제를 해결하기로 결심했다. 유토피아의 기본 규칙을 정하기 위해서였다. 하지만 결국 벌집을 건드린 셈이 되었다.

우리는 방문객을 응대하는 방침을 논의하기 시작했다. 호기심에 가끔 찾아오는 사람들은 환영이었지만 우리 둘 다 낯선 이가 우리의 소규모 실험에 지속적으로 들락거리는 것은 원하지 않았다. 나는 애덤이 이 문제에 나와 생각이 같음을 알았고, 모종의 공감대를 형성했으니 종교 문제를 다루기는 더 쉬우리라 기대했다.

"당신이 유토피아의 일부 규칙을 정하면서 쓴 말 중에 잘 이해되지 않는 말이 있어요." 나는 위험을 무릅쓰고 먼저 말을 꺼냈다.

내 전략은 성공하지 못했다. 애덤이 긴장해 몸을 꼿꼿이 세우는 게 보였다.

"뭘 말하는 거요?" 애덤은 나를 의심스러운 눈길로 쳐다보았다.

"그러니까." 나는 말문을 떼었다가 잠시 멈추었다. 정확히 할 말을 고르기 위해서였다. "예를 들어 '위대한 영' 같은 문구요."

애덤의 얼굴이 어두워졌다.

"회의 규칙에 대해 논의하면서 사람들이 '자아가 시키는 말이 아니라 위대한 영이 시키는 말'을 해야 한다고 하셨죠." 나는 말을 이었다. "그런 식으로 규칙을 정하면 위대한 영의 존재를 믿지 않는 사람들이 소외감을 느끼지 않을까요. 유토피아의 규칙에는 종교적으로 중립적인 표현만 쓰는 게 좋겠습니다."

애덤에게 이런 의견은 전혀 반갑지 않았다. 그에게 위대한 영이란 이기심을 버리고 진정한 의미의 공동체를 이루기 위해 반드시 언급해야 하는 개념이었다. 그러나 나는 종교적 중립의 원칙이 처음부터 유토피아 실험의 핵심임을 상기시켰다.

"제가 웹사이트에 썼던 말 기억하시죠?" 내가 물었다.

애덤은 대답이 없었다.

"유토피아 실험이 종교가 있는 사람과 종교가 없는 사람 모두에게 열려 있다고 했던 말 기억하세요? 공식적 이데올로기가 없다고 했던 말은요? 믿음이 다른 사람들끼리도 어울려 지낼 수 있는지 실험해보겠다고 했죠? 전 이곳이 또 다른 핀드혼이 되길 원치 않습니다. 식물에게 말을 걸 수 있다는 엉뚱한 믿음을 공유하지 않는 사람이 핀드혼에서 살아가긴 힘들죠."

"식물에게 말을 거는 게 뭐가 이상하다는 거요." 애덤이 볼멘소리로 말했다.

"그래요, 이상하지 않을지도 모르죠. 하지만 저는 식물이 말을 할 수 있다고 믿지 않는다는 이유로 누군가 불편함을 느끼지 않았으면 좋겠어요. 신을 믿지 않아도, 위대한 영을 믿지 않아도요. 위대한 영이라는 문구를 바꿔 쓸 말이 없을까요?"

"난 모르겠소."

"음, 당신이 정말 하고 싶은 말은 자기 이익보다 공동체의 이익을 먼저 고려하고, 사적 관심사보다 공동체의 관심사를 염두에 두어야 한다는 거 아닌가요?"

"그런 것 같소." 애덤이 말했다.

그러나 그가 정말 하고 싶은 말은 이것이 아니었다. 나중에 알게 되었듯이 애덤은 단지 작전상 후퇴를 했을 뿐이었다. 위대한 영은 그의 마음속에 여전히 큰 부분을 차지했고, 실험 내내 우리 주위를 맴돌았으며, 오직 애덤의 입을 통해서만 자기 뜻을 밝혔다.

애덤을 향한 불신이 점점 커지는 와중에 두 번째 자원자가 도착하여 큰 다행이었다. 애그릭은 내가 온라인에 짧은 공지를 게시한 직후 실험에 가장 먼저 지원한 사람이었다. 그때부터 주고받은 많은 이메일을 통해 그에게서, 또 그에 관해 많은 것을 배웠다. 그러나 직접 만나기는 처음이었다. 애그릭은 한낮에 식물과 원예 장비와 기타 갖가지 장비가 즐비한 낡은 폭스바겐 캠퍼 밴을 타고 도착했다. 숱이 적은 백발에 장난꾸러기 같은 표정을 한 애그릭은 톨킨의 책에 나오는 또 다른 등장인물처럼 보였다. 애덤이 광기를 더한 간달프라면, 애그릭은 재빠름을 더한 호빗 같았다. 짓궂은 미소를 띠고 항상 무언가를 만지작거리거나 새로운 일에 뛰어드는 까닭이었다.

애그릭은 이곳이 마음에 든 듯 나란히 유르트로 가는 길에 잔뜩 들떠 수다를 떨었다.

"이 부지의 일부는 예상했던 것보다 더 크군요. 개울가에는 생각보다 나무가 더 많이 우거졌고요, 특히 마가목이 많아 마가목 열매로 젤리를 만들 수 있겠습니다. 작물을 기를 땅은 생각보다 평평해서 좋습니다만, 저 돼지들을 옮기는 게 일이겠어요!"

저 돼지들, 그러니까 친절히도 로메이가 준 돼지들이 현재 차지하고 있는 땅에 애그릭은 마늘, 양파, 돼지감자, 누에콩, 봄양배추, 케일, 미즈나, 작은양파, 겨울상추까지 다양한 작물을 기르고 싶어 했다. 내 바람은 돼지들이 땅을 부드럽게 만들어 씨를 뿌리기 좋게 만들어주는 것이었다.

말소리를 듣고 애덤이 자기 유르트에서 얼굴을 내밀었다. 애덤은 활짝 웃으며 밖으로 나와 애그릭을 힘차게 포옹했고, 우리 셋은 자리에 앉아 불을 피워 차를 마실 물을 끓였다. 물론 문명이 붕괴된 후라면 스코틀랜드에 차 따위는 없겠지만—원거리 무역이 부활하기까지 오랜 시간이 걸릴 테니—붕괴 전에 챙겨둔 티백이 아직 남아 있다고 치기로 했다.

"소소한 즐거움 몇 가지는 눈감아줄 수 있겠죠. 시나리오에 크게 어긋나지만 않는다면요." 애그릭이 말했다.

"그럼요." 나는 고개를 끄덕이며 맞장구쳤다. "하지만 제한은 있어야죠. 매주 와인을 한 상자씩 사면서 매번 인근의 버려진 농가에서 와인이 가득한 저장고를 발견했다고 둘러댈 수는 없으니까요. 아주 설득력 없게 들릴 겁니다."

애그릭이 소리를 죽여 웃었다. "걱정 말아요. 곧 직접 와인을 담그게 될 테니까."

애덤이 얼굴을 찌푸리며 말했다. "나는 술을 허용해선 안 된다고 생각하오." 그는 단호히 말을 이었다. "이곳은 순수한 영혼들이 머무는 순수한 장소가 돼야 해요."

"아아, 제발 애덤!" 애그릭이 쾌활한 목소리로 말했다. "종말에서 살아남으려면 가끔씩 술을 마셔줘야 된답니다!"

애그릭이 대단히 열성적인 지구 종말론자임을 깨닫기까지는 그리 오래 걸리지 않았다. 애그릭이 볼 때 유토피아 실험에서 실행에 옮기는 시나리오는 단순한 협업적 허구가 아니라 실제 상황에 대비하기 위한 연습이었다. 그는 언제나 길고 긴 연설로 경제, 기후 변화, 그리고 물론 피크 오일을 경고하는 암울한 예언들의 근거를 댈 준비가 되어 있었다. 재난의 다양한 단계를 분류하는 등급표까지 고안했을 정도였다.

1단계에서는 전기, 가스, 수도의 공급이 단기적으로 중단된다. 아직 기반 시설은 거의 손상되지 않았고 금융 시스템도 그대로 유지되지만, 다수의 기업이 운영을 중단해 심각한 실업 사태로 이어지게 된다. 지난 50년간 선진국이 경험해보지 못한 가장 큰 위기가 닥치며, 어쩌면 1930년대의 대공황보다 더 심각한 사태가 벌어질지 모른다. 대규모 홍수나 지진만큼 특정 지역이 황폐화되지는 않지만 충격은 훨씬 더 넓은 범위에 미친다.

2단계에서는 국제 금융 시스템이 무너지기 시작하나 완전히 붕괴되지는 않는다. 사람들은 전기, 가스, 수도가 정기적으로 공급되지 않는 상황에서 몇 주, 심지어 몇 개월을 버텨야 하며 상점에는 식량이 바닥난다. 사망률이 급증하여 전 세계 인구의 10퍼센트가량이 감소한다. 특히 인구 밀도가 높은 지역에서 대규모 무법 사태가 발생하면 사망자는 더 늘어날 수 있다.

3단계에서는 대부분의 물리적 기반 시설이 붕괴되고 화폐가 그 가치를 잃는다. 그러나 이렇게 치명적으로 손상된 부분은 대개 몇 개월 안에, 길어야 2년 안에 복구될 수 있다. 선진국 인구는 50에서 60퍼센트까지 대폭 감소할 것이다. 100년을 후퇴해 20세기 초반으로 거슬러 올라가는 셈이지만 인류의 지식 중 가장 중요한 지식은 보존될 가능성이 크다.

붕괴의 상위 단계로 이행할수록 상황은 더욱더 악화된다. 5단계는 우리가 모의실험을 하려는 시나리오의 단계로, 전 세계 인구의 약 90퍼센트가 감소해 10억 미만으로 줄어든다. 6단계에서 인구는 겨우 10만으로 줄어들며 우리 모두는 다시 수렵 채집 생활로 돌아간다. 7단계에서는 인류가 멸종한다. 애그릭의 표현대로라면 "인간 실험"의 "종결"이다.

애그릭이 설정한 단계의 세부 사항들이 나를 매료시켰다. 그런 끔찍한 일들을 분석적으로 냉정히 바라보는 데서 오는 일종의 잔인한 쾌감이 있었다. 재난을 용감하게 정면으로 직시한다는 점에서는 흥분을 느꼈다.

그렇지만 애그릭이 분류한 단계의 정확성을 생각하면 우려되는 부분도 있었다. 이 모두에 대한 그의 확신은 과학보다 예언의 냄새가 났다. 지구 온난화를 경고하는 많은 책 중에는 매우 저명한 과학자가 쓴 책도 있었으며, 그 책들을 읽고 파국이 다가오고 있다는 믿음이 반드시 광기의 징조는 아님을 납득했다. 그럼에도 애그릭의 확신과 나의 확신 뒤에 이성적 논증과 경험적 증거 외에 다른 요인들이 있다는 의심이 들지 않을 수 없었다. 특히 그가 붕괴의 여러 단계를 분류하면서 그토록 즐거워 보이는 이유가 궁금했다. 다가오는 종말의 날짜를 점칠 때마다 그의 눈은 항상 반짝거렸다. 붕괴 이후의 삶이 더 자연스럽고 건전하리라는 유토피아적 발상에서 나온 반짝임 같아 보이지는 않았다.

마침내 애그릭이 '노아의 방주 증후군'이라 불릴 만한 상태에 빠졌음을 알게 되었다. 이것은 정말 재앙이 닥쳤을 때 "그러게 내가 뭐랬어!"라고 우쭐댈 날을 기다리는 심리다. 이런 심리는 분명 다수의 조롱하는 시선을 더 견디기 쉽게 해준다. 조롱하던 사람들이 물속에 가라앉는 모습을 뒤로하고 방주를 타고 떠나는 자신을 그릴 수 있다면, 세계의 종말에 대비하는 나를 미치광이로 보는 시선도 더 견디기 쉬워질 것이다. 현혹된 대중과 달리 오직 나만이 사물을 있는 그대로 볼 수 있다는 생각은 분명 매력적이다.

한편으로는 이런 생각도 들었다. 문명이 붕괴되리라고 100퍼센트 확신했다면 애그릭은 왜 나처럼 집을 팔지 않았을까? 이듬해 애그릭은 슬라우에 있는 자기 집에서 스코틀랜드까지 장거리를 운전해 왔다가 유토피아에서 한 달여를 지내고 다시 돌아가는 식으로 이곳을 오갈 계획을 하고 있었다. 매번 남쪽으로 떠나기 전 그는 이번에야말로 집을 내놓고 마침내 오랫동안 고대해온 유목민적 생활을 실천하겠다고 선언하곤 했다. 그러나 그는 결코 집을 내놓지 않았다. 결국 자신이 단언하는 만큼 확신하지는 못했던 것이리라. 양쪽에 한 발씩 걸치고 눈치를 보았는지도 모른다. 반면, 나는 모든 걸 걸었다.

나는 유토피아에 있는 거의 내내 빛바랜 파란 전투 바지를 단벌로 입고 다녔다. 애그릭을 도와 채소밭이 될 땅의 돌을 고르는 동안, 또 지난 몇 년간 쪘던 살이 쭉쭉 빠지는 동안 바지는 점점 헐렁해지고 더욱더 바래갔다. 유토피아에 도착한 지 일주일 만에 애그릭의 옷도 내 옷만큼이나 더러워져 겉모습만 보아서는 누가 이곳에 더 오래 있었는지 구별하기 어려웠다. 애덤은 처음부터 청결과는 거리가 멀었기에, 장작을 태우는 매캐한 냄새가 옷에 배어들어 다른 모든 악취를 덮지 않았다면 우리 셋에게선 아마 썩은 내가 났을 것이다.

우리는 이따금 개울에서 빨래를 했다. 진흙은 지워졌지만 연기 냄새는 결코 없어지지 않는 듯했다. 그리고 거의 8월 내내 무시무시하게 타오른 태양 아래 옷을 말렸다. 겨울이 시작되어 며칠씩 쉬지 않고 비가 내리면 어떨지 상상해보았다. 어디다 빨래를 널까? 아니 빨래에 신경이나 쓸 수 있을까? 옷이 다 닳아 떨어지기 시작하면 어쩌지?

"혹시 옷 만드는 법을 아는 분 있나요?" 어느 날 내가 물었다. 둘러앉아 애그릭이 만든 채소 수프를 후루룩거리며 먹던 중이었다.

"동물 가죽." 애그릭이 불쑥 말했다. "동물 가죽이 있어야 해요."

"이 근처에 사슴이 있소. 하지만 위대한 영께서는 우리가 사슴을 죽이길 원치 않을 거요." 애덤이 말했다.

"위대한 영은 우리가 추위에 덜덜 떠는 것 또한 원치 않을 겁니다." 내가 말했다.

"사슴 가죽은 최고죠." 애그릭이 전문가처럼 말했다. "뒷다리의 연결 부위로 신발과 장갑과 깔창을 만들 수 있어요."

"좋아요. 그런데 사슴은 어떻게 죽이죠?" 내가 말했다.

"구덩이를 파서 그 안에 나무 말뚝을 박으면 됩니다. 끝이 아주 뾰족한 나무 말뚝을요. 그리고 올가미를 위에 얹는 거죠." 애그릭이 화색을 띠며 말했다.

"그다음에는요? 가죽은 어떻게 벗겨야 할지 감도 안 잡히는군요." 내가 말했다.

애그릭은 당황하지 않았다. "다 같이 생각해보죠." 그는 손등으로 입가를 닦고 크게 트림하며 말했다. "뭐, 어려워봤자 아니겠어요?"

그래서 그날 오후 우리는 사슴 덫을 만들기 시작했다. 먼저 약 30센티미터 정도 길이의 나뭇가지를 모아 끝을 무시무시해 보일 만큼 뾰족하게 다듬었다. 그다음 개울 근처의 진땅에 구덩이를 팠다. 애덤이 사슴 흔적을 봤다고 말한 곳이기도 했고, 어쨌든 진땅이 더 파기 쉽다는 이유도 있었다. 깊이 팔수록 구덩이 안에 금세 물이 차올라 땅에 말뚝을 박을 땐 사방에 갈색 흙탕물이 튀었다. 마지막으로 여분의 텐트 밧줄로 올가미를 만들어 말뚝 위에 올려놓고 반대편 끝을 가까운 나무에 단단히 묶었다. "말뚝은 올가미가 사슴 다리를 더 꽉 죄게 하는 역할을 할 뿐입니다. 사슴을 잡는 건 밧줄이죠." 애그릭이 설명해주었다.

"이 망할 구덩이에 우리가 빠지는 일이 없었으면 좋겠군요." 나는 중얼거렸다. 갑자기 진흙투성이 구덩이에 무릎까지 빠져 나무 말뚝 끝에 허벅지가 꿰뚫린 애덤의 모습이 상상되었다. 덫을 놓기로 한 게 좋은 생각인지 더 이상 확신할 수 없었다.

그러나 이는 쓸데없는 걱정이었다. 임시변통으로 만든 우리의 사슴 덫에는 네발 달린 짐승이건 두 발 달린 짐승이건 그 어느 것

도 걸려들지 않았다. 나는 매일 아침 덫을 살피러 개울가로 내려
갔다. 마음은 헐떡거리는 사슴이 죄어드는 올가미에서 벗어나려
고 헛되이 몸부림치는 모습을 보고 싶은 기대 반, 두려움 반이었
다. 그리고 매번 안도의 한숨을 쉬고 위풍당당하고 위험한 야생동
물의 목을 자르지 않아도 된다는 사실에 기뻐하며 유르트로 돌아
오곤 했다. 몇 주 후 폭풍우가 불어 우리가 만든 보잘것없는 덫을
쓸어갔다.

닐 오람이 영국 체류에서 돌아왔다는 소식이 들렸다. 나는 고셈
으로 다시 가 무성한 소문의 주인공을 만나기로 결심했다.

이번엔 동행 없이 혼자였다. 구불구불한 길을 운전해 가는 동안
누군가와 함께 왔어야 하는 게 아닐까 덜컥 겁이 나기 시작했다.
닐이 내가 자신의 지위를 위협한다고 느끼면 어쩐단 말인가. 괴짜
가 한 명 더 나타나 자기 세력권에 경쟁 관계의 공동체를 만드는
걸 반기지 않을지도 몰랐다.

레베카는 도예 공방에 있었다. 이전에 방문했을 때 이후로 계속
그곳에 있었던 것만 같았다. "가서 닐을 불러올게요." 그녀가 말했다.

몇 분 후 닐이 나타나 따뜻한 환영의 미소를 띠며 손을 내밀었
다. 주름진 얼굴 주위엔 흰 수염이 가득했고 머리엔 수를 놓은 스
모킹 캡을 쓰고 있었다. 몸에는 빛바랜 바버 재킷과 낡은 청바지
를 걸쳤고 노란 장화를 신은 차림이었다. 빛나는 눈동자에는 호의

133

와 호기심이 비쳤다.

특별히 위험해 보이는 인상은 아니었지만 나는 여전히 경계를
풀지 않았다.

"잠깐 걸읍시다." 닐이 말했다.

그의 눈에 비친 반짝임은 해석하기 어려웠다. 그럼에도 그의 청
을 거부할 수 없었다. 그래서 우리 둘은 도예 공방에서 나와 다른
목조 건물들을 지나 숲으로 느릿느릿 걸어갔다. 몇 분 후 숲을 빠
져나와 어느새 네스호가 내려다보이는 가파른 비탈 가장자리에
섰다. 공기는 눅눅했고 태양은 연한 잿빛 구름 사이로 드문드문
얼굴을 내밀 뿐이었지만 경치는 숨이 멎을 만큼 아름다웠다. 한번
보면 잊지 못할 아름다운 장소에 서니 닐이 이곳에 정착하기로 한
이유를 알 수 있었다. 닐은 세속의 법이 미치지 않는 이 별세계에
서 소수의 추종자들을 절대 권력으로 지배하고 있었다.

닐은 유토피아 실험에 대해 물으며 1968년 자신이 하일랜드로
이사해 이 땅을 무단으로 점거하게 된 이야기를 해주었다. 장기간
점유하고 있던 이 땅은 이제 오래된 관습법에 따라 법적으로 그의
소유가 되었다. 우리는 클래식 음악과 철학과 시를 주제로 대화를
나누었다. 그는 비록 학식이 아주 깊지는 않았지만 매우 교양 있
는 사람이었고, 때로 이해하기 힘들다 해도 관련 없어 보이는 아
이디어들을 도발적으로 연결할 줄 알았다. 그와 나눈 대화는 이
몇 개월 동안 나눠본 최고의 대화였다.

그리고 우리는 금방이라도 무너질 듯한 목조 건물들이 늘어선, 그가 통치하는 제국의 심장부로 무사히 돌아왔다. 닐은 자신이 묵는 통나무 오두막에서 차 한 잔을 대접해주었다.

"그래 유토피아 실험의 자금은 어디서 모을 예정이오?" 닐이 물었다.

"집을 판 돈으로 대고 있습니다." 내가 대답했다.

닐이 놀라 눈을 크게 떴다.

"모든 비용을 직접 댄다는 말이오? 자원자들한테 한 푼도 받지 않고? 전부 당신 돈으로 먹이고 재운다고?"

나는 닐이 갑자기 재정에 관한 얘기를 꺼내 당황한 채 고개를 끄덕였다.

닐이 고개를 저으며 말했다. "돈으로 친구를 산다는 말처럼 들리는구려."

전에는 한 번도 그런 식으로 생각해본 적이 없었지만 일리 있는 지적이었다. 돈으로 친구를 산다니 상당히 절망적인 느낌이 들었다. 심지어 괜찮은 거래도 아니었다. 자원자들은 내 친구가 아니었으니까. 그들은 실험실의 쥐, 그러니까 내 실험의 재료에 불과했다. 로봇일지도 몰랐다. 그렇다면 실험을 하는 나는 누구일까? 진정한 연구를 하는 과학자일까? 아니면 다른 사람의 인생을 아무렇지 않게 갖고 노는 소시오패스일까? 더 깊이 생각할수록 혹시 후자일까 봐 불안해졌다.

8

겨울

9월이 되자 낮이 눈에 띄게 짧아지면서 하늘이 점점 흐려졌다. 일조량이 부족해서인지, 몇 주 동안이나 괭이질을 하고 땅을 파서인지 지치고 피곤하고 외로운 기분이 들기 시작했다. 제대로 세끼를 챙겨 먹지도 못했다. 보통 점심시간이 되어 일을 멈출 때쯤엔 너무 지쳐서 요리를 할 수 없었고 사람 수가 적어 요리 당번을 정하기도 어려웠기에 결국 애그릭이 만든 빵 몇 조각으로 식사를 끝냈다. 맛은 있었지만 든든하게 배를 채우기엔 역부족이었다. 몸무게가 줄기 시작했다.

우울한 기분이 계속되자 보가 곧 이곳에 합류하러 온다는 사실이 더 달콤하게 느껴졌다. 지난 몇 개월간 우리 관계는 더 구체적으로 발전했다. 보는 두 차례 날 찾아왔고 우리는 차근차근 유토피아 실험에 합류해 함께 살 계획을 세웠다.

원래는 보와 그녀의 딸과 내가 유르트를 함께 쓰는 그림을 구상했으나 보는 이런 열악한 환경에서 어린아이를 키우는 것을 탐탁해하지 않았다. 결국 실험 장소에서 멀지 않은 곳에 시골집을 한 채 빌리기로 했다. 내 눈에는 이 계획의 문제점이 전혀 들어오지 않았으나 친구들의 눈에는 너무나 명확했다. 특히 로메이는 자주 강력히 충고하곤 했는데, 마지막 한 방울까지 관심과 힘을 쏟아 실험을 성공시켜야 할 마당에 여자친구—어린아이는 말할 것도 없고—의 존재는 심각한 방해가 될 수밖에 없다는 이유에서였다. 그러나 나는 로메이의 말을 들을 생각이 없었다. 나는 여전히 무엇이든 할 수 있을 것 같은 기분에 젖어 있었다.

그러나 가을이 슬금슬금 다가오자 보는 내가 구제할 대상—런던으로부터, 문명의 붕괴로부터—이라기보다 나를 구제할 대상으로 여겨졌다. 나는 스스로 느끼는 탈진감과 결핍감을 연인과 떨어져 있기에 느끼는 고통으로 착각했다. 그래서 일종의 열병과 같은 갈망으로 보와의 만남을 고대했고 그녀가 오기만 하면 모든 것이 다시 괜찮아지리라 상상했다.

9월 말, 내 40번째 생일을 맞기 며칠 전에 드디어 보가 런던에서부터 딸을 태우고 왔다. 나는 두 모녀를 위해 유토피아에서 몇 킬로미터 떨어진 곳에 빌린 작은 시골집에서 이들을 기다리고 있었다. 부엌과 욕실이 있고 아래층엔 거실이, 위층엔 침실 2개가 있는 아주 기본적인 시설만 갖춘 집이었다. 하지만 나는 이곳을 최대한 아늑하게 꾸미려 했다. 보는 장거리 운전으로 지쳐 있었지만 집을 보며 기뻐했고, 딸을 재운 후 우리는 거실의 벽난로에 불을 피웠다. 노상 한뎃잠을 자거나 유르트에서 지내다가 다시 지붕이 있는 집으로 돌아오니 이상한 기분이 들었다. 그러나 바람이나 비 때문에 노심초사할 필요가 없다는 점은 좋았다. 와인 한 병을 따서 우리 인생의 이 새로운 장에 축배를 들었다.

"드디어 오게 돼서 기뻐요." 보가 말했다.

"그래요!" 몇 개월 만에 처음으로 와인을 음미하며 내가 말했다. "환영 파티 겸 내 생일 축하 파티를 열어요! 돼지 한 마리를 잡아서 통구이를 할 계획이에요!"

보는 킥킥 웃으며 약간 의심스럽다는 듯이 나를 쳐다보았다.

"돼지는 잡을 줄 알아요?" 그녀가 물었다.

"토드라는 친구가 언제든 필요하면 거들어주겠다고 했어요." 내가 대답했다.

토드는 하일랜드에 30년 넘게 살아온 친구였다. 키는 작았지만 강단이 있었고 새파란 눈에 짧은 갈색 수염을 길렀으며 야생에서 살아남는 데 필요한 모든 기술을 갖춘 듯 보였다. 날이 밝자 토드의 충고대로 돼지 한 마리를 별도의 우리로 옮겨 다른 친구 돼지들의 눈에 띄지 않게 했다. 운명의 날로부터 며칠 전 이렇게 돼지를 격리하는 이유는 새로운 환경에 익숙해져 죽을 때가 되어도 불안해하지 않게 하기 위해서다. 우리는 돼지에게 '뚱뚱보'란 이름을 붙여주었는데, 다른 돼지들보다 몸무게가 더 많이 나가 붙인 이름이었다.

약속된 날 아침 토드가 라이플총을 들고 건너왔다. 평소처럼 돼지우리로 가 음식 찌꺼기를 가득 부어주고 뚱뚱보가 그 안에 고개를 처박자 토드가 아무 의심 없는 이 짐승의 머리에 총을 겨누었다. 뚱뚱보의 두개골에서 불과 몇 센티미터밖에 떨어지지 않은 곳에 총구가 겨눠지고 곧 방아쇠가 당겨졌다. 뚱뚱보가 눈을 감고 옆으로 쓰러졌다. 코에서 약간의 피가 흘러나왔다. 뚱뚱보의 몸은 오랫동안 움찔거렸다.

나는 메스꺼움을 느꼈다. 지난 며칠간 뚱뚱보를 죽인다고 생각해도 마음에 별다른 동요가 없었지만, 이제 그것이 모두 가짜였고 실은 몹시 두려워하고 있었음을 깨달았다. 토드를 도와 뚱뚱보의 사체를 감자 창고로 옮기고 높이 매다는 동안 태연한 얼굴을 하려고 애썼다. 우리는 돼지의 각 뒷다리에 커다란 철제 갈고리를 걸고, 밧줄을 통과시켜 상인방에 건 뒤, 세게 잡아당겨 머리가 아래로 향하게 매달았다. 토드가 뚱뚱보의 목을 따 피가 다 빠져나올 때까지 양동이에 담았다. 다시 뚱뚱보를 끌어 내려 큰 탁자 위에 올려놓았다. 사체를 마대로 덮은 다음 짧고 뻣뻣한 털이 느슨해지도록 몇 시간 동안 냄비로 뜨거운 물을 부었다. 그러나 아무리 뜨거운 물을 부어도 칼로 털을 다 제거하기는 역부족이라 토치로 남은 잔털을 태워야 했다.

마침내 마지막 털까지 다 제거하고 뚱뚱보의 민둥민둥해진 몸에 큰 쇠꼬챙이를 끼웠다. 항문으로 들어간 쇠꼬챙이가 입으로 나왔다. 그다음 척추를 따라 뚱뚱보의 등에 튼튼한 노끈 고리들을 꿰고 쇠꼬챙이에 단단히 묶어 빙글빙글 돌려도 돌아다니지 않게 했다. 우리는 각각 쇠꼬챙이의 한쪽 끝을 잡고 화덕의 양쪽 끝에 박은 말뚝 위에 올려놓았다. 뚱뚱보의 털을 제거하는 동안 미리 피워놓은 장작은 이제 불꽃 없이 연기와 열만 내뿜는 검붉은 숯불로 사그라들어 있었다. 남은 시간 내내 토드는 새로 피운 불에서 이따금 숯을 꺼내 화덕을 채우며 숯불이 꺼지지 않게 했다. 10분마다 쇠꼬챙이를 조금씩 회전시켜 뚱뚱보를 황갈색으로 고르게 그슬리다 보니 어느새 어둠이 내려앉았다.

토드는 고기를 깊숙이 잘라 안까지 잘 익었는지 확인을 했다. 그가 잘 익었다는 의미로 고개를 끄덕이자 남은 숯불을 쌓아 마지막으로 열기가 솟구치게 했다. 뚱뚱보의 껍질이 치직 소리를 내며 벙글벙글 부풀어 오르기 시작할 때 토드가 한 조각을 잘라 맛을 보라고 건넸다. 지난 몇 개월 아침마다 밥을 주며 손수 돌본 동물을 먹고 있자니 이상한 기분이 들었다. 그러나 고기는 맛있었고 껍질은 입안에서 살살 녹았다.

"뚱뚱보야, 고맙다." 나는 속삭였다. 그리고 모두를 불러 함께했다.

곧 우리는 화덕 주변에 큰 원 모양으로 둘러앉아 육즙이 뚝뚝

흐르는 돼지 살코기와 바삭바삭한 껍질과 갓 구운 커다란 빵을 먹
으며 토드가 가져온 레드와인을 마셨다. 옆에 앉은 보는 처음 이
곳에 왔을 때보다 훨씬 편안해 보였다. 그 옆에는 진흙이 말라붙
은 옷에 돼지고기 기름으로 번들거리는 입을 한 보의 딸이 있었
다. 애그릭은 토드에게 도축 과정의 세세한 부분들을 질문하며 열
띤 대화중이었다. 로메이 역시 우리와 함께했는데, 실험이 잘 진
행되어가는 듯한 모습을 보고 안심해 활짝 웃는 모습이었다. 애덤
은 자신은 채식주의를 실천하기로 경건히 약속했지만 위대한 영
으로부터 임시 특별 허가를 받았다고 선언한 뒤 고기를 한 입 한
입 음미하며 혼자만의 생각에 잠겨 있었다.

　나는 편안히 기대앉아 눈을 감았다. 얼굴에 와닿는 숯불의 온
기를 느낄 수 있었다. 여름과 작별하고 내 40번째 생일을 기념하
는 데 이보다 더 멋진 방법은 없을 것 같았다. 보가 곁에 있었고 실
험은 출발이 좋았다. 이제 강가에는 유르트 두 채가 위풍당당하게
서 있었다. 옆에는 애덤이 딱히 용도도 모르고 만든 옥외 나무 데
크가 있어 요리를 하고 점심을 먹는 장소로 쓰였다. 돼지들은 애
그릭의 채소밭이 될 땅을 일구는 임무를 훌륭히 완수했고 감자 창
고―어떤 이유에서인지 이제는 모두 헛간이라 부르는―개조도 시
작되었다. 우리는 이곳을 부엌 및 식당 겸 실내 작업장으로 만들
생각이었다.

　나는 혼자 미소 지으며 나를 문명에서 건져내 이 멋진 야생으로

이끈 행운의 별에게 감사했다. 가을의 우울한 기분이 멀리 사라지고 다시 행복해지는 기분을 느꼈다. 이제 보와 함께 있으니 힘과 열정을 다시 끌어모아 우리를 기다리는 겨울과 직면할 수 있었다.

10월이 되자 하일랜드에 몇 년 만에 가장 많은 비가 내리며 거센 바람이 불었다. 한순간에 양쪽 유르트의 굴뚝이 날아갔다. 그러나 그 이상의 피해는 없었고 굴뚝은 금세 수리되었다. 나는 유르트가 이런 기상 이변을 버텨냈다는 데 매우 만족했다. 이런 날씨도 버틸 수 있다면 실험 내내 버틸 수 있을 만큼 튼튼할 게 분명했다.

거센 바람으로 고목의 아름드리 가지들도 부러졌다. 그중 몇 개가 유르트로 이어지는 길을 가로막아 우리 셋이 몽땅 달려들어 치워야 했다. 나뭇가지들은 훌륭한 장작이 되어주었다. 나는 매일 한두 시간씩 나뭇가지를 톱질해 통나무로 만든 다음 도끼로 쪼갰다. 장작을 패는 일은 재미있었다. 장작 패기에도 결코 아무나 익히지 못하는 요령이 있음을 알게 되었지만. 유토피아에서 가장 행복했던 순간은 차가운 가을 공기 속에 도끼를 휘두르던 바로 그때였다. 도끼가 통나무 한가운데를 쪼갤 때 느껴지는 희열 때문만이 아니었다. 내가 마침내 학자의 삶을 떨치고 건장한 시골 사람으로 거듭났다고 느낄 수 있게 됐기 때문이었다.

애그릭과 나는 돼지 주위에 새로운 울타리를 치기 위해 펜스를 더 설치했다. 첫 채소밭을 가꾸기로 계획한 땅을 돼지들이 잘 일 궈놓았으니 이제 쫓아낼 생각이었다. 하지만 정작 돼지들을 옮기 고 나니 땅이 아직 폭우로 내린 빗물에 젖어 씨를 뿌리기엔 너무 질척질척했다. 그래서 돼지 친구들의 도움 없이 근처의 다른 땅을 갈아야 했다. 땅을 가는 일은 결코 장작을 패는 일만큼 즐겁지 않 았기에 나는 금세 지쳐버렸다. 땅에는 돌멩이가 너무 많았고 그걸 모두 골라내는 건 힘만 들고 표는 나지 않는 일이었다. 그러나 인 내심이 강하고 지칠 줄 모르는 애그릭은 내가 포기한 후에도 한참 동안 계속해서 땅을 갈았다. 10월이 끝날 무렵이 되자 땅은 마침 내 겨울 작물을 심어도 좋을 상태가 되었다.

우리는 누에콩, 마늘, 양파, 작은양파를 심었다. 그동안 애덤은 유르트 아래 작은 하트 모양의 허브 정원에서 혼자 일했다. 허브 가 야외에서 겨울을 날 수 있을지조차 확실치 않았지만 그를 말릴 방법이 없었다. 애덤은 세이지, 파슬리, 레몬그라스, 로즈메리, 오 레가노, 민트, 백리향을 심었다. 정원 한가운데에는 나무 말뚝을 박아 이곳이 하트 정원, 즉 유토피아의 성스러운 심장임을 공표 하는 표지판을 달았다. 근처의 나무 밑동에는 이런 표지판이 붙어 있었다. '전능한 떡갈나무-유토피아의 제왕.'

"도대체 이게 다 무슨 뜻인가요?" 어느 날 오후 내가 물었다. 비 가 너무 많이 내려 유르트 한 채에서 비를 피하고 있을 때였다.

"이곳의 떡갈나무들을 존중해야 한다는 뜻이오." 애덤이 엄숙

143

하게 말을 이었다. "이 나무들이 우리의 마지막 희망이 될 수도 있으니까."

"어째서요?" 그가 하는 말의 요지를 전혀 이해하지 못한 내가 물었다.

"떡갈나무는 배를 만드는 데 안성맞춤인 나무요. 널빤지로 만들어 증기로 구부리면 되지." 그가 대답했다.

"공이 많이 드는 일 같군요. 아마 나중에 해볼 기회가 있을 겁니다." 내가 말했다.

"곧 시작해야 할 것 같소. 이렇게 비가 퍼붓는 걸 보시오." 애덤이 말했다.

"미안하지만 둘 사이에 무슨 관계가 있는지 모르겠군요." 나는 머리를 긁적이며 말했다.

애덤은 잠시 멈췄다가 입을 열었다. "기후 변화가 일어나고 있다는 걸 모르겠단 말이오!" 그는 소리치며 말을 이었다. "지구 온난화가 가속화되고 있소. 물이 더 많이 차오를 거요. 해수면도 올라갈 거고. 유토피아가 물에 잠길 경우에 대비해 차선책을 세워야 한단 말이오."

"구명정 같은 걸 말하는 건가요?" 내가 조심스레 물었다.

애덤이 근엄한 표정으로 고개를 저었다. "구명정이 아니오. 방주요. 방주를 만들어야 한다고 말하는 거요."

나는 이 과격한 제안에 할 말을 잃고 눈만 껌벅였다.

"성경에 나오는 그런 거요?" 나는 더듬거리며 말했다.

"바로 그거요." 애덤은 눈썹 하나 까딱하지 않고 말했다. "우리는 방주를 준비하고 기다려야 하오. 해수면이 상승하면 모두 배에 타 물살에 몸을 맡기는 거지."

"모든 동물들을 한 쌍씩 배에 싣고요?" 나는 헛웃음을 지었다. 그가 어디까지 성경의 비유를 들 생각인지 궁금했다.

"그건 당연히 아니지! 다 실을 자리도 없소. 하지만 확실히 돼지는 몇 마리 데려가야겠지."

애덤은 잠시 말을 멈추고 생각에 잠겼다. 그다음 위대한 영의 제안에 동의하듯 고개를 끄덕였다.

"돼지들이 길을 알려줄 거요." 그가 말했다.

11월 1일에는 BBC 방송국 주최로 리버풀에서 열린 프리 싱킹 페스티벌에 참석하느라 며칠 자리를 비웠다. 그곳에서 문명의 미래를 주제로 한 토론에 참석하기로 되어 있었다. 토론자 중에는 오랜 친구 닉 보스트롬도 있었다. 과거 유나바머의 존재를 알려줬던 바로 그 친구였다.

토론 중 잠깐의 휴식 시간 동안 닉은 내게 그때 이후로 머릿속에서 지워지지 않은 질문을 던졌다. "네가 스코틀랜드에서 실험 중인 가상의 시나리오가 향후 10년 이내 정말로 실현될 확률이 얼마라고 생각해?" 나는 잠시 주저했다. "퍼센트로 말해봐." 닉이 쐐기를 박았다. 나는 조금 더 생각하다가 마침내 10년 이내 그런 일이 일어날 확률이 50퍼센트는 되리라 생각한다고 말했다.

닉은 깜짝 놀란 듯했다. 과학자들 중 가장 비관적인 부류조차 상황을 그렇게 부정적으로 보진 않았다. 천문학자 마틴 리스는 2003년에 쓴 책《마지막 세기》에서 금세기에 거대한 전 지구적 파국이 닥칠 확률이 50퍼센트라고 말했다. 한 세기 전체에 위험이 고루 분포해 있다고 가정하면 10년 이내에 이런 파국이 일어날 확률은 7퍼센트 미만으로 떨어진다. 나의 50퍼센트라는 예측보다 훨씬 적은 수치다. 10년 이내에 파국이 닥칠 확률이 50퍼센트라는 말은 뒤집어 말해 금세기에 이런 파국이 닥칠 확률이 99.9퍼센트임을 암시하며, 이 수치는 리스조차 긍정적인 낙관주의자로 보이게 한다.

그때 이후 나의 실험을 돌아볼 때마다 종종 닉의 예리했던 질문과 나의 지나치게 자신만만했던 대답을 회상하곤 한다. 닉의 질문에서 좋았던 부분은 정확한 추정치를 대도록 요구한 점이었다. 닉은 내가 '상당히 가능성이 있다'라는 등의 애매모호한 표현으로 빠져나가도록 놔두지 않았다. 결과적으로 나는 스스로의 생각이 얼마나 잘못되었는지를 더 확실히 알게 되었다. 영국의 경제학자 존 메이너드 케인스는 "나는 정확히 틀리느니 애매하게 맞추고 싶다."라는 유명한 말을 남겼다. 그러나 여기서는 닉이 정확성을 요구한 덕분에 애매했다면 결코 알지 못했을 잘못을 인정할 수 있었다. 닉의 질문으로 내 마음속에서 협업적 허구의 실천으로 시작되었던 것이 이미 전 지구적 재앙에 대비하는 보호책이 되었음이 드러났다. 나는 점점 그 재앙이 임박했다고 확신하는 중이었다.

12월에 돼지를 한 마리 더 잡았지만 이번엔 잔치를 하지 않았다. 이 고기는 더 오래 먹어야 했고 남은 겨우내 식량이 되어주어야 했다. 토드가 다시 와서 돼지의 각을 뜨는 법을 알려주었다. 먼저 머리를 제거하고 도체의 배를 가른 다음 뒷다리살 바깥층에 있는 지방과 피부를 제거한다. 그리고 차가운 밤공기를 맞도록 헛간에 매달아 둔다. 지육은 돼지 몸속의 열이 모두 빠져나갈 때까지 절대 각을 뜨거나 보존 처리하지 않는다. 토드는 이와 같이 설명하고 다음 날 소금 절임과 훈제를 도우러 돌아오겠다고 약속했다.

이튿날 아침 토드는 무시무시한 기구들을 들고 왔다. 그는 도체를 썰고 저미고 박피해 점점 더 작은 조각으로 만드는 작업을 하는 동안 자주 흔들리지 않게 잡아달라는 부탁을 했다. 그때마다 애그릭이 기꺼이 나서준 덕분에 징그러운 일을 하지 않아도 됐다. 애덤은 옆에서 못마땅한 얼굴로 구경했다. 위대한 영은 애덤이 엄격한 채식주의 식단으로 돌아가야 한다고 고집하며 이제 고기에 손도 대지 못하게 했다.

몇 시간 만에 한때 위풍당당했던 동물이 차곡차곡 쌓인 삼겹살, 뼈등심, 갈비살, 뒷다리살 더미와 자투리 고기 두 양동이─하나는

비계 덩어리를, 다른 하나는 소시지용 자투리 고기를 담은-로 탈
바꿈했다. 그다음 고기를 소금으로 절이는 단계에서는 굵은 소금
을 한줌 쥐고 손바닥이 고기처럼 질척하게 번들거릴 때까지 차갑
고 미끈미끈한 돼지고기 표면을 문질렀다. 원래는 지하 구덩이를
파 냉장실을 만들 계획이었으나 더 많은 자원자가 도착할 때까지
기다려야 했다. 당장은 부엌에서 최대한 멀리 떨어진 헛간의 가장
서늘한 구석에 보관하는 수밖에 없었다. 소금에 절인 돼지고기 냄
새가 헛간 전체에 배지 않도록 합판에 못을 박아 얇은 칸막이벽을
만들었다. 이제 헛간은 우리가 장작을 패거나 돼지에게 먹이를 줄
때를 제외하고 거의 하루 대부분의 시간을 보내는 곳이었다.

그러나 돼지고기 가공 과정은 여기서 끝이 아니었다. 남은 겨우
내 고기를 안전하게 저장하기까지 한 단계가 더 남아 있었으니 바
로 훈제 과정이었다. 토드는 훈제의 용도로 훈연기를 만들어 며
칠 후 고기 보존법을 전수하는 마지막 수업에 가져왔다. 이 괴상
해 보이는 장치는 오래된 잡동사니 금속 용기들을 용접해 붙인 뒤
무광의 검정색 페인트를 칠한 것으로, 상자 2개가 두루마리 화장
지 크기의 튜브 하나로 연결된 모양을 하고 있었다. 첫째 상자보
다 작은 둘째 상자 안의 가느다란 수평 막대 2개에 뒷다리살과 삼
겹살을 매달았다. 첫째 상자에 불을 피우니 튜브를 통해 연기가
둘째 상자로 들어가며 서서히 고기에 스며들었다. 이것이 이른바
'냉훈'이었다. 토드는 열훈에서처럼 고기를 불 위에 바로 매달지

않고 별도의 용기에 두기 때문에 연기를 흡수할 뿐 가열되지는 않는다고 말해주었다.

토드는 떡갈나무, 히커리, 사과나무, 벚나무 등 다양한 나무에서 모은 칩을 작은 자루에 담아 가져왔다. 벚나무 칩을 물에 적셨다가 불에 흩뿌리니 몇 분 만에 김을 내고 지글거리며 향기로운 연기를 뿜어냈다. 이 과정을 4시간에서 5시간가량 계속했고 이쯤 되자 기대감에 입속 가득 침이 고였다. 대부분의 고기는 저장실로 직행할 테지만 당장 조금이라도 맛보지 않고는 배길 수 없었다.

결과는 우리를 실망시키지 않았다. 고기는 건조했지만 씹는 맛이 있었고 짭조름한 한편 향이 가득 배어 있었다. 훈제 방법을 가르쳐주고 냉훈기까지 만들어준 토드에게 감사하며 답례로 뒷다리살과 삼겹살을 주었다. 나머지 고기는 남은 겨울에 대비해 헛간의 서늘한 구석에 걸어두기로 했다. 그러나 고기는 우리의 바람만큼 오래가지 않았다. 낚시를 하러 가거나 자동차에 치여 죽은 동물을 줍는 수고에 비해 소중한 돼지고기 저장고를 터는 일은 늘 너무 쉬운 까닭이었다. 그저 고기를 몇 개 꺼내 와 오븐에 던져 넣으면 끝이었다. 고기는 1~2주 만에 모두 사라져버렸다.

블랙 아일에는 눈이 잘 쌓이지 않는다. 실제 어떤 사람들은 블랙 아일, 즉 '검은 섬'이라는 이름이 겨울철 멀리서 보면 온통 하얀 주변 풍경을 배경으로 검은 땅이 도드라져 보이는 데서 유래한다고 말하기도 한다. 더 가까이 가면 플럼 푸딩 위에 뿌린 희미한 가루설탕 자국처럼 눈가루가 가볍게 흩뿌려져 있는 걸 볼 수 있다. 그리고 이런 모습은 블랙 아일을 요정 나라에서 현실의 땅으로 탈바꿈시키기에 충분하다.

땅은 단단히 굳어 딱딱해졌다. 여름과 가을 내내 힘들게 헤치며 걸어 다녔던 진창에서 벗어난 건 고마웠지만, 이제 앙상해진 나무들은 사나운 바람을 전혀 막아주지 못했다. 마치 벌거벗은 것처럼 옷 속을 파고드는 바람 앞에서는 아무리 많이 껴입어도 소용이 없었다. 몸을 따뜻하게 하려면 장작을 패거나 물을 나르거나 유르트의 밧줄을 단단히 묶거나 하며 계속 몸을 놀리는 수밖에 없었다. 난로에 연료를 가득 채우고 문으로 사용하는 캔버스 천 덮개를 고정시킨 뒤 유르트에 몇 시간이고 피신하는 방법도 있었다. 그러다 보면 근육이 움직여야 한다고 비명을 지르거나 오줌보가 꽉 차 참지 못할 지경이 되곤 했다.

그러나 헛간에서 할 일도 있었다. 우리는 버려진 시골집에서 낡은 레이번 스토브를 건져 뒤쪽 벽에 세워두었다. 장작으로 불을 때 사용하는 스토브에는 열판 2개와 작은 오븐 하나가 있었다. 물을 데우는 급탕용 보일러도 있어서 물을 공급하는 물탱크와 보일러에서 관을 통해 올라온 온수를 보관하는 저장 실린더에 배관을 연결했다. 물을 길으러 개울을 왔다 갔다 하며 물탱크를 계속 가득 채워야 했지만 온수를 상시로 이용하는 사치를 부릴 수 있다는 점에서 수고할 가치가 있었다. 목욕을 할 만큼 온수가 넉넉하지는 않았으나 어쨌든 욕조도 없었다. 우리가 가진 거라곤 톱으로 절반을 자른 나무통 하나가 전부였는데 이 통에는 가끔 몸을 씻기 위해 들어가는 냄새나는 물이 거의 항상 담겨 있었다. 그러나 설거지라면 얘기가 달랐다. 특히 오트밀을 끓이고 난 후는 더욱 그러했다.

얼음처럼 찬물로 냄비와 그릇에 차갑게 눌어붙은 오트밀을 닦아내는 것은 매우 힘들고 짜증 나는 일이었다. 끈끈한 찌꺼기는 냄비를 긁어내는 데 사용한 도구에, 또 그 도구를 긁어내는 데 사용한 무언가에 들러붙으며 더 끈적끈적해지는 듯했고 우리는 다만 이 돼지죽 같은 것을 여기에서 저기로 옮겨 묻힐 따름이었다. 우리는 세제도 쓰지 않았다. 문명이 붕괴되면 세제 또한 없을 게 분명했기 때문이다. 원래부터 많지 않은 행주가 아교풀 같은 찌꺼기로 덩어리지는 걸 원치 않았기에 행주도 사용할 수 없었다. 결국 끈적끈적한 더께가 앉은 냄비와 그릇에 익숙해지고 말았다. 그러나 이제 언제든지 온수를 사용할 수 있게 되자 냄비는 다시 반짝반짝 빛났다. 설거지를 하면서 이렇게 행복해본 적은 없을 정도였다.

겨울철에 이런 원시적 환경에서 지내기가 쉽지는 않았지만 한편으로는 진정성으로 충만한 유익하고 만족스러운 시간이기도 했다. 멕시코에서 돌아와 다시 스코틀랜드로 떠나기까지 유토피아 실험을 계획하며 몇 개월을 보내는 동안 내가 꿈꿨던 바로 그 시간이었다. 그러나 미처 예상하지 못한 변수가 하나 있었다. 보의 존재였다. 보는 내가 그녀를 위해 빌린 작은 시골집에 살았고 나는 매일 또는 이틀에 한 번 보를 보러 가 하룻밤씩 묵고 왔다. 나는 보와 시간을 보내고 싶은 마음과 유토피아에서 힘든 시간을 견디며 이 거친 환경에서 겨울을 날 수 있을지 시험하고 싶은 마음 사이에서 갈팡질팡했다. 유토피아에 있으면 보가 걱정되었다. 보와 있으면 애덤이 유르트에서 덜덜 떠는 동안, 애그릭이 장작을 패는 동안 따뜻한 시골집으로 슬그머니 내뺀 내가 속임수를 쓰는 것 같았다. 그러나 애덤과 애그릭은 전혀 불평하지 않았다. 애그릭은 가서 보와 시간을 보내라고 말해주기까지 했다. 보에게는 내가 필요하지만 자기는 내가 없어도 잘 지낸다는 이유에서였다. 나는 죄책감을 느꼈고 그와 함께 추위를 견디고 싶은 생각이 간절했다. 소박한 삶의 혹독함이 안기는 고통과 환희를 고스란히 느껴보고 싶었다.

그러나 시골집에서 잠이 깰 때면 뜨거운 물로 샤워를 할 수 있다는 사실에 그 어느 때보다 감사하곤 했다. 수증기가 펄펄 나는 물이 몸 위로 쏟아질 때 나는 현대 과학 기술이라는 것이 얼마나 경이로운지를 생각했다. 옛날에는 오직 왕과 귀족만이 뜨거운 물로 목욕을 하는 즐거움을 누렸다. 이 작은 샤워기 하나가 하인 열 명의 몫을 하는 셈이었다. 장작을 줍고, 물이 담긴 거대한 솥을 데우고, 김이 나는 양동이를 들고 계단을 올라 왕의 욕조를 채우기까지 그만큼의 사람들이 몇 시간씩 땀 흘려 일해야 했으니 말이다. 1시간 후 유토피아에 돌아와 아직 침낭 속에 꽁꽁 얼어 있는 애덤과 덜덜 떨면서 스토브에 불을 붙이려 애쓰는 애그릭을 보고 나면 나 자신은 매일 아침을 저렇게 보내지 않아도 된다는 사실에 매우 감사하는 마음이 들었다.

그러나 레이번 스토브에 아침을 요리해 먹을 때가 되면 마음이 바뀌곤 했다. 스토브가 가열되는 데는 한참이 걸렸지만 오믈렛과 콩 요리는 시간이 오래 걸린 만큼 더 맛있었다. 다시 보를 만나러 갈 때마다 오븐에서 퍼지는 갓 구운 빵 냄새와, 촛불 밑에서 양말을 깁는 애덤, 저녁에 먹을 채소를 다듬는 애그릭을 뒤로하고 자리를 뜨기가 힘들었다. 이들을 배신하는 것 같은 기분에 심장이 조여들기도 했다.

나는 하나가 아닌 2개의 작은 공동체를 건설했지만 둘 중 어느 쪽에도 충분히 속하지 못했다. 로메이는 내가 화를 자초하고 있으며 하나를 선택하지 않으면 둘 다 망치고 말 거라고 줄곧 경고했다. 나는 그 경고를 꾸준히 외면하며 새로운 두 가족을 보살필 시간과 여력이 충분하니 모든 게 잘될 거라고 큰소리쳤다. 로메이는 이렇게 말했다. "그래, 지금은 할 수 있겠지. 하지만 실험은 이제 막 시작했고 자원자도 둘밖에 없어. 봄이 와서 유토피아의 규모가 커지기 시작하면 사정이 아주 달라질 거라고."

나는 아직도 보가 봄에 유토피아로 올지 모른다는 환상을 품고 있었다. 아마 최악의 겨울이 지나고 나면 더 이상 벽으로 둘러싸인 집에 살 필요가 없다고 느낄지도 몰랐다. 그때가 되면 더 이상 관심이 분산될 일도 없을 테고, 내 작은 두 가족은 하나의 큰 부족을 이룰 터였다.

그래서 나는 보에게 청혼했다.

20대에 이미 한 번 결혼한 이력이 있는 나는 다시는 결혼하지 않겠다고 다짐했었으나 이제 보에게 청혼을 하고 허락을 받았다. 1월이 되어 결혼식이 코앞에 다가오자 로메이는 결혼으로 한층 더 복잡해질 상황이 실험에 끼칠 영향을 걱정했다. 또다시 나는 모든 게 잘될 거라고 의기양양하게 큰소리치며 로메이의 걱정을 잠재운 뒤 결혼 준비에 박차를 가했다.

마침내 결혼식 당일이 되었다. 2월의 어느 화창한 아침이었던 이날 나는 온 세상을 다 얻은 기분이었다. 보는 런던에서 친구들을 몇 명 초대했고 나는 어머니와 여동생을 초대했다. 두 사람은 결혼식 전날 비행기를 타고 스코틀랜드에 왔는데, 자랑스레 실험 현장을 보여주었을 때 둘의 얼굴에 떠오른 경악에 가까운 표정이 아직도 기억난다.

샬럿은 멈칫거리며 유르트 안을 들여다보았다. 침낭 2개가 딱딱한 나무 바닥에 구겨진 채 놓여 있었고, 지붕을 받친 개암나무 장대에는 종류도 다양한 옷가지들이 후줄근하게 널려 있었다. 한

복판의 난로에서는 매캐한 나무 탄내가 났다.

"여기서 자는 거야? 이렇게 엉망인 데서?" 레몬 조각이라도 삼킨 듯 찡그린 얼굴로 샬럿이 물었다.

"음, 일주일에 두 밤은 보랑 같이 시골집에서 지내." 나는 말했다.

"내가 오빠라면 매일 밤 거기서 잘 거야. 여긴 너무 끔찍해." 샬럿이 말했다.

어머니도 마찬가지로 이곳이 탐탁지 않은 듯했으나 유토피아 주민들이 잠자는 원시적 환경에 질겁하기보다는 아들에 대한 안쓰러움을 더 많이 느끼는 듯 보였다. 내가 결혼한다는 사실이 어머니를 더 슬프게 했다. 어머니는 내가 그릇된 이유로 결혼을 하고 있으며 그래서 큰 실수를 하고 있다고 생각했고, 내게도 주저 없이 그렇게 말씀하셨다. 사실 결혼식에 오고 싶어 하시지도 않았지만 내 간청에 못 이겨 3개월간의 스페인 남부 출장 기간 중에 일주일의 휴가를 내어 참석한 참이었다.

지금 돌이켜봐도 그날의 풍경은 온통 비현실적이다. 기억나는 것은 가장 가까운 마을의 등기소에 서 있던 장면이다. 옆에는 보가 있고 뒤로는 각양각색의 하객들이 앉아 있다. 미소를 짓고 있는 나는 허름한 정장 차림이다. 8개월 전 코츠월드의 집을 떠날 때 꾸린 이후로 한 번도 열어보지 않았던 퀴퀴한 옷상자에서 꺼낸 옷이었다. 그리고 보가 있다. 예쁜 흰 드레스를 입고 환상적인 자태를 뽐내는 보가.

하지만 나는 이 장면을 그날 혼인 맹세를 한 신랑이 아니라 멀리서 구경하는 관찰자인 것처럼 외부에서 지켜보고 있다. 신랑이 신부의 손가락에 결혼반지를 끼우며 입맞춤을 하는 동안 신랑의 머릿속을 들여다볼 수도, 그가 이런 일을 벌이게 된 진짜 이유를 간파할 수도 없다. 다만 척추를 따라 전율이 흐르는 것을 느낄 뿐이다. 다음에 일어날 일을 알고 있기 때문이다.

9
긍정적 해체

병원에 입원하고 두 주쯤 지났을 때 베라가 들어왔다. 베라는 내가 그곳에서 만난 사람들 중 단연코 가장 증세가 심각한 사람이었다. 다른 모든 환자들과는 대화 비슷한 것을 할 수 있었지만 베라와는 아니었다. 베라에게 질문을 던지면 그녀는 상대방 얼굴 너머 뒤쪽의 공간을 응시하며 전혀 엉뚱한 대답을 하거나 자기 결혼반지에 대해 알 수 없는 말을 지껄였다. 입원한 지 반 시간 만에 아무도 그녀에게 말을 걸려고조차 하지 않게 되었다. 그래서 베라는 그저 가만히 앉아 강박적으로 몸을 움찔거리다가 혼잣말을 하다가 울고 이따금씩 소리를 질렀다.

무슨 이유에선지 로위나에게는 베라의 행동이 특히 거슬리는 듯했다. 다른 이들은 그저 베라를 무시했지만 로위나는 드물게 자기 방에서 나올 때마다 베라를 노려보며 입 닥치라고 경고하곤 했다. 로위나가 베라에게 다가가 한 대 때릴 것 같다는 생각이 든 적도 여러 번이었다.

그러나 로위나는 어쨌든 자제력을 잃지 않고 그 자리를 떠날 수 있었다. 어느 날 저녁 베라와 한 식탁에 앉을 때까지는 그랬다. 나는 식사로 나온 맛없는 소시지를 조용히 씹어 삼키며 보이지 않는 옆 사람을 뭐라 뭐라 꾸짖는 베라를 무시하려 했다. 그때 갑자기 로위나가 포크를 들어 단검처럼 베라의 얼굴에 던졌다. 빙글빙글 돌며 공중을 날아간 포크는 순식간에 베라의 왼쪽 눈썹 바로 위에 꽂혔다.

잠시 침묵만이 가득했다. 베라는 중얼거림을 멈췄고 우리는 대경실색해 그녀의 이마에 꽂힌 포크를 쳐다보았다. 잘게 떨리는 포크 아래로 굵고 검붉은 핏방울이 조금씩 샘솟기 시작했다. 그러고는 베라가 고막을 찢는 새된 비명을 질렀다. 로위나는 자리에서 벌떡 일어나 의기양양하게 베라를 노려보고 당당하게 자기 방으로 걸어 들어갔다. 나는 놀라 멍청해져 있었다.

갑자기 병원이 더 이상 안전하게 느껴지지 않았다. 어떤 일이 일어날지 예측할 수 없었던 처음 며칠 동안은 사악한 의사와 야만적인 간호사의 온갖 무시무시한 이미지들만을 상상했지만, 그 이후 나는 점점 진정되어가고 있었다. 병원이 든든하고 믿음직스러운―어쨌든 유토피아보다는 더 안전하고 제정신인―곳으로 느껴지기까지 했다. 하지만 이제 삽시간에 안도감이 사라지자 병원은 여느 곳과 마찬가지로 위험하고 예측 불가능한 장소로 여겨졌다. 이곳에도 피난처는 없었다. 무작위적인 폭력으로부터 숨을 곳도, 전혀 예상치 못한 순간 포크가 이마나 심지어 눈에 꽂히는 일이 일어나지 않으리라는 보장도 없었다. 그러나 진짜 위험한 사람은 누가 봐도 미친 사람이 아니었다. 조용한 사람, 남과 어울리지 않고 혼자 무언가 꾸미는 사람이야말로 위험한 사람이었다.

사토시 선생과 매주 갖는 상담 시간이었다. 선생의 맞은편에 앉은 나는 평소처럼 몸을 가만두지 못하고 강박적으로 얼굴을 쥐어뜯으며 이따금 발뒤꿈치를 딱딱 부딪쳤다. 틱 증상이 나타날 때마다 수치스러웠지만 가만히 있을 재간이 없었다.

"카지미에시 다브로프스키라는 이름을 들어본 적 있나요?" 사토시 선생이 물었다.

나는 고개를 저었다.

"폴란드의 정신과 의사예요. '긍정적 해체'에 관한 책을 썼죠."

해체라는 단어가 나를 움찔하게 했다. 나는 무너졌지만 그것은 전혀 긍정적으로 느껴지지 않았다. 아니 나는 **무너진** 게 아니다. 무너뜨렸다. 내 손으로 내 전 생애를 하나씩 하나씩 해체해 나간 것이다. 나는 지난 10년간 쌓아온 모든 것, 즉 경력과 인간관계와 생활 방식을 체계적으로 해체했다. 돌아갈 다리를 불태웠고 동료들과 거리를 두었으며, 집을 팔고 가진 물건을 다 나누어주었다. 남은 것이라곤 유토피아 어딘가를 굴러다니거나 진창 위 컨테이너의 골판지 상자 속에 처박힌 잡동사니가 다였다. 나는 그때까지 가장 소중한 물건이란 우리 신체의 연장과도 같음을 깨닫지 못하고 있었다. 그러나 이제야 마치 스스로를 토막 낸 것 같은 기분을 느꼈다. 내가 한 짓은 세심하게 배열된 나의 실존을 도끼로 산산조각 낸 것이나 마찬가지였다.

"해체가 어떻게 긍정적일 수 있죠?" 나는 침울하게 중얼거렸다.

"아실 텐데요." 사토시 선생이 미소를 지었다.

"무슨 말씀이죠?" 내가 물었다.

"글쎄요, 당신이 한 실험도 문명이 붕괴된 이후의 세계에서 유토피아를 찾는 실험 아니었나요? 때로는 더 나은 무언가를 건설하기 위해 무언가를 해체할 필요도 있는 법이죠."

나는 그의 말을 잠시 곱씹다가 조심스레 말했다. "뱀이 성장하기 위해 허물을 벗는 것처럼요?"

"바로 그거예요! 위기를 경험해본 적 없는 사람들은 성장하지 못해요. 하지만 다브로프스키는 사람마다 성장 가능성이 다르다고 봤죠. 성장 가능성이 큰 사람들일수록 과민한 경향이 있어요. 기쁨과 슬픔을 남보다 더 극단적으로 느끼는 거죠. **감정적 격렬함**이라 불리는 특성을 드러내는 거예요."

"전 지금까지 남들도 다 그런 줄 알았어요." 나는 이제껏 아무것도 의심하지 못했다는 사실에 살짝 창피해하며 말했다.

"음, 그렇지 않아요. 당신은 아주 예외적인 사람이에요, 딜런. 그리고 인생에서 더 큰 성취를 이룰 수 있어요."

"하지만 제가 다 망쳐버렸어요. 이제 와서 뭘 할 수 있을까요?"

사토시 선생은 잠시 멈췄다가 진지한 얼굴로 나를 쳐다보았다.

"다시 시작해야죠." 그가 말했다.

나는 신음했다. 내게는 인생 전체를 재건하기는커녕 아침에 간신히 침대를 벗어날 힘밖에 없었다. 다시 시작한다는 생각은 불가능하고 버겁게만 느껴졌다.

"긍정적 해체가 어떤 건지 좀 더 자세히 설명해주세요." 나는 중얼거렸다.

사토시 선생은 의자에 몸을 기대며 설명을 시작했다. "다브로프스키는 심리 발달 단계를 둘로 나눴습니다. 1차 통합이라 부르는 첫 단계에서 사람들은 주로 자기가 나고 자란 사회의 가치와 관습을 받아들이죠. 다른 방식이나 대안적인 가치 체계가 있을지도 모른다는 생각조차 하지 못하는 단계입니다."

"마치 로봇 같군요." 내가 불쑥 끼어들었다. "로봇은 사회가 설치한 프로그램을 맹목적으로 따르거든요."

"맞아요!" 사토시 선생이 웃으며 말을 이었다. "다브로프스키에 따르면 대개의 사람은 평생 이 단계에 머뭅니다. 하지만 소수의 사람은 자신이 프로그래밍된 것에 맞서 저항하죠. 다브로프스키는 이런 개인이 대부분의 심리학자들이 건강하지 않다고 간주하는 증상을 겪는다고 생각했어요. 우울증 성향을 갖거나, 자기 불만, 열등감, 죄책감에 시달리거나, 불안 상태, 억제 상태, 과흥분 상태에 빠지는 거죠. 하지만 다브로프스키는 이런 증상이 반드시 나쁘다고 보지 않았습니다. 반대로 심리 발달의 귀중한 원동력으로 봤죠."

"어째서죠?" 나는 물었다.

"이전에는 당연하게 여겼던 관습과 가치에 의문을 제기하게 하기 때문입니다. 남들과 다른 생각을 하게 하고, 주위를 둘러싼 사회로부터 고립되게 하는 이 '병리학적' 특성이 실은 심리적 성장의 준비 단계가 되는 거죠."

여기까지 들으니 호기심이 솟았다. "재미있군요." 내가 말했다.

"여기, 가져가세요." 사토시 선생이 작은 책을 건넸다. 다브로프스키의 글을 모은 책이었다. 다음 며칠 동안 간신히 첫 두 장을 읽었다. 책읽기는 아직 힘겨웠지만 집중력이 점점 나아지고 있었고, 주의가 흩어질 때마다 인내심을 갖고 다시 읽던 곳으로 돌아가 몇 줄을 더 읽곤 했다.

나는 다브로프스키의 이론에서 심리적 성장은 언제나 고통과 동의어임을 알게 되었다. 심리적 성장에는 유년기부터 한 사람의 사고와 행동을 통제해온 프로그램을 해체하는 과정이 수반되는 까닭이다. 이 해체의 과정에는 흔히 어떤 유형의 정신적 붕괴, 즉 정말로 어떤 정신 질환을 겪는 기간이 포함된다. 그리고 이 기간은 결코 항상 긍정적이지만은 않다. 다브로프스키는 반(反) 정신의학 운동의 순진한 조상이 아니었다. 그는 붕괴가 오로지 부정적일 수 있음을, 그리고 흔히 오로지 부정적임을 잘 알았다. 붕괴의 경험으로부터 배우는 비결이 무엇인지, 다른 이들은 모두 파도 속으로 영원히 가라앉는 정신 질환의 폭풍우 속에서 다시 태어나는 비결이 무엇인지는 알 수 없다. 폭풍우가 임박했을 때 우리 앞에 기다리는 운명을 미리 알 방법도 없다. 그러나 폭풍우의 한복판으로 당당히 들어가 맞서는 것 말고 다른 성장 방법은 없다. 때로는 선택의 여지가 없는 것처럼 보일지 모른다. 바람은 싫든 좋든 당신을 폭풍우 속으로 날려 보내기 때문이다. 그러나 다브로프스키는 스스로 원하기만 한다면 이 붕괴의 과정, 심지어 산산조각 나는 과정에서 능동적 행위자가 되는 것 또한 가능하다고 보았다.

그렇다면 이것이 내가 한 일일까? 일부러 나 자신을 광기로 내몰았나? 지난 12개월 동안 내 일과는 밤낮없이 문명의 붕괴에 관해 생각하고 또 생각하는 것이었다. 이런 행동이 심리적으로 위험하다는 건 미리 알고 있었지만 그럼에도 그렇게 하고 싶었다. 그저 다음에 일어날 일이 궁금하다는 이유에서였다.

오로지 세계의 종말에만 골몰하는 행위는 니체의 '영겁 회귀'처럼 일종의 시험인지도 모른다. 진정 지복을 누리는 자만이 통과할 수 있으며, 그렇지 않은 다른 모든 자들을 광기에 빠뜨리는 시험이다. 아니면 다브로프스키의 말이 옳아서 통과 의례나 정신 수양처럼 일종의 인위적으로 유발된 광기를 통과하는 것만이 진정한 지복을 얻는 유일한 길일지도 모른다. 아마 비결은 더 이상 두렵지 않은 지점까지 자기를 두려움으로 내몰고, 더 이상 현기증을 느끼지 않을 때까지―또는 언제 바닥에 닿아 이 두려움에 영원히 종지부를 찍을 수 있을지조차 알지 못한 채 가장자리로 떨어져 세찬 공기의 저항을 느끼며 추락할 때까지―심연을 응시하는 것일 테다.

다브로프스키는 영혼의 어두운 밤에서 벗어나려면 새로운 가치 체계를 발전시켜야 한다고 말했다. 사회가 강요한 조립식 도덕률이 아닌 진짜 나만의 가치 체계다. 다브로프스키는 이렇게 썼다. "이와 같이 개인은 자기 자신을 위한 '치유책'을 찾는다. 갱생한다는 의미에서가 아니라 붕괴 이전에 속했던 단계보다 더 높은 단계에 도달한다는 의미에서의 치유다." 이때 어떤 형태의 정신 질환은 마침내 목숨을 건 모험을 무릅쓸 기회를 제공한다. 다브로프스키는 말한다. "이런 정신 질환은 우리의 심리를 원초적 통합 구조에 가깝게 변환시킴으로써 심리적 자율성, 특히 도덕적 자율

---

1 독일의 철학자 프리드리히 니체가 내세운 근본 사상으로 영원한 시간은 원형(圓形)을 이루고, 그 원형 안에서 우주와 인생이 영원히 되풀이된다는 내용을 담고 있다. 니체는 진정 자유롭고 강한 인간만이 목적도 의미도 없는 상태가 영원히 반복되는 이 허무주의적인 삶의 실상을 긍정할 수 있다고 보았다.

성을 획득하고자 하는 욕구의 표현이다."

나는 병원에서 이런 출발점에 섰던 걸까? 마침내 내 두 발로 서는 법을 배울 기회를 얻었던 걸까? 나는 내 마음속 악마와 직접 대면하는 걸 피하고 싶어서 유토피아 실험을 계획한 건 아닐까 스스로를 의심하던 중이었다. 아마 맨 처음 실험에 대한 구상이 떠오르기도 전부터 마음 깊은 곳에선 이미 알고 있었으리라. 나 자신이 우울증에 빠져들고 있으며, 이 실험은 어떤 '치유적 공동체'를 만들어 그 안에서 피난처를 찾고자 하는 그릇된 시도임을 말이다. 그러나 결국 실험은 실패로 끝났고, 공동체는 나를 전혀 치유하지 못했다. 반대로 상황은 더 악화되어 이제 결국 혼자가 되었다.

나는 재건의 과정, 새로운 자아를 창조하는 과정은 고독할 수밖에 없음을 깨달았다. 다른 사람들이 이리저리 부추길지 모르지만 궁극적인 책임은 내게 있다. 다른 사람의 길을 따라 유일무이한 나를 창조할 수는 없다. 혼자 힘으로 폭풍우를 헤치고 나와야 하는 것이다.

바로 이토록 고독한 과정이기에 정신 질환이 중요한 역할을 맡는다. 유일무이한 페르소나를 구축하고 자기만의 가치 체계를 발전시키는 것이 근본적으로 고독한 행위라 할 때, 광기는 다른 이들로부터 벗어나 텅 빈 검은 심연에 들어가게 돕는다. 그렇다면 광기가 먼저 발생하고 사람들로부터 분리되는 일이 나중에 일어날 것 같지만 실제로는 그 반대도 가능하다. 어딘가 소속되고 싶

은 인간의 욕구는 무척이나 강력하기에, 어떤 개인이 이전에 소속
감을 느꼈던 공동체의 일원에서 탈락하게 되면 이 이탈의 과정 자
체가 정신 건강에 타격이 될 수 있다. 이렇게 광기와 고립은 서로
를 강화하는 패턴으로 상호 작용하며 각각 차례로 다른 한쪽을 악
화시킨다.

외로운 사람이 광신적 종교 의식에 참여했다가 정신 건강이 급
속도로 호전되는 경험을 하는 경우가 자주 있다. 새로운 공동체가
이들이 이전에 갖지 못했으며 그래서 오랫동안 바라온 사회적 수
용을 제공하는 까닭이다. 이런 현상은 '구호 효과'라고 알려져 있
다. 그러나 공동체의 새로운 구성원이 개별성을 추구하기를 포기
하고 또 다른 외부 프로그램을 따르게 되면서 진정한 성장을 할
기회가 차단되기도 한다. 아마 어떤 사람들에게는 이것이 최선의
바람일 것이다. 모두가 혼자 폭풍우 치는 바다를 헤치고 나아갈
만큼 힘이 세거나 운이 좋지는 않은 까닭이다. 그러나 고독만이
진정한 자신이 되는 유일한 길이다.

하루는 로메이가 병문안을 왔다. 읽을 책 몇 권과 군것질거리도
함께였다. 그녀는 내가 입원한 병실이 아주 좋아 보인다고 말했다.
"네가 옛날 정신병원 건물을 봤어야 해. 아주 낡은 빅토리아 시
대 건물이었지. 욕실 딸린 1인실 따위도 없었다고!"
나는 사실 옛 병원 건물을 본 적이 있었다. 며칠 전 간호사가 우

리 몇몇을 인솔해 주변 지역을 산책했는데, 마침 그 길이 옛 병원 건물 바로 옆으로 나 있었다. 본관 건물을 고급 아파트로 개조하는 재건축 공사가 진행되고 있었지만 남은 건물만 봐도 지역의 광인들을 수용하는 용도로 쓰였을 때 이 건물이 얼마나 음울하고 으스스했을지 짐작할 수 있었다. 짙은 슬레이트의 뾰족 지붕을 씌운 두꺼운 돌벽 위로는 사각형의 탑이 솟아 있었다. 아웃사이더 아티스트 앵거스 맥피는 이곳에서 거의 반세기를 보내며 잔디, 양털, 너도밤나무 잎으로 모자와 가방, 마구를 짜는 자신만의 예술 치료에 묵묵히 매진했다. 보고 온 지 몇 개월 만에 옛 병원 건물은 10대 두 명의 방화로 불타 사라졌다. 방화범들을 탓할 마음은 들지 않았다.

로메이는 현재 상황이 다소 우스꽝스럽다고 생각하는 듯했다. 자원자들이 내내 밭에서 일하다 바람이 숭숭 들어오는 유르트에서 잠을 청하는 동안 나는 따뜻한 신식 건물에 머물며 하루 세 끼를 꼬박꼬박 챙겨 먹고 있었다. 로메이는 내가 정말 아팠다는 사실도 믿지 않는 듯했다. 미소를 띠고 때로는 크게 웃으며 분위기를 가볍게 하려 했지만 내가 한가롭게 입원해 있다는 사실에 분개하는 것처럼도 보였다. 아마 꾀병을 부린다고 생각했으리라. 나 역시 너무 혼란스러운 상황이라 굳이 그녀를 납득시키려 애쓰지 않았으나, 공감 내지 이해가 부족함이 분명한 친구의 모습에 크게 마음이 상했다.

로메이가 병원에서 읽으라고 가져온 책 중에 스티븐 핑커가 쓴
《빈 서판》이 있었다. 몇 년 전 이 책이 처음 출간되었을 때 읽어본
적이 있기에 옛 친구를 만나는 기분으로 다시 책을 펼쳤다.

그러나 옛 친구는 위로만 주지 않는다. 때로는 가혹한 진실과
마주하게 하기도 한다. 그리고 바로 1장에서 이 책은 나를 가혹한
진실과 마주하게 했다.

핑커의 책은 인간 본성을 바라보는 대조적인 두 관점을 설명하
며 시작한다. 한편에는 "자연 상태의 인간은 이타적이고 평화롭고
근심이 없으며 탐욕, 불안, 폭력과 같은 병폐는 문명의 산물이라
는 믿음"이 있다. 이와 반대로 인간은 선천적으로 비열하고 이기
적이고 폭력적이라고 생각하는 관점도 있다. 핑커는 루소와 홉스
를 각각의 관점을 대표하는 인물로 등장시킨다. 그가 인정하다시
피 이 두 사상가가 실제 쓴 내용은 이 도식적 대조보다 훨씬 복잡
하지만, 수사학적 장치로는 대략 들어맞는다.

핑커는 "루소와 홉스, 이 책상 앞의 인류학자들 중 누가 옳은지
에 따라 많은 것이 달라진다."라고 말한다. 그리고 뒤에서 자신이
옳다고 생각하는 쪽을 밝힌다.

많은 지식인들이 평화롭고, 평등주의적이고, 환경을 사랑하는 토
착민의 이미지를 수용했다. 그러나 20년 전부터 인류학자들은 이
훈훈하지만 애매한 고정 관념을 받아들이는 대신, 국가 이전의 사

회에서 생사를 건 투쟁이 벌어졌음을 증명하는 자료를 수집해왔다. 자료들이 말해주는 바는 무엇일까? 한마디로 홉스가 옳고 루소가 틀렸다는 것이다.

핑커는 현대 수렵 채집 사회의 살인율이 말해주는 놀라운 증거로 자신의 판단을 뒷받침한다. 페루 북부와 에콰도르 동부에 사는 지바로족은 머리 사냥 풍습으로 유명하다. 한 집단의 남자 무리가 다른 집단의 거주지를 습격해 남자와 나이 든 여자를 죽이고 젊은 여자를 신부로 납치하는 풍습이다. 지바로족에서 남성 사망자의 60퍼센트는 전쟁으로 목숨을 잃는다. 아마존 열대 우림에 사는 야노마미족에서 이 비율은 약 40퍼센트 정도다. 20세기 미국과 유럽의 경우 전쟁으로 사망한 남성의 비율은 2퍼센트 미만이며, 여기엔 양차 세계 대전과 베트남전으로 사망한 숫자가 포함된다. 루소는 폭력이 문명의 산물이라고 했지만 이제 발전된 산업 사회가 농경 이전의 사회보다 훨씬 더 평화로운 사회임이 분명해 보인다. 자연 상태에서 인간의 삶이 "무참히 살해당할지 모른다는 위험과 두려움에 끊임없이" 시달리는 "더럽고 야만적이고 짧은" 삶이라고 한 홉스의 말은 옳았다.

그리고 핑커를 다시 읽는 동안 유토피아 실험을 준비하던 중에 썼던 글이 불쑥 생각났다.

홉스와 루소라는 두 사상가 중 지난 세기 마주하게 된 과학적 증거에 더 잘 들어맞는 사상가가 누구냐고 묻는다면 답은 전적으로 명백하다. 루소가 홉스보다 훨씬 더 정확했다. 증거로 미루어 볼 때 고귀한 야만인이라는 발상은 매우 매력적일 뿐 아니라 진짜인 것으로 판명된다. 틀린 쪽은 홉스와 다른 모든 냉소주의자들이다. 야만인 조상들은 우리보다 훨씬 고귀했고 반박의 여지없이 더 행복했다.

그러나 내 판단과 핑커의 판단 사이의 명백한 모순보다 더 충격적인 것은 내 놀라운 기억 상실이었다. 나는 위 글을 쓸 때 인간 본성을 상반되게 바라보는 두 관점의 상징으로 홉스와 루소를 든 사람은 내가 최초일 거라고 생각하며 뿌듯해했다. 무의식적 표절(다행히 내 글은 출판된 적은 없었다)의 사례가 분명하나, 그럼에도 핑커의 책에서 착상을 얻었음을 까맣게 잊고 있었다는 사실이 믿어지지 않았다. 게다가 나는 단순히 그의 책을 읽기만 한 게 아니었다. 런던의 일간지《이브닝 스탠더드》에 서평까지 실었던 것이다.

핑커와 전혀 다른 결론에 도달한 걸 감안하면, 어쩌면 내겐 생각의 출처를 잊을 필요가 있었는지 모른다. 이유가 무엇이었든 핑커가 쓴 책의 처음 몇 장을 다시 읽어보니 유토피아 실험에 앞서 내 사고가 얼마나 왜곡되어 있었는지 뼈저리게 느낄 수 있었다. 어떤 강력한 심리적 힘이 작용했는지는 모르겠지만 내 결론에 반하는 사실이나 기억을 지워버릴 만큼 정상 궤도에서 벗어나 있었던 것이다. 유토피아 실험을 계획하기 전의 나는 고귀한 야만인이라는 낭만주의적인 개념을 비웃었다. 그러나 스코틀랜드로 갈 때쯤 이 생각은 180도로 달라져 열렬한 원시주의자를 자처하게 되었다. 나는 자연 속에서 살기를 갈망하게 되었고 문명의 장식물들을 놔두고 떠나기만 하면 모든 근심 걱정이 사라지리라 믿었다.

이제 와 돌이켜보니 이 얼마나 어리석은 생각이었나! 또 얼마나 순진하고 터무니없었나! 나는 왜 이전에 그토록 열정을 가지고 몰두했던 과학 기술에 완전히 등을 돌리게 됐을까? 수렵 채집인의 삶에 관한 실상을 이미 읽어 알고 있었음에도 어찌 그토록 전형적인 낭만주의자로 탈바꿈할 수 있었을까? 내 입장이 180도로 달라진 순간을 떠올리려 애썼지만 사도 바울이 다마스쿠스로 가는 길에서 겪었듯 갑자기 회심하는 계기가 된 단일한 사건을 꼽을 수는 없었다. 생각하면 생각할수록 회심은 아주 서서히 일어난 과정 같았다. 어찌나 느렸는지 스스로는 알아차리지도 못했다.

운명이 나를 꾸짖으려고 일부러 눈에 띄게라도 한 듯 이상하리만치 내 얘기처럼 느껴진 글이 하나 더 있었다. 닉 보스트롬의 웹페이지에서 발견한 글이다.

병원에서 인터넷을 사용하기는 쉽지 않았다. 컴퓨터라고 있는 낡은 데스크톱 한 대는 무슨 일을 하는지 끝내 알 수 없었던 어떤 남자의 비좁은 사무실 작은 탁자 위에 놓여 있었다. 커뮤니티 리더 내지 청소년 클럽 매니저 같은 모습이었던 그는 평일엔 사무실에 2시간밖에 머물지 않았다. 남자가 정오에 출근하면 그때부터 오후 2시까지 한 무리의 환자들―특히 항상 같은 무리의 젊은이들―이 정상적인 바깥 생활을 어설프게 모방하듯 그곳에서 시간을 보내며 잼 도넛과 감자칩을 먹었다.

병원에 입원한 지 일주일이 넘은 후에야 이 괴상한 오락장에서 매일 20분씩 컴퓨터를 사용할 수 있음을 알았다. 인터넷 연결은 끔찍할 만큼 느렸고 나의 이메일 작성 능력은 거의 바닥을 치고 있었다. 뭔가 쓰려고 할 때마다 컴퓨터 화면이 눈앞에서 물결치며 머릿속이 온통 뿌예졌다. 그렇지만 가끔 인터넷을 둘러보는 것 정도는 할 수 있었다.

어느 날 컴퓨터 앞에 앉아 목적 없이 예전 생활을 생각나게 하는 웹 페이지들을 돌아다니다가 닉 보스트롬을 떠올렸다. 수개월 전 유나바머 선언문의 존재를 처음 알려준 그 친구였다. 닉이 요즘 무얼 하는지 궁금했다. 그래서 찾아간 그의 웹 페이지 상단에는 다음과 같은 글이 올라와 있었다. 마치 나를 직접적으로 겨냥한 말 같다는 생각에 등골이 서늘해졌다.

내가 아주 본질적인 문제를 간과하고 있거나 중대한 잘못을 저지르는 중이라고 해보자. 그렇다면 내가 얼마나 앞으로 나아갔든 전부 소용없는 일이 될 것이다. 잘못된 방향으로 가고 있다면 멀리, 또 빨리 가는 것은 무의미한 것보다 더 나쁘다. 이런 근본적 잘못을 저지를 가능성을 어떻게 줄일 수 있을까? 물론 이런 고민을 하느라 너무 많은 시간을 흘려보내면 어디에도 도달하지 못할 것이다. 이상적인 세계라면 우리에겐 두 번의 생이 주어져야 하리라. 첫 번째 생에서 올바른 방향을 찾아내고, 두 번째 생에서 그 방향을 향해 최대한의 속도로 나아가는 것이다.

마치 닉이 나의 잘못을 예견한 것만 같았다. 나는 최대한 빨리 유토피아 실험으로 향하는 길을 걸었고, 최대한 멀리 가고 나서야 잘못된 방향으로 가고 있음을 깨달았다. 그러므로 이제 얼마나 앞으로 나아갔든 소용없는 일이 되고 말았다. 나는 본질적 문제들을 무수히 간과했고 하나 이상의 중대한 잘못을 저질렀다. 그리고 이제 이 모두를 고민하느라 허우적대며 아무것도 하지 못하고 있었다. 간절한 바람이라곤 두 번째 생을 사는 것, 아니 적어도 실험에 대한 발상이 처음 떠올랐을 때로 시간을 되돌려 당장 그 생각을 지워버리고 다른 방향으로 떠나는 것이 전부였다.

한편으로는 궁금했다. 어떻게 닉은 이렇게 현명할까? 왜 나는 이렇게 말도 안 되는 실수를 저질렀을까? 우리는 둘 다 전 지구적인 붕괴가 일어날 가능성에 관심을 가졌지만, 그는 저명한 학술기관과 협력해 침착하게 그리고 합리적으로 자신의 연구를 계속

하고 있었다. 반면 나는 스코틀랜드 북부의 차디찬 땅에 허술한
캠프를 세웠다. 물론 내가 한 행동에도 점점 따분하고 부르주아적
으로 느껴지는 실존에서 탈출해 스스로에게 도전한다는 겉보기
에 합리적인 이유가 있었다. 그러나 이제는 이런 동기마저 어쩐지
의심스럽게 여겨졌다.

어쨌든 내 인생은 왜 그토록 불만족스러웠을까? 다른 이들의
눈에는 제법 괜찮아 보였을 인생이었다. 훌륭한 직장이 있었고,
오래된 멋진 시골집과 아름다운 여자친구가 있었으며, 수입도 좋
았다. 그러나 나는 이 모든 것에 염증을 느끼기 시작했으니, 이때
의 심정은 2005년 10월《가디언》에 기고했던 "유토피아의 상실"
이라는 제목의 기사에 잘 드러나 있다.

우리 서구인들이 지금 살고 있는 방식을 보라. 우리는 갈수록 파
편화되는 공동체에서 자라난다. 이웃과 거의 대화를 나누지 않으
며 혼자 자가용을 타고 직장에 출근한다. 낮에는 규격화된 사무실
에서 일하고 퇴근하는 길에 슈퍼마켓에 들러 대단한 맛이 없어도
배를 채워주는 대량 생산 음식을 구매한다. 엄청난 불행도, 굶주
림도, 전쟁도 없다. 그러나 엄청난 열정도, 기쁨도 없다. 역사상 유
례없는 부를 누리면서도 그 어느 때보다 많은 사람들이 우울증에
시달린다.

다시 한번 이 글은 세계에 대해서보다 나 자신에 대해 더 많은 것을 알려준다. 이때 나는 이미 우울증을 앓고 있었을 것이다. 유토피아 실험은 수렁에서 벗어나 다시 나아가려는 최후의 필사적인 시도였다. 나는 홧김에 장난감을 유모차 밖으로 내던져버린 버릇없는 아이에 불과했는지도 모른다. 아이는 이제 장난감을 다시 되찾고 싶지만 그럴 수 없다는 사실에 망연자실해 있다. 모든 것을 제자리로 되돌려주는 우주적 차원의 엄마 따위는 없었다.

프로이트는 잘 알려지지 않았지만 탁월한 통찰력이 담긴 1925년의 논문 〈성공 때문에 파멸한 사람들〉에서 "인간은 때로 오래 염원해온 뿌리 깊은 소망이 실현되는 바로 그때 병에 걸린다."라고 말했다. 그는 덧붙인다. "그들은 마치 자신의 행복을 견디지 못하는 것처럼 보인다. 그들의 성공과 발병 사이에 인과 관계가 있다는 데는 의심의 여지가 없기 때문이다." 유토피아 실험은 비록 무의식적이기는 하지만 의도적인 자기 파괴 행위였는지 모른다. 불행은 예술의 형태를 띠기도 한다. 특히 거리에서 내전이 벌어지거나 자연재해, 대량 기아, 전염병이 주변 사람들의 목숨을 앗아가지 않을 때 그러하다.

프로이트식의 심오한 설명까지 들 것도 없이 그저 지루했을 수도 있다. "낙원 한복판에서의 권태로 인해 우리 첫 조상의 마음에는 심연에 대한 갈망이 싹텄다." 철학자 에밀 시오랑은 이렇게 썼다. 어쩌면 내게도 그저 뭔가 색다른 변화를 위해 재앙의 유혹이 필요했는지도 모른다.

잃어버리기 전에는 그 가치를 잘 모른다고들 말한다. 적어도 나는 그 어떤 것도 다시는 당연히 여기지 않겠다고 다짐했다.
처음 입원했을 때 내 몸 상태는 심리 상태와 다를 바 없었다. 유토피아에서의 생활로 농사의 귀재가 되기는커녕 더 쇠약해진 나는 수척하게 야위어 있었다. 정상적으로 식사를 하게 되자 몸무게가 다시 조금 늘기 시작했다. 그러나 여전히 체력이 많이 약해져 있었기에 간호사들이 병원 체력 단련실을 이용하라고 권유했다.

나는 아침 식사 후 매일 체력 단련실에 가기 시작했다. 어느 정도는 젊고 예쁜 강사의 존재에 자극받은 측면도 있었다. 먼저 실내 운동용 자전거나 러닝 머신을 10분 타는 걸로 시작해 근력을 기르는 용도의 헬스 기구로 이동했다. 금속 바를 천천히 또 고통스럽게 머리 위로 끌어 내리면서, 발바닥으로 비닐을 씌운 발판을 밀어내려 애쓰면서 이따금 이 모든 상황의 아이러니를 곱씹곤 했다. 이곳에서 나는 자연스럽다고 간주되는 야외 생활로 약화된 체력을 회복하기 위해 인위적인 기구들을 사용하고 있었다. 1년 전 직장을 그만두고 스코틀랜드로 떠날 준비를 할 때 내 감정이 어땠는지 돌이켜보았다. 우리 안에 갇힌 동물처럼 도망치려고, 야생으로 돌아가려고 필사적이었던 게 생각났다. 이제 나는 안전한 동물원으로 돌아와 바깥에서 살아남을 수 없음을 훈육을 통해 깨우치고 있었다.

어느 오후 요리 수업에 들어가서도 비슷한 생각이 머리를 스쳤다. 우리 셋은 요리의 용도로 특별히 제작된 공간인 듯 오븐 3개와 똑같은 세트의 그릇, 나무 주걱, 저울과 냄비를 갖춘 방에 모였다. 그 자리에는 테리가 있었다. 병원에 입원한 첫날 아침 마주쳤던 중년의 남자로, 본인의 말에 따르면 그의 아내는 호텔방을 같이 쓰고 싶지 않다는 이유로 남편을 정신병원에 감금했다. 아직 10대의 젊은이 알렉스도 있었다. 나보다 며칠 늦게 입원한 알렉스는 첫날 밤부터 자살 감시 대상자가 되었다. 그리고 내가 있었다.

"자자!" 우리를 가르치러 온 중년의 푸근한 여성이 말했다. "오늘 요리하고 싶은 게 뭐죠? 케이크는 어떨까요? 우리 모두 작은 케이크를 구워볼까요?"

그녀는 우리를 어린아이처럼 대했지만 조금도 거슬리지 않았다. 오히려 마음이 편해지며 이 상황이 약간 재밌다는 생각이 들었다.

우리는 모두 케이크를 굽는 것이 좋은 생각이라는 데 동의했고, 새 엄마 역할을 맡은 강사의 지시대로 버터와 설탕을 섞은 뒤 계란을 깨 넣고 밀가루를 섞었다. 그다음 이것을 숟가락으로 퍼 작은 종이 상자에 담아 오븐에 넣었다. 10분 후 우리 모두는 황갈색으로 익은 케이크를 자랑스럽게 꺼내 한쪽에 치워두고 식혔다.

청결하고 멋진 부엌에서 이 모든 과정은 무척이나 손쉬웠다. 스위치를 켜기만 하면 단 몇 분 만에 오븐이 예열된다니 이 얼마나 근사한가! 레이번 스토브를 덥힐 땐 늘 엄청난 수고가 뒤따랐다. 불이 더 쉽게 붙도록 적재적소에 불쏘시개를 놓아야 했고, 불이 꺼지지 않게 커다란 장작들을 하나씩 추가해야 했으며, 그런 다음엔 주철로 만든 묵직한 야수가 아침 햇살에 기지개를 펴는 도마뱀처럼 천천히 예열되는 동안 하염없이 기다려야 했다. 이런 방식으로 사는 삶이 정말 더 좋은 삶이었을까? 스코틀랜드로 떠나기 전 코츠월드의 시골집에서는 소박한 삶이 주는 기쁨에 쉽게 환상을 품었지만, 지금은 귀중한 시간과 두뇌를 낭비한 것으로만 느껴졌다. 그래, 모든 일을 느리게 하며 명상에 잠길 수는 있었다. 그러나 매일매일을 그렇게 살 필요가 있었을까? 오븐을 예열하는 일에 몽땅 시간을 쏟지 않았다면 내 두뇌는 더 재밌는 생각을 하고 더 재밌는 일을 하지 않았을까?

10

봄

3월이 되자 우리 햇병아리 공동체는 새로 도착한 자원자들로 붐비기 시작했다. 막 고등학교를 졸업한 닉 스테닝이라는 18세 청년은 케임브리지 대학교에 진학하기까지 1년의 입학 유예 기간을 보내는 중이었다. 헝클어진 붉은 머리에 연한 파란 눈의 이 키 큰 청년은 우주론을 토론하고 클라리넷을 연주하는 일만큼이나 잡초를 베고 장작을 패는 일을 좋아했다.

영국 해병대 출신의 데이비드 로스도 있었다. 로스는 장화를 만드는 작은 업체를 운영했고, 50대였지만 여전히 탄탄한 몸을 자랑했으며, 무엇이든 할 수 있다는 해병대 정신의 소유자였다. 정기적으로 목재나 고철, 기타 건축 자재로 쓸 만한 폐품을 주우러 다닐 때 로스는 매우 소중한 길동무가 되어주었다.

또 우리의 영감을 자극하고 명상을 돕는 음악을 연주해주겠다고 찾아온 플루트 연주자 하모니도 있었다. 하모니는 23살이었으나 훨씬 더 어려 보였으며 아기 같은 얼굴 양 옆으로 부스스한 갈색 긴 생머리를 어깨까지 늘어뜨리고 있었다. 조용한 성격에 어딘가 우수에 찬 분위기를 풍겼지만, 처음 도착했을 때 자신이 이곳의 유일한 여성이라는 사실에 전혀 동요하지 않은 강심장이기도 했다.

사람 수가 늘었으므로 더 공식적인 의사 결정을 할 필요가 있었다. 그래서 매일 저녁 간단한 회의를 열어 이튿날 할 일을 정하고 임무를 분배하자고 제안했다. 애덤을 제외한 모두가 제안에 만족하는 듯 보였다.

어느 날 저녁 나는 장작을 패고 물을 나르고 씨를 뿌리느라 긴 하루를 보낸 뒤 헛간으로 돌아왔다. 애그릭은 큰 나무 탁자에 저녁으로 먹을 채소 음식을 준비하고 있었고 데이비드는 스토브에 불을 붙이고 있었다. 애덤은 자기 안락의자에 앉아 (책을 읽는 척하기는 했지만) 반쯤 졸았고 하모니는 근처에 앉아 조용히 기타를 튕겼다.

이제부터 하려는 말에 주의를 집중시키려고 헛기침을 했으나 아무도 쳐다보지 않았다. 손뼉을 치자 애덤이 퍼뜩 잠에서 깨어났다.

"자, 여러분, 내일 계획을 말해 봅시다." 나는 최대한 열정적이고 쾌활하게 보이려고 애쓰며 말했다.

"장작을 더 패고 땅을 더 팔 거예요." 닉이 말했다.

"당신은 어때요? 애덤?" 내가 주저하며 물었다.

애덤은 코웃음을 쳤다. "한 사람이 다른 사람을 마음대로 휘두르는 일은 결단코 없어야 하오!" 그는 위풍당당하게 선언했다. "할 일이 생각나면 직접 하시오. 다른 사람이 해주길 기대하지도, 이래라저래라 명령하지도 말고. 필요하면 도움을 청할 수 있고 위대한 영께서 보우하사 사람들의 마음을 움직이면 도움을 받을 수도 있겠지. 하지만 명령은 집어치우란 말이오!"

"그런 말은 현실성이 없어요, 애덤. 개울에서 물을 긷는 일이나 설거지처럼 아무도 하고 싶어 하지 않는 일은 어떻게 하라고요." 나는 평정을 유지하려고 애쓰며 말했다.

"하늘의 섭리는 완벽하지. 아무도 하고 싶어 하지 않는 일이 있다면 그건 우리 일이 아닌 거요." 애덤이 히죽 웃으며 말했다.

심호흡을 하며 이 요지부동의 인간을 어떻게 설득해야 하나 고민했지만, 마침 애그릭이 기회를 틈타 겨울 내내 우리 모두 충분히 먹을 식량을 기르기 위한 계획을 설명하고 나섰다.

"건조 콩을 비축해야 합니다." 애그릭이 말을 이었다. "현재 우리에겐 볼로티빈이 있어요. 현재는 주로 건조용으로 재배하고 있지만 초기엔 껍질째 날콩으로 먹을 수 있죠. 블루레이크 흰 덩굴 제비콩도 있어요. 보통 껍질째 날콩으로 먹지만 건조해 먹어도 괜찮아요. 하지만 더 다양한 품종의 건조 콩을 재배해야 합니다. 난 덩굴성 콩을 선호하는데 단위 면적당 생산량이 더 많기 때문이죠.

하지만 비교하기 위해서는 건조용의 왜성 콩도 하나 이상 심어야 합니다."

그가 하는 말을 하나도 알아들을 수 없었지만 다 안다는 듯 고개를 끄덕였다. '이 실험이 성공한다면 상당 부분 애그릭 덕분일 거야.' 나는 속으로 생각했다.

하모니가 손을 들었다. "내일 아침 파종을 하는 건 좋아요. 하지만 오후엔 막대 직조기로 매트리스 짜는 일을 계속하고 싶어요."

막대 직조기는 목재 받침대에 나무 막대를 일렬로 끼운 단순한 구조의 베틀이다. 각 막대 하단부에 구멍을 뚫어 실을 꿰고 이를 날실 삼아 양털을 짜 넣으면 폭이 좁은 직물을 만들 수 있다. 하모니는 금세 요령을 익혔지만 나는 애덤이 몇 번이나 가르쳐주었는데도 계속 헤맸다. 애덤이 양털 덩어리를 집어 손가락 사이로 놀리다 나무 막대 사이로 요리조리 짜 넣는 걸 구경하다 보면 나의 무능력이 더 크게 다가오곤 했다.

"난 대형 유르트의 나무 데크 만드는 걸 돕죠." 데이비드가 말했다.

우리에겐 애덤이 만든 작은 유르트 2채 외에도 8명까지 잘 수 있는 훨씬 더 큰 유르트를 분해한 부품들이 있었다. 몽골에서 만든 진짜 유르트로 웨일스에서 알파카를 사육하는 괴짜 부부가 영국에 들여온 것이었다. 스코틀랜드로 오기 직전 부부에게서 이것을 사들인 나는 엄청난 비용을 들여 웨일스에서 멀고 먼 이곳까지

작은 화물차에 유르트를 실어오게 했다. 조각조각 분해된 유르트
는 조립할 사람들이 충분히 모일 때를 기다리며 헛간에 몇 개월간
잠들어 있었다.

그러나 지난여름 작은 유르트를 지을 때 그랬듯이 유르트를 짓
기 전에 나무 데크를 먼저 만들어야 했다. 이미 각목으로 육각형
의 뼈대를 만들었고 이 뼈대에 고정할 6개의 분리형 삼각형 마루
도 몇 개 만들어 두었다. 인근 마을에서 주운 낡은 합판을 사용해
만든 삼각형 마루의 표판은(역시 어느 집의 마룻바닥을 재활용한) 너도
밤나무를 사용했다. 이제 남은 부분까지 다 만든 뒤 밑면엔 폐유
를 먹이고 너도밤나무 표판엔 오일을 발라 마무리했다.

애덤이 자기 방식만을 고수하며 옹고집을 부려 말썽이었지만
유토피아는 점차 진짜 공동체처럼 느껴지기 시작했다. 사람 수가
더 불어났기 때문만이 아니라 모두 공통의 목표를 향해 힘을 합쳐
일하게 된 덕분이었다. 애덤마저 실험을 성공시키기 위해 최선을
다하고 있다고 말하며 새로운 재능이나 손재주를 선보여 종종 나
를 놀라게 했다. 그중 하나가 깊은 구덩이 위에 옥좌처럼 높게 올
린 목조 퇴비 변소였다. 하지만 정작 애덤 자신은 혼자 힘으로 만
든 이 변소를 한 번도 사용하지 않았으니, 그는 용변을 보는 곳마
다 매번 새로운 구덩이를 파 똥을 파묻는 '**날것 그대로**(au naturel)'
의 방식을 선호했다. 애덤은 막대 직조기로 짠 두꺼운 양털 러그
몇 장으로 다소 냄새 나고 기름지긴 하지만 그런대로 쓸 만한 잠

자리용 매트리스도 만들었다. 그는 펠트 만드는 법이나 퇴비 변소를 둘 장소를 놓고 멀쩡히 얘길 나누다가도, 어느 순간 특정한 장소에 구멍을 파는 돼지들이 우리에게 전달하려는 메시지가 무엇인지 알아내려 애쓰거나, 멜기세덱의 뒤를 잇는 대제사장으로서 자신에게 부여된 신성한 임무를 설명하곤 했다. 실망과 호감을 번갈아가며 안기는 인물이었지만 언제나 몹시 흥미를 일으킨다는 점은 변함없었다.

유토피아에 온 지 얼마 되지 않아 닉이 장작을 패다가 도끼로 손가락을 찍는 사고가 일어났다. 로메이의 친구가 그를 가장 가까운 병원으로 데려갔다. 다행히 상처는 심각하지 않아 몇 바늘만 꿰매고 끝났다. 그러나 대개 당연하게 여기는 소독약과 기타 몇 가지 단순한 현대 의약품이 없으면 경미한 상처도 치명적일 수 있다. 작은 상처라도 감염되면 패혈증으로 고통스러운 죽음을 맞을 가능성이 있는 것이다.

진정성만을 고려했다면 닉을 병원에 데려가지 말았어야 했다고 생각한다. 어떻게든 주변에 있는 것으로 상처를 수습했어야 했다. 그러나 만일 그러다 그의 상처가 더 악화되었다면? 패혈증으로 발전하거나 위독해졌다면? 손가락이 전부 잘려나가기라도 했다면?

그때부터 자원자가 크게 다치거나 생명의 위협까지 겪는 일이 생기면 어쩌나 덜컥 겁이 나기 시작했다. 책임 보험에는 가입해 있었으나 원시적 생활에 근본적으로 존재하는 불확실성을 완전히 받아들이지 못해 반칙을 하는 것처럼 느껴졌다. 나는 두 세계에 양다리-한 다리는 매 고비마다 죽음의 위협을 받는 종말 이후의 세계에, 또 한 다리는 위험을 회피하고 과잉보호를 일삼는 현대 영국에-를 걸치고 있었다. 현대 영국은 첨단 기술로 무장한 병원에 의사들이 대기하고 있다가 사소하게 긁힌 상처도 호호 불어주는 곳이었다. 이런 타협을 해야 한다는 사실이 싫었던 나는 바깥 세계와 모든 연결 고리를 끊고 실험에 전심전력하고 싶었다.

그러나 그게 정말 내 본심이었을까? 저 밖에 아직 문명이 건재하며 위급한 상황이 닥치면 언제든지 도움을 받을 수 있다는 데 남몰래 기뻐한 건 아니었을까? 이런 생각이 드는 게 무엇보다도 가장 싫었다.

손가락에 부상을 입은 닉이 주로 요리와 헛간에서 뭔가를 만드는 일(예컨대 레이번 위쪽 천장에 빨랫줄을 치는 일)밖에 하지 못했기에, 더 힘이 드는 일은 데이비드와 내 차지가 되었다. 데이비드는 지치는 법이 없었고, 늘 쾌활했으며, 대형 유르트의 남은 나무 데크를 만드는 일부터 채소밭 일구기까지 무엇이든 도울 준비가 되어 있었다. 그런 데이비드가 유일하게 냉정을 잃은 순간을 목격한 적이 있다. 어느 날 아침 애덤이 긴 늦잠을 자고 있을 때였다.

"여기가 해병대가 아니란 건 알지만 일을 제때 끝내려면 이곳에도 약간의 규율이 필요해요. 애덤은 자기 임무를 다하지 않고 있어요." 데이비드는 차를 한 잔 마시는 동안 내게 불평했다.

"퇴비 변소를 만들었잖아요." 나는 소심하게 반박했다.

"그래요, 하지만 그런 옥좌 같은 변소는 지금 당장 필요하지 않아요. 필요한 건 나무 데크를 얼른 다 만들어 대형 유르트를 세우는 거죠. 잠잘 자리가 모자란다고요." 데이비드가 말했다.

"알아요, 하지만 애덤에게 뭘 하라고 말하는 건 포기했어요. 애덤은 오로지 위대한 영의 말만 듣는 걸요."

데이비드는 고개를 절레절레 저었다.

"그놈의 위대한 영 타령." 그가 말했다.

며칠 후 내 친구 앵거스가 찾아왔다. 우리는 10대 시절부터 친했는데 비록 1~2년에 한 번씩밖에 못 봐도 늘 바로 어제 만났다 헤어진 듯한 친구였다. 멕시코와 과테말라에서 2년간 일하다가 막 돌아온 그는 주술사와 고대 마야 의식에 관한 이야깃거리를 잔뜩 갖고 왔다. 얼굴엔 세월의 흔적이 남아 피부도 거칠고 뺨도 바람에 움푹 패였지만 짙은 갈색 눈동자는 숱 많은 눈썹과 물결 진 머리칼 아래 언제나처럼 반짝였다.

앵거스는 어떤 일에도 도움의 손을 내밀 준비가 되어 있었다. 그가 없었다면 과연 대형 유르트를 끝까지 지을 수 있었을지 의심스럽다. 그의 도움을 받고도 거의 일주일이 걸렸으니 말이다. 이렇게 오래 걸린 것은 이 나무 데크 역시 먼젓번처럼 너무 작게 만들어졌기 때문이었다. 처음 우리는 고무 밴드를 세게 조여서 격자 벽을 더 좁은 원기둥 모양으로 만들려 했으나 지붕 쪽의 장대가 비뚤어진 각도로 밀려 올라갔다. 나무 데크를 더 크게 만들어야 한다는 사실을 마지못해 인정했다. 이렇게 하는 데만도 이틀이 더 걸렸으니, 원래 나무 데크에 했던 것처럼 추가한 조각의 밑면과 표판에도 폐유를 먹이고 오일을 발라야 했기 때문이다.

유르트에 외피를 입히는 것은 또 전혀 다른 일이었다. 직사각형의 양모 펠트를 격자 벽에 고정시키는 일은 예상보다 훨씬 힘들었다. 펠트는 무겁고 다루기 어려워 한 쪽을 다루는 데만도 2~3명이 달려들어야 했다. 2개의 반원형 펠트 덮개를 지붕에 씌우는 일은 훨씬 더 힘들었고 훨씬 더 많은 일손을 필요로 했다. 마지막으로 가장 바깥층에 캔버스 천을 덮는 단계는 이 모든 과정 중에 가장 힘든 단계로 드러났다. 우리는 모두 유르트 주위에 둘러서서 거대한 방수포의 바깥쪽 가장자리를 움켜잡고 번갈아가며 당겼다 풀었다 했다. 그러나 매번 방수포는 한 사람 눈에만 똑발라 보였고, 유르트 반대편에서는 어김없이 너무 아래로 내려왔거나 너무 위로 올라갔다는 불평이 터져 나왔다. 금세 팔이 후들거리고 등이 아파오며 짜증이 솟구쳤다.

앵거스는 미친 사람처럼 유르트 주변을 뛰어다니며 이쪽을 잡아당기거나 저쪽을 놓으라고 지시했다. 마침내 앵거스가 큰 승리

의 함성을 지르자 모두 뒤로 물러서 완성된 작품을 감상하며 감탄
했다. 유르트는 상당히 인상적이었다. 애덤이 고집한 이름대로 부
르자면 '거트루드'는 스코틀랜드의 풍광을 배경으로 기묘한 느낌
을 자아냈다. 멀리서 보면 유르트는 진흙투성이 들판에 불시착한
커다란 흰 우주선 같았다. 헐벗은 나뭇가지들, 더 멀리는 눈으로
뒤덮인 산에 둘러싸인 순백의 생경한 테크놀로지였다.

4월 1일엔 초대의 날을 열어 인근 마을 사람들이 캠프를 견학하
게 했다. 하필 선택한 날짜가 만우절이었던 건 내가 이 실험에 갖
고 있던 양가감정이 당시 기꺼이 인정했던 것보다 더 크다는 걸
드러내는 증거일지 모른다. 내 실험이 너무 진지하게 받아들여질
까 봐 두려웠을 수도 있다.

사실 나는 하일랜드 전역에서 수십 명이 몰려오지나 않을까 걱
정했다. 최근 몇몇 스코틀랜드 신문에 실험에 관한 기사가 비중
있게 실린 까닭이었다. 《로스셔 저널》에는 자그마치 컬러 사진이
있는 머리기사로 1면에 실리기까지 했다. 《프레스 앤드 저널》 역
시 며칠 전 특집 기사를 실었다.

하지만 실제 찾아온 방문객은 4~5명에 그쳤다. 나들이옷을 입
은 중년의 부부와 지역 농부 한둘, 쾌활한 주부 하나가 다였다. 캠
프에 들어선 방문객들은 머리만과 뒤쪽 산들의 아름다운 풍광을
배경으로 초라한 땅뙈기 한가운데 우뚝 서 있는 흰 유르트로 안내

받았다. 안에는 자원자들이 원형의 벽을 등진 채 책상다리를 하고
앉아 있었다. 방금 헌옷 가게를 급습한 사람들 같은 모양새였다.
애덤은 새 둥지 같은 수염을 기른 데다 가죽 반바지를 입고 있었
고, 플루트를 든 하모니는 모직으로 된 네팔 모자를 썼다. 백발의
애그릭은 밑창에 징을 박은 부츠를 신은 차림이었다. 당연히 방문
객들은 눈앞에 펼쳐진 광경에 다소 곤혹스러운 듯 보였다.

방문객들에게 자원자들 옆에 앉으라고 손짓한 다음 실험에 관
해 간단히 몇 마디를 했다. 우리는 생존주의자가 아니고, 정말 문
명이 곧 붕괴되리라고 믿지도 않으며, 문명이 붕괴되면 어떤 방식
으로 살게 될지 상상해보는 실험을 하고 있을 뿐이라고 설명했다.
실험의 목적은 사람들이 지구 온난화와 피크 오일에 경각심을 가
져 너무 늦기 전에 문제 해결을 위한 행동에 나서게 하는 것이었
다. 방문객들은 아까보다 더 혼란스러워 보였다.

설명이 끝나자 애덤과 하모니가 음악을 연주했다. 애덤이 기타
를 연주하고 하모니가 플루트를 불었다. 마지막으로 애그릭이 짧
은 발언 시간을 가졌는데 애석하게도 방문객들의 혼란은 조금도
줄어들지 않는 듯했다.

방문객들의 얼굴에서 자기네 마을 근처에서 진행 중인 이 실험
을 도대체 어떻게 생각하는지를 읽어내려고 애쓰는 동안 나는 점
점 불안해졌다. 그들의 당혹스러운 표정에서 내가 하는 이 모든
일이 바깥세상에서는 무척이나 이상해 보일 게 틀림없다는 사실

을 어쩌면 처음으로 깨달았기 때문이다. 물론 1년도 전에 계획을 털어놓았을 때 가족과 친구 대다수가 반대를 했지만 더 생각해보지도 않고 그들의 의견을 일축했었다. 그리고 스코틀랜드에 온 이후로는 실험의 가치를 믿는 사람들에게 둘러싸여 내가 창조한 세계 속에 틀어박혀 살면서 아주 가끔씩만 문명과 접촉했다. 이제 이 모든 실험이 무심코 이곳을 방문한 이방인에게 얼마나 기괴하게 보일지를 새삼 생각해보지 않을 수 없었다.

심장이 점점 더 빨리 뛰는 게 느껴졌다. 숨을 쉴 수 없었다. 유르트 밖으로 나가 혼자 있을 필요가 있었다. 애그릭이 빨리 발언을 마치기만을 간절히 바랐다.

그러나 애그릭은 마무리 지을 생각이 없어 보였다. 곧 더는 견딜 수 없어졌다. 일어나 양해를 구하고 그곳을 벗어나 작은 유르트 2채가 서 있는 강가로 달려갔다. 유르트 하나에 피신해 나무 바닥에 태아의 자세로 몸을 웅크린 뒤 손에 잡히는 대로 담요와 덮개를 끌어당겨 덮고 눈을 감았다.

얼마나 그렇게 있었는지 모르겠다. 어느 순간 스콧이 입구에서 안쪽을 들여다보며 괜찮으냐고 물었다.

스콧은 50대로 아내 줄리아와 함께 하일랜드에서 30년을 살아온 남자였다. 짧고 뻣뻣한 검은 곱슬머리에 날카로운 파란 눈의 그는 사냥터지기의 오두막을 굽어보는 화강암 봉우리만큼이나 강인했다. 나는 1988년 로메이와 처음으로 하일랜드를 여행할 때 스콧과 줄리아를 만났는데, 그 이후로 이곳을 방문할 때마다 일부러 시간을 내 이들을 만나왔다.

나는 고개를 저으며 말했다. "내 책임이 얼마나 큰지 통감하기 시작하고 있어요."

"흠, 쉬울 거라고 말한 사람은 아무도 없어요. 자, 당신은 지난 몇 주간 너무 열심히 일했어요. 그냥 지친 걸 거예요. 우리와 같이 가서 하루 이틀 쉬면 어때요?" 스콧이 말했다. 더 이상의 설득은 필요 없었다. 스콧과 줄리아는 이곳에 비하면 유토피아가 교외로 여겨질 만큼 외딴 협곡에 살았다. 이들의 집에 가려면 사유지 입구를 지나 좁고 구불구불한 길로 접어들고 나서도 30분이나 더 차를 몰고 들어가야 했다. 사방이 산으로 둘러싸여 텔레비전 신호조차 수신되지 않는 곳이었다. 사실 유토피아 실험을 이곳에서 했더라면 훨씬 더 잘 어울렸을 것이다.

그러나 어떤 면에서 스콧과 줄리아는 지난 수십 년 동안 자신들만의 유토피아 실험을 해왔다. 이들은 식량 대부분을 직접 재배했고 닭도 길렀다. 스콧은 매일 레이번 스토브에 넣을 장작을 패 요리를 하고 물을 데웠다. 줄리아가 가꾸는 채소밭은 우리의 아마추어 같은 노력을 부끄럽게 만들 만큼 웅장한 규모였다.

이들의 집으로 온 날 저녁 스콧은 날 위해 욕조에 더운 물을 받아주었다. 레이번의 급탕용 보일러 내부의 물은 너무 뜨거워 폭발하지 않게 하려면 자주 물을 틀어주어야 했다. 김이 나는 욕조에 누워 몇 개월 만에 처음으로 목욕을 즐기자 뻣뻣한 근육이 풀리며 마음속 어둠이 사라지는 것을 느낄 수 있었다. 그 후 우리 셋은 레이번이 맹렬히 타오르는 거실에서 걸쭉한 렌틸콩 수프를 먹었고 스콧은 대화 중 간간이 하일랜드의 민담들을 얘기해주었다. 그날 밤 나는 오랜만에 깊은 잠을 잤다.

이튿날 아침 스콧이 함께 산책을 하자고 청했다. 희미한 새벽빛은 스산한 분위기를 풍겼고 아직 안개가 피어오르는 가운데 협곡을 따라 거닐며 각자 생각에 잠겼다. 우리는 옅은 회색 암석 주위로 굽이쳐 흘러가는 작은 개울에 도착했다. 나는 그 옆에 쪼그려 앉아 소용돌이치는 물살을 홀린 듯 바라보았다.

나는 꼼짝하지 않고 계속 개울을 응시했다. 몇 시간이 지난 것 같기도, 1분도 채 되지 않은 것 같기도 했다. 나머지는 모두 시야에서 사라지고 눈과 귀에는 오직 암석 주위로 부서지는 소용돌이와 세찬 물살 소리만이 가득했다. 개울이 내게 소용돌이 안으로 들어오라고 속삭이는 듯했다. 달콤하고 황홀하고 유혹적인 목소리였다. 개울이 그 포말 가득한 팔로 나를 끌어당겨 차갑고 다정한 품속에 영원히 가두어주었으면 했다.

"딜런, 물을 쳐다보면 안 돼요!"

스콧이 내 어깨를 붙잡고 개울에서 물러나게 했다. 그의 얼굴은 하얗게 질려 있었다. 어떻게 알았는지는 모르겠지만 위험을 감지한 그가 나를 최면에서 깨운 것이다. 그는 혼수상태의 환자에게서 생명의 징후를 찾는 의사처럼 가늘게 뜬 눈으로 나를 들여다보았다.

"조심해요. 지금과 같은 기분일 때 개울을 너무 오랫동안 들여다보면 위험해요. 물이 당신에게 이상한 농간을 부릴 수 있으니까요." 그가 말했다.

나는 잠시 멍해져 있었다. 무슨 일이 일어났는지 알 수 없었다. 내가 왜 개울에 홀렸을까? 스콧은 어떻게 알았지? 방금 정말 위험할 뻔했던 게 맞나?

스콧은 내가 신뢰하는 사람이었다. 그는 협곡 구석구석과 그곳에 사는 모든 영들을 속속들이 잘 알았다. 개울을 두고 떠나기가 애석했지만 스콧이 나를 끌어낸 건 잘한 일이라는 생각이 들었다.

이튿날 유토피아로 돌아왔을 때 사람들은 모두 땅을 파고 파종을 하느라 바빴다. 하모니는 떠났고, 또 다른 여성 자원자가 왔다가 이렇게 원시적인 환경에서 생활할 수 없다고 판단하여 온 날 바로 짐을 싸서 떠났다고 했다. 닉과 데이비드 역시 떠날 때가 가까웠는데, 이들의 자리는 곧 토미와 피트가 대신하기로 되어 있었다. 토미와 피트는 둘 다 뉴캐슬 대학교에 다니는 21살의 학생들이었다. 벨파스트 출신의 피트는 영문학 전공이었고 벨파스트에서 가까운 카운티다운 홀리우드 출신의 토미는 미술 전공이었다.

이들을 만난 건 몇 개월 전 뉴캐슬에서 유토피아 실험을 주제로 강연을 했을 때였다.

토미는 옅은 붉은 머리에 연한 파란 눈의 키 큰 청년으로 싸울 때도 자제력을 발휘할 친구로 보였다. 검은 머리를 짧게 깎은 피트는 키가 좀 더 작았고, 더 지적이었다. 이들은 강한 벨파스트 악센트로 자원을 결심한 동기를 설명해주었다.

"세상이 무너졌을 때 아무것도 못 하고 손 놓고 있고 싶지 않아서 여기 왔어요." 피트가 말했다. 피트는 채소를 기르고 돼지를 치고 양털 담요를 짜는 법을 배우면, 또 산업화 이전의 다른 기술들을 습득하면 문명이 붕괴되었을 때 더 잘 대처하게 되리라고 생각했다.

"저도 언젠가 이 세상이 무너지지 않을까 걱정돼요." 토미가 말했다. 토미는 생존 기술을 배우는 것 말고도 이 프로젝트를 시각 문화의 측면에서 발전시키고 싶어 했다. 나로서는 두 손 들어 환영할 일이었다. 이 실험이 육체적 생존 못지않게 예술과 문화를 다루는 실험이기를 원한 까닭이었다. 하지만 당장 우선순위는 채소밭을 갈아 작물을 심는 것이었다.

토미와 피트는 열정을 갖고 유토피아의 일상에 뛰어들었다. 애그릭에게 피트는 파종 시기나 가장 최근 추측한 종말의 날짜를 설명할 때 열심히 귀 기울여 듣는 의욕 가득한 학생이었다. 토미는 채소밭에서 잠시 빠져나와 방문객을 맞는 환영 표지판을 만들기 시작했다. 그라피티 아티스트인 그는 여기 올 때도 스프레이 페인트를 몇 통 가져왔다. 우리는 커다란 합판을 찾아내 토미에게 주었고, 올드 스쿨 스타일의 크고 선명한 볼드체로 'UTOPIA'라는 글씨가 새겨진 완성본을 헛간 측면에 달았다. 스코틀랜드 시골 한복판에서 이 화려한 도시 문화의 편린은 다소 부조화스러웠으나, 근처에 우뚝 선 몽골 유르트나 애덤의 작품인 퇴비 변소 옥좌만큼 생뚱맞지는 않았다.

토미와 피트가 이곳에 온 지 일주일 정도 지났을 때 둘에게 도시 생활과 비교해 가장 아쉬운 점이 무엇이냐고 물었다.

"주문형 음악 서비스요." 피트는 망설임 없이 대답했다.

토미도 고개를 끄덕여 동의를 표했다. "내 아이팟이 얼마나 그리운지 몰라요!"

사람들이 근본적으로 새로운 것에 이토록 빨리 익숙해진다는 사실이 재미있었다. 역사시대 대부분과 선사시대 전체를 통틀어 인간이 접할 수 있는 음악은 직접 연주한 음악뿐이었다. 그다음으로 지난 몇천 년간 아주 부유하고 힘 있는 사람들이 음악가를 고용해 여흥을 즐기는 사치를 부렸다. 그렇지만 지금은 누구나 과학기술을 이용해 오케스트라나 록 밴드를 통째로 불러낼 수 있다. 많은 사람들이 이를 당연하게 여기다가 어떤 유별난 이유―종말 이후의 삶을 살아보는 실험에 참여하게 되었다든가 하는―로 음악을 듣지 못하게 되고 나서야 비로소 그 고마움을 깨닫는다.

확실히 나 역시 음악이 그리웠다. 내 귀는 최고 수준의 오케스트라가 녹음한 완전무결한 클래식 음반에 길들여져 있었다. 이제 접할 수 있는 최고 수준의 음악은 애덤이 기타를 치며 후두암 걸린 컨트리 음악 가수처럼 부르는 노래가 전부였다. 우리가 모의실험을 하고 있는 미래 후기 산업 사회에서도 사람들이 낡은 아이팟을 보물처럼 아낄지 궁금해 다른 이들의 의견을 물었다. 토미는 잡동사니를 이용한 거리의 예술을 하며 쓰레기 더미를 많이 뒤져본 경력자로서 나의 생각을 비웃으며 말했다. "그런 물건이 수천 개는 널려 있을 거예요. 버려진 집에 들어가서 줍기만 하면 그만일 거라고요."

"물론 그렇겠죠. 하지만 수명이 얼마나 갈까요?" 내가 물었다. "배터리는 곧 다 닳을 테고 그다음엔? 태양열 집열판이나 발전기로 어찌어찌 잠시는 충전한다고 쳐요. 결국 그것들마저 고장 나고 나면 곧 모든 전자 제품이 쓸모없어질 테죠."

"그것 참 반가운 소리군! 녹음된 음악은 질색이거든." 애덤이 끼어들었다.

애초부터 과학 기술의 혜택을 경험해본 적 없이 사는 것과 이미 누려본 과학 기술의 혜택 없이 사는 것은 전혀 별개의 문제다. 수렵 채집 시대의 조상들은 아이팟을 그리워하지 않았지만 유토피아에서의 나는 분명 아이팟이 그리웠다.

그리고 이런 감정은 원시주의자의 신조로도 극복하지 못하는 약점이 아닐까 하는 생각이 들었다. 농경 출현 이전의 유목민적 생활 방식이 그 뒤를 이은 정착민적 생활 방식보다 아무리 더 훌륭하고, 더 진정성 있고, 무엇이든 더 낫다 해도 오늘날의 우리가 단순히 그때로 되돌아갈 수는 없다. 그 사이를 가로막은 1만 년이라는 시간을 뛰어넘을 수는 없는 것이다. 원시주의자 역시 여기까지는 인정하며 자연 상태에 재적응하기 위해 '재야생화'의 과정을 거칠 필요가 있다고 주장한다. 그러나 원시주의자는 이것이 몇 년이 아니라 족히 몇 세대가 걸리는 과정임을 깨닫지 못하는 듯 보인다. 문명이 붕괴된다면, 그리고 재건하지 않은 채 놔둔다면, 몇 세기 후 인간은 본래 수렵 채집인들이 갖고 있던 잃어버린 순수를 회복할지 모른다. 그러나 생존자의 1세대 내지 2세대는 그러지 못할 것이 분명하다. 문명의 기억은 간단히 지워지지 않는다. 기억은 생존자들을 좀먹고 더 나아가 다시는 누리지 못할 편의를 회상하며 괴로워하게 만들 것이다.

감금 상태에서 태어난 동물을 정글에 방사한다고 해서 갑자기 야생 상태로 돌아가는 것은 아니다. 동물들은 반대로 어쩔 줄 몰라 하며 혼란을 느낀다.

우리는 문명의 그리운 점과 그립지 않은 점을 이야기하다가 가끔은 문명이 붕괴되고 오랜 시간이 지난 후 사람들이 어떻게 살게 될까를 두고 이야기하기도 했다. 우리가 모의실험을 하고 있는 붕괴 직후의 몇 년이 아니라 100년 혹은 1,000년 후의 이야기였다.

가능성 하나는 어니스트 칼렌바크가 단편소설 〈초코〉에서 묘사한 내용과 비슷한 상황을 맞는 것이다. 소설의 화자는 '선 피플'의 31번째 기억 관리자이다. 그는 '머신 피플'이라는 이름의 오래전에 사라진 문명의 이야기를 들려준다. 곧 머신 피플이 우리, 즉 21세기의 시민들이었음이 밝혀진다. 이제 산업 문명의 흔적은 거의 없다. 어지럽게 얽힌 텅 빈 도로와 수백만 대의 녹슨 폐차 더미가 남았을 뿐이다. 선 피플은 우리의 먼 후손으로, 이들은 수렵 채집 시대 조상들의 유목민적 생활 방식으로 돌아가고 나서도 머신 피플의 기억을 반면교사로 보존하고 있다. 이야기가 전개되며 우리는 머신 피플의 세계가 걷잡을 수 없는 오염과 기후 변화, 화석 연료의 고갈로 붕괴됐음을 알게 된다. 선 피플은 머신 피플의 탐욕과 물질 만능주의를 거부한 소수 저항 세력의 후손이다. 대마초를 피우고 장발을 고집하며 대지의 여신 가이아를 숭배하는, 다른 말로 하면 히피 무리다. 선 피플은 예컨대 복잡한 과학 기술을 다시 발명해 산업 사회에서 살았던 조상들의 실수를 되풀이하지 않기로 결심한다.

닉 보스트롬은 이런 시나리오를 **복구 없는 붕괴**의 시나리오라고 부른다. 현재 우리의 경제력과 과학 기술 능력이 사라져 결코 재건되지 않는다는 내용의 시나리오다. 그는 복구되지 **않을** 타당한 이유를 찾기 어렵기에 이런 시나리오는 개연성이 낮다고 주장한다. 혁신하고자 하는 의지는 인간 본성의 일부로 보이며, 일단 어떤 개인이나 집단이 기술적 우위를 차지하기만 하면 나머지에 겐 새로운 기술을 수용하거나 도태되는 길밖에 없기 때문이다. 인류가 전 지구적 붕괴에서 회복되지 못한 채 산업화 이전의 어떤 단계에 영구히 머무를 가능성이 있는 경우는 일부 중요한 자원이 영영 고갈되거나 훼손되었을 때, 인간 유전자 풀이 돌이킬 수 없을 만큼 퇴화했을 때, 소수 집단이 자기들 마음대로 문명을 파괴할 수 있는 무언가를 발견했을 때로 한정된다.

또 하나의 가능성은 전 지구적 붕괴 이후 생존자들이 문명을 재건하기 시작하여 케빈 코스트너가 출연한 1997년 영화 〈포스트맨〉에서처럼 곧 현재 우리의 수준을 회복하는 것이다. 데이비드 브린이 1985년에 쓴 동명의 소설을 바탕으로 한 이 영화는 방랑하던 생존자(코스트너)가 죽은 우편배달부와 그가 남긴 우편물 가방을 발견하는 장면에서 시작한다. 죽은 이 대신 제복을 입고 우편물 가방을 집어든 그는 우연히 들른 마을에서 새로 복구된 정부에서 나온 진짜 우편배달부인 척한다. 거짓말은 점점 진짜처럼 살이 붙기 시작하고, 그는 자기가 멋대로 만든 이 우편배달 서비스에 다른 자원자를 끌어들이기까지 한다. 자원자들은 마을에서 마을까지 편지를 배달하며 무의식중에 정부가 복구되었다는 소문을 퍼뜨린다. 영화의 마지막 장면에서 우리는 바로 얼마 전 고인이 된 주인공의 동상 제막식에 구름떼처럼 모인 사람들 무리를 보게 된다. 이들의 최신식 옷차림과 현대 과학 기술의 흔적들로 미루어 보아 문명이 재건되었고 이제 종말 이전의 상태로 회복되었음이 분명해진다.

낙관적인 시나리오였지만 유토피아에 있는 우리에게는 깊은 우울함을 안겨주었다. 인류는 지구의 붕괴에서조차 아무것도 배우지 못한 채 맨 처음 재앙을 불러온 실수를 또다시 반복하는 것일까? 그렇다면 그다음엔 무슨 일이 벌어질까? 붕괴와 재탄생의 무한 반복일까? 그렇다면 인류는 마치 북유럽 신화 속의 '신들의 몰락', 즉 '라그나로크'에서처럼 니체식의 영겁회귀를 하도록 저주받은 걸까? 세계는 화염 속에 소멸했다가 다시 떠올라 생존자들로 번성하며 이렇게 이 모든 비극이 처음부터 다시 되풀이되는 것일까?

이 2개의 시나리오 중 우리가 무엇을 더 선호하는지는 분명했다. 불변의 원시주의는 우리가 생각하는 유토피아의 이념이었다. 그리고 우리는 이런 생각이 실제로 얼마나 타당한지 따져볼 생각이 없었다.

우리가 한 번도 논의한 적 없는 세 번째 가능성은 문명이 붕괴와 재탄생을 되풀이하는 대신 어느 지점에서 이 굴레를 탈출해 현재 우리가 누리는 것보다 훨씬 더 고도로 발전된 수준의 첨단 과학 기술에 도달하는 시나리오다. 이 시나리오에서 우리 후손은 진보한 인공지능을 구축하고 분자 나노 기술을 이용해 신체를 강화하며 나머지 은하계를 식민지화한다.

유나바머가 두려워했던 것은 이런 시나리오였다. 과학 기술의 광범위한 발전이 인간을 비인간적인 거대 기계 속의 톱니바퀴로 축소시킨다고 확신한 까닭이었다. 하지만 유나바머가 틀렸다면? 과학 기술의 힘으로 오늘날보다 더 나은 삶을 살게 해주는 장기적 미래가 있다면? 이런 미래를 상상하는 데 과학 소설은 큰 도움이 되지 못한다. 디스토피아적인 줄거리는 넘쳐나지만 유토피아적인 줄거리는 극히 적은 까닭이다. 로봇이 인간을 배신하거나(《아이, 로 봇》), 텔레스크린으로 인간을 세뇌하고 일거수일투족을 감시하거 나(《1984》), 더 나쁘게는 역사적 기억, 예술과 문학, 종교와 철학이 쾌락과 질서의 이름으로 모두 제거된다(《멋진 신세계》). 몇 안 되는 긍정적인 비전은 1960년대의 미국 만화 〈우주 가족 젯슨〉이나 디 즈니랜드 내 테마 구역인 투모로랜드처럼 주로 아동을 겨냥한 것 처럼 보인다. 월트 디즈니 자신도 이렇게 말한 바 있다. "미래는 경 이로운 시대가 될 것입니다. 오늘날 과학자들은 우주 시대의 문을 열었고, 이 업적은 우리 어린이들과 후세에 큰 축복이 될 것입니 다. 투모로랜드의 어트랙션은 미래의 생생한 청사진을 보여줄 모 험에 여러분을 초대하고자 설계되었습니다." 미래에 대한 이런 종 류의 낙관주의는 지금은 다소 구식으로 느껴진다.

과학 기술이 가져올 변화의 긍정적 형태를 상상하기가 이토록 힘든 이유는 무엇일까? 인간 본성에 깊숙이 새겨진 타고난 보수적 편견 때문일까? 아니면 그저 현대 사회의 불확실한 특징 탓일까? 프랜시스 베이컨은 17세기에 쓴 유토피아 소설《새로운 아틀란티스》에서 온갖 경이로운 과학 기술적 발전을 상상했다. 그가 상상한 미래에서 인간은 더 크게 자라 더 달콤한 열매를 맺는 식물을 기르고, 날씨를 통제하는 기계를 고안하고, 높이가 거의 1,000미터에 달하는 고층 건물을 세운다. 이런 낙관주의는 냉소적인 시각으로 가득한 오늘날의 세계에선 낯설어 보이겠지만 그렇다고 과학 기술이 순수하게 인간의 조건을 개선하는 데 쓰일 밝은 미래의 가능성을 아예 배제하는 것은 부당해 보인다.

군이 캐물으면 대개의 사람들은 미래, 특히 먼 미래의 일을 다 알 수는 없다고 인정할 것이다. 그럼에도 우리는 여전히 미래 세상이 변해갈 방향을 예감한다. 이 예감은 사실 세계 그 자체보다 자신의 개인적 기질, 즉 낙관주의적 성향인지 비관주의적 성향인지를 드러낼 때가 더 많다.

시간이 지날수록 유토피아에서 우리의 대화는 어두운 분위기를 띠기 시작했다. 특히 붕괴 이후 사람들이 살아갈 모습을 계속 추측해나가는 도중 폭력이라는 주제가 등장하는 일이 잦아졌다.

자원자 몇몇은 이 실험의 뼈대를 이루는 시나리오에 일찍이 의구심을 제기했다. 시나리오에 따르면 우리가 사는 정착촌은 벽보를 보고 곧 닥칠 문명의 붕괴를 대비하기 위해 모인 이방인들의 집단이었다. 재앙이 닥치고 나면 우리는 남들이 부러워하는 입장에 서게 될 터였다. 대도시의 혼란에서 멀찍이 떨어져 물과 식량을 자급자족하는 우리 캠프는 제대로 대비하지 못한 생존자들을 자석처럼 끌어당기리라. 그러나 새로 오는 사람들을 마냥 환영할 수는 없다. 토지에 수용 가능한 인원이 제한되어 있는 까닭이다. 조만간 밀려드는 사람들을 막아서야만 한다. 그런데 이 환영받지 못한 방문객들이 순순히 돌아서서 떠날까? 이들이 굶주려 있다면? 수가 아주 많다면? 만약 무장이라도 했다면?

어느 날 저녁 이 주제가 다시 화제에 오르자 피트는 실험 기간 동안 가상의 훈련을 해보자고 제안했다. 사냥감을 찾아 돌아다니는 무장 강도들이 공동체를 습격했을 때를 가장한 훈련이었다. 그러나 어떻게 자기를 방어한단 말인가? 우리에겐 쌓아놓은 총기도 없으니 각자 손수 무기를 만들어야 했다.

"개인적으로는 부비 트랩을 활용하는 쪽을 선호합니다. 언제 적이 될지 모르는 사람들에게 가까이 가지 않고도 화를 피할 수 있으니까요." 앵거스가 골똘히 생각하다 말했다.

"이곳을 찾아오는 사람들한테 견제용으로 활을 겨누면 어떨까요?" 피트가 제안했다.

앵거스는 동의하는 듯이 고개를 끄덕이다가 잠시 멈췄다. "침입자가 기습을 하기 위해 선제공격을 해야겠다고 결심할 수도 있어요. 큰 개를 몇 마리 기르는 건 어때요? 후각과 청각이 아주 발달

한 사나운 놈들로 말이죠!"

"좋은 생각이에요. 유토피아에서 사냥을 하고 식량을 찾으러 다닐 때 데리고 다니기에도 좋을 거예요." 토미가 말했다.

"폭탄 제조 수업을 몇 번 해보는 건 어떨까요?" 앵거스가 말을 이었다. "화염병 2~3개면 대개의 도둑들은 꽁무니를 빼고 말 겁니다. 누구 불꽃놀이에 관심이 있거나 폭약을 묻어 터뜨려 본 사람 있나요?"

아무도 손을 들지 않았다.

"그럼 먼저 이 물건에 관해 공부해 두는 게 좋겠군요." 앵거스가 말했다.

유토피아를 방어할 대책을 두고 나눈 대화는 같이 머리를 모아 허구의 이야기를 창작하듯 술술 풀려갔지만 시간이 지나자 점점 지나치게 진지해지는 분위기가 염려되기 시작했다. 사람들은 이 주제에 이상하게 매혹되는 듯했고 비에 젖은 나방처럼 불꽃 주위를 맴돌며 점점 더 가까이 다가갔다. 누군가 새로운 해결책을 제시해도 대화는 항상 앵거스의 가장 인상적인 상투어 "맹견과 파이프 폭탄"으로 끝나는 것처럼 보였다.

또다시 이 주제가 떠오른 어느 날 저녁, 자원자 한 명이 커다란 사냥칼을 꺼내 검지로 칼날을 쓰다듬는 장면을 보게 되었다. 탁자 위에는 유나바머 선언문의 복사본 한 부가 펼쳐져 있었다. 지금 우연히 경찰이 들이닥친다면 영락없이 환경 보호를 명목으로 삼은 과격한 테러리스트 집단으로 보이겠다는 생각이 들었다. 그만큼이나 우리는 숲속에 몸을 숨기고 다음 테러를 준비하는 사람들 같았다.

그때 내 생각을 알아차리기라도 한 듯 애덤이 벌떡 일어났다.

"이 소리가 들리시오?" 그가 목소리를 낮춰 말했다.

"무슨 소리요?"

"헬리콥터요! 밖으로 나와봐요!"

마지못해, 그리고 약간 겁나는 마음으로 애덤을 따라 헛간 밖으로 나갔다. 바깥은 캄캄했고 구름 낀 하늘엔 아무것도 보이지 않았다. 그러나 소리는 희미하기는 해도 틀림없이 들렸다. 두두두두 하는 둔탁한 헬리콥터 날개 소리였다.

"말했잖소. 저들이 우릴 감시하고 있다고." 애덤이 속삭였다.

종말 이후의 세계에 폭력이 만연할 가능성이 있기에 방어책이 필요하다는 논의가 더 깊어질수록 초기 시나리오에서 꿈꿨던 유토피아적 세계의 전망은 점점 더 암울해졌다. 내가 상상한 전개는 과학 소설가 브라이언 올디스가 경멸적 어조로 '아늑한 파국'[2]

---

2   cozy catastrophe. 영국의 저명한 과학 소설가 브라이언 올디스가 2차 세계 대전 이후 영국에서 유행한 과학 소설의 조류를 비판적으로 지칭하기 위해 만든 용어. 대체로 문명이 붕괴된 후 운 좋게 파국을 피한 소수의 생존자들(특히 중산층 백인 남성)이 문명을 재건한다는 내용을 담고 있다.

이라 일컫은 상황의 전형적인 예시였다. 이런 시나리오가 가장 잘 드러난 소설은 아마도 윌리엄 모리스의 《유토피아에서 온 소식》일 것이다. 소설의 주인공은 빅토리아 시대 후기의 잉글랜드에서 잠이 들었다가 2102년의 미래에서 깨어난다. 주인공이 알고 있는 산업화 초기의 불결한 풍경들은 사라지고 런던은 모두 평화롭고 평등한 삶을 영위하는 아름다운 마을들의 연합체가 되어 있었다. 주인공은 곧 20세기 중반 피로 얼룩진 내전으로 인해 산업혁명이 낳은 '악마의 맷돌'[3]이 파괴되었으며, 그것이 지나간 자리에 더 아름다운 세상이 탄생했음을 알게 된다.

　이 소설을 처음 읽고 푹 빠졌을 때 나는 스코틀랜드로 떠날 준비를 하던 중이었다. 그러나 이제는 이 소설이 터무니없게 느껴졌다. 낙관에 눈이 먼 모리스보다는 코맥 매카시가 붕괴 이후의 삶을 상상하는 데 더 좋은 참고가 된다는 생각이 들기 시작했다. 매카시가 소설 《로드》에서 불러일으킨 종말 이후의 세계는 시종일관 암울하다. 땅은 재로 뒤덮였고 살아 있는 동식물은 없다. 소수의 인간 생존자는 갓 태어난 아기를 구워 먹고 가둬놓은 사람들의 살점을 조금씩 잘라 먹으며 식인에 의존해 살아간다. 이런 세상에

3　Satanic mills. 헝가리의 정치경제학자 칼 폴라니가 《거대한 전환》(1944)에서 언급하여 유명해진 표현. 산업혁명에 의한 근대화 과정에서 나타난 서민들의 비참한 빈곤 상태를 비유적으로 표현한 윌리엄 블레이크의 시에서 빌려온 것으로, 폴라니 또한 산업혁명 이후 자유 시장 경제가 사회를 맷돌처럼 통째로 갈아버려 인간의 다양한 삶의 방식과 가치를 분쇄한다고 주장했다.

봄

살아남아야 할 이유가 무엇인가? 이 소설의 주인공인 아버지와 어린 아들은 도대체 무엇 때문에 계속해서 남쪽을 향해 걸어가는가? 원인 모를 대재앙 직후 자살해버린 아내 쪽의 선택이 분명 더 합리적이지 않은가?

문명의 붕괴에 대비하는 보험은 없다. 생존을 위해 만반의 준비를 갖춘 기지가 있다 할지라도 세계가 붕괴된 후 목숨을 이어나가는 일은 끔찍한 일이 될 것이다. 예컨대 비보스 사가 대재앙에 대비해 네브래스카 초원 지하에 지은 고급형 벙커는 아주 안락할지 모른다. 그러나 예약금으로 인당 2만 5,000달러를 지불한 950명의 고객들 역시 비상식량이 다 떨어지면 지상으로 나와야 할 것이 분명하다. 그다음엔 다른 모든 사람들처럼 혼돈에 맞서 싸워야 하리라. 그러니 종말이 임박했다는 생각이 들더라도 대비하려고 애쓰지 말고 재난이 닥쳤을 때 다른 사람들처럼 그저 운에 맡기는 편이 더 나을지 모른다.

11

위기

4월 초의 어느 날 하일랜드주의 지역 계획 및 건축 기준을 담당하는 감독관으로부터 공문을 받았다. 공문에는 "최근 시찰에서 건축 허가를 받기 전에 개발에 착수했음을 확인"했다고 적혀 있었다. 공문은 또 허가가 내려올 때까지 "현장의 모든 작업을 중단"할 것을 요구했고, "이를 어길 시 공식적인 강제 조치를 취할 수 있다." 라는 말로 끝을 맺었다.

주 당국에서 유토피아를 시찰하러 나온 적이 없었기에 나는 적잖이 당황했다. 초대의 날 행사에 왔던 사람들 중에 정체를 숨긴 공무원이 섞여 있었던 걸까? 아니면 하일랜드의 모든 주민을 연결하는 비밀 정보망이라도 있어 주 당국의 귀에 소문이 들어갔나? 그러나 사정이야 어찌 되었건 주 당국이 우리 일에 관여하게 된 건 분명했다.

유르트를 세우고 헛간을 부엌과 식당으로 개조하기 위해서는 분명 허가를 신청해야 했다. 하지만 내게는 이런 사실이 기이하게만 느껴졌는데, 이 시설물들은 모두 임시로 설치했다가 이듬해 실험이 끝나면 남김없이 철거할 예정이었기 때문이다. 그러나 법은 법이었기에 공무원이 불시에 들이닥쳐 실험을 중단시키지는 않을까 염려되기 시작했다.

그리하여 건축 허가를 신청하는 기나긴 과정이 시작되었다. 무수한 서류를 작성하고, 헛간 사진을 찍고, 유르트와 그 밖에 짓기로 계획한 구조물들의 도면을 만드는 일이 뒤따랐다. 헛간 식탁은 항상 조리대가 아니면 공구들을 어수선하게 늘어놓는 데 쓰였기에 로메이의 농가에서 오랜 시간을 보내야 했고, 실험에서 고립감을 느끼는 일이 많아졌다.

문명은 모래 늪과도 같다. 벗어나려 애를 쓸수록 더 깊이 빨아들여 규칙과 규제로 질식시키기 때문이다. 나는 원시적 생활을 실험하기 위해 무수한 관료주의적 절차를 통과해야만 하는 아이러니에서 벗어나지 못했다. 전혀 재밌지 않은 아이러니였다. 유토피아 실험의 가장 큰 매력 중 하나는 서류 작업에서 해방된 삶을 약속한다는 점이었다. 그러나 이제 나는 서류 작업에 파묻혀 질식해가고 있었다.

예컨대 우리가 직접 오수를 처리하는 갈대 하수 처리 시스템을 만들려면 서류 작업만 늘어날 뿐이었다. 애덤과 애그릭과 나만 있었을 땐 개울에서 설거지와 빨래를 하고 가끔 절반으로 자른 낡은 위스키 통 안에 들어가 몸을 씻었다. 그러나 이제 헛간에 온수가 나왔고 유토피아에서 생활하는 자원자도 늘어났다. 오수를 아무 데나 버려 소중한 개울을 오염시키거나 우리 땅을 더럽히고 싶지 않았다.

갈대 여과상은 기본적으로 다양한 크기의 자갈을 깔고 그 위로 갈대가 자라게 한 얕은 연못을 말한다. 오수는 한쪽 끝으로 흘러 들어가 서서히 갈대 사이로 스며든다. 갈대의 뿌리로 방출되는 산소는 오수를 정화하는 호기성 미생물이 생존하는 조건을 만든다. 오수가 갈대 여과상의 반대쪽으로 흘러나올 때쯤엔 바로 주변으로 흘려보내도 될 만큼 깨끗이 정화된 후다.

그러나 아니나 다를까 하일랜드주 당국은 이 시스템이 올바로 작동한다는 증거와 굿빌딩가이드에 따른 엔지니어 보고서를 요구했다. 또 우리는 여과 테스트를 실시해 그 결과를 스코틀랜드 환경보호국(SEPA)에 제출해야 했다. 더 많은 서류가, 더 많은 접수비가 필요하다는 의미였다.

최소한 퇴비 변소를 짓는 데는 허가가 필요하지 않았다. 적어도 우리는 그렇게 생각했지만, 서류 작업이 더 늘어날까 두려워 당국에 확인해보진 못했다. 우리 캠프엔 내가 맨 처음 임시변통으로 만든 변소 외에도 작은 지붕과 나무 계단까지 갖춘 애덤의 더 장엄한 변소가 있었다. 원리는 양쪽 다 같았다. 용변을 보고 나면 근처에 쌓아놓은 톱밥을 한 줌 쥐어 방금 본 용변 위에 뿌리게 했다. 양동이가 다 차면 내용물은 퇴비로 사용했다.

말할 필요도 없이 변소에서는 냄새가 났다. 톱밥이 다 떨어졌는데 채워 넣지 않거나 양동이가 가득 찼는데 비우지 않는 사람도 있었다. 그러나 현대 세계에서 탈출한 이 연약한 피난민들에게 최악의 상황은 휴지가 부족하다는 것이었다. 중국인은 이미 1,500년 전에 종이를 써 뒤처리를 했지만, 19세기 말까지 거의 대부분의 사람들은 그저 손을 썼다. 아주 부유한 소수만이 양털이나 레이스, 삼베를 썼을 따름이었다. 개발 도상 국가에서는 아직도 많은 이들이 손을 쓰지만 풍요로운 서구 사회에서 자라난 이들이 그러기는 쉽지 않다. 그래서 우리는 대팻밥, 나뭇잎, 풀, 이끼, 눈, 양치류 등 아무거나 근처에 집히는 것으로 뒤처리를 했다.

애덤은 만든 사람이 본인임에도 퇴비 변소 사용을 꿋꿋이 거부했다.

나는 어느 날 저녁 식사 중에 그에게 말했다. "애덤, 이제 당신도 슬슬 퇴비 변소를 사용해야 해요."

아무런 대답도 없었다. 수염 사이 난 틈으로 후루룩거리며 숟가락 가득 콩을 퍼먹는 소리만 들릴 뿐이었다.

나는 그를 더 밀어붙이기로 했다.

"사람들이 다 당신처럼 매번 구덩이를 새로 파 용변을 본다면 실험이 끝날 때쯤 이곳은 안에 똥 덩어리가 하나씩 들어 있는 수천 개의 작은 흙더미로 뒤덮일 겁니다. 제발 다른 사람들처럼 양동이 안에 용변을 보라고요!"

애덤에게는 너무 심한 말이었다. 그는 다 먹은 접시를 탕 내려놓더니 자리를 박차고 나갔다.

애덤은 혼자 더 많은 시간을 보내기 시작했다. 그는 주로 하트 모양의 허브 정원을 돌보거나 유르트를 조금씩 손봤다. 그가 만든 더 유용한 물건 중에는 유르트의 격자 벽에 걸 수 있게 만든 선반 세트도 있었다. 각 귀퉁이에 구멍을 뚫은 작은 나무판자 3개를 나일론 줄 네 가닥으로 연결한 선반은 단순하지만 기발했다. 애덤은 각각의 줄에 몇 개의 매듭을 만들어 수직으로 매달았을 때 매듭 위에 놓인 나무판자들이 수평을 이루게 했다.

선반은 우리에게 아주 요긴한 물건이었다. 물건들이 죄다 바닥에 굴러다니는 곳에서 살아본 경험이 없다면 높은 선반이 있고 없고가 얼마나 중요한 차이인지 실감하지 못할 것이다. 유르트 안에 소지품이 많지는 않았다. 주로 옷가지가 다였고 난로 땔감, 양초 몇 개, 성냥, 손전등 정도가 있었다. 그러나 바닥이 침낭과 담요로 뒤덮여 있으면 정말로 필요할 때, 대개는 한밤중에 소변이 마려워 오줌보가 터질 것 같을 때 손전등 하나를 찾는 일도 난감하기 그지없다. 어둠 속을 10분 동안 더듬거리며 헤매고 싶지 않으면 가까이에 꼭 손전등을 준비해두어야 했다. 특히 옆에 웅크리고 자는 남자가 둘이나 더 있고, 이들이 남의 손가락이 자신들의 특정 신체 부위를 손전등으로 착각해 더듬거리는 걸 결코 달가워하지 않는다면 더더욱. 물건들을 놓아둘 선반이 생기자 생활은 훨씬 편리해졌고, 다시 한번 나는 애덤이 손재주가 있고 유르트 생활을 경험해봤다는 데 감사했다.

토미는 애덤이 더 이상 다른 사람과 협력하는 시늉조차 하지 않는 것에 화를 냈다. 그는 애덤이 아무 일도 하지 않는다고 비난받을 때마다 핑계로 들먹이는 작은 허브 정원을 조롱하며 한번은 당사자에게 직접 이렇게 소리치기까지 했다. "그놈의 허브! 허브는 우리에게 사치라고요. 식량을 길러야 한단 말입니다! 먹을 수 있는 식량을요!"

그러나 앵거스는 애덤이 허브 정원에만 틀어박혀 있는 걸 아주 기뻐했다. "근처에 있으면 방해만 돼. 눈앞에 안보이니 속이 다 시원하군!" 앵거스는 한숨을 쉬며 말했다.

월든 호숫가에 오두막을 지은 소로처럼, 또는 몬태나주에 오두막을 지은 유나바머처럼 이 실험을 혼자 했다면 더 즐거웠을까? 내가 만든 공동체는 안식을 주기는커녕 폐쇄된 곳에 갇힌 듯 숨이 턱턱 막히는 기분을 느끼게 했다. 예전에 코츠월드의 작은 시골집에 살 때 나는 혼자서 많은 시간을 보냈다. 이제 그 시간이, 몇 주씩이나 이어지기도 했던 그 나날이 그리워졌다. 나는 조용히 생각에 잠기거나, 누구에게도 방해받지 않은 채 독서를 하거나, 혼자 시골길을 오래오래 산책하곤 했다. 이제 나는 문명과 멀리 떨어져 유럽에서 가장 인구가 적은 지역 중 하나에 살게 되었지만 사람들로부터 달아날 수는 없었다. "타인은 지옥"이라고 말했을 때 장 폴 사르트르가 염두에 두었던 곳도 스코틀랜드의 하일랜드가 아니었을까.

4월 둘째 주에는 《타임스》 기자가 일주일 동안 우리와 함께 머물렀다. 기자는 유토피아 실험에 관한 특집 기사를 쓰고 싶어 했고 자원자들과 상의한 끝에 그의 방문에 동의했다.

로스라는 이름의 기자는 오븐에 넣어 익히기만 하면 되는 포장한 닭 세 마리를 들고 택시를 타고 왔다. "저는 춥고 눅눅하고 쓸모없는 일주일을 보낼 각오는 돼 있습니다. 하지만 굶고는 절대 못 삽니다!" 그가 웃으며 말했다.

하지만 그가 굶을 가능성은 많지 않아 보였다. 로스는 자기가 "과체중의 54살 도시인이며 심각한 식도락, 올드홀본 연초, 럼주 중독자"라고 설명했다. 나는 그에게 헛간을 구경시켜준 뒤 피트와 애그릭에게 소개했다. 피트는 한창 다음번 구울 빵 반죽을 치대고 있었고, 애그릭은 피트 옆에서 빵 굽는 법을 좀 더 자세히 가르치던 중이었다. 피트는 닭을 보자마자 반가워 눈물을 글썽였다.

헛간에는 린다도 있었다. 자기 나라 에콰도르의 학교를 갓 졸업

하고 어학 연수차 영국에 1년 동안 와 있던 린다는 로스에게 한 말대로 "달리 뽀족하게 할 일이 없어서" 유토피아를 찾아왔다. 그다음 로스를 데리고 큰 몽골 유르트를 지나 개울가에 더 작은 유르트들이 서 있는 계곡으로 내려갔다.

내려가는 길에 앵거스를 만나 둘을 소개해주었다. 앵거스는 새 변소로 지었던 작은 1인용 통나무 오두막을 수리하느라 열심이었다. 아침 일찍 돌풍이 불어 오두막을 망가뜨렸다. 안에 있던 린다는 바람이 변소를 무너뜨리기 직전에 간신히 바지를 추켜올리고 뛰쳐나왔다. 이 엉성한 구조물이 삐걱대며 흔들리기 시작했을 때 단호한 행동을 취하지 않았다면 큰 봉변을 당하고 말았을 것이다. 앵거스는 이제 막 수리를 끝내고 오두막이 날아가지 않게 콘크리트 블록과 밧줄로 눌러두는 중이었다.

로스에게 일주일 동안 피트와 함께 쓰게 될 그의 유르트를 보여주었다. 로스는 애덤의 솜씨에 깊은 감명을 받은 동시에 이토록 열악한 잠자리에서 잠을 청해야 한다는 사실에 기겁한 듯 보였다. 로스가 한 말에 따르면 보통 그가 잠을 잘 때 최소한의 조건은 중앙난방식 라디에이터의 온도를 낮춘 뒤 단단하지만 두툼한 매트리스에 누워 보온성 높은 이불을 덮고 푹신푹신한 베개 2개와 쿠바인 여자를 옆에 두는 것이었다(그의 아내는 쿠바 출신이었다). "하지만 세상의 종말이니까요. 희생을 해야 한다고 생각합니다." 그는 사람 좋게 웃으며 말했다.

로스가 아직 짐을 풀고 있는데 애그릭이 부산스레 비탈을 내려와 채소밭을 갈게 시켰다. 로스는 육체노동에 익숙하지 않은 사람이 분명했다. 겨우 10분이 지났는데 이마에 구슬땀이 맺힌 그는 기진맥진해져 있었다.

"낮잠을 잘 시간이군요." 그는 한숨을 쉬며 자기 유르트로 터덜터덜 돌아갔다.

이튿날 나는 로스에게 단 둘이 조용히 이야기를 나눌 수 있겠느냐고 물었다. 그는 외부인이었고 실험에 어떤 개인적 이해관계도 없는 인물로서 편견 없는 시각을 갖고 있었다. 나는 이 모두가 그의 눈에 어떻게 비치는지, 혹시 우리 모두가 정신병자로 보이지는 않는지 알고 싶었다.

우리는 그가 묵는 유르트로 들어갔고 내가 책상다리를 하며 앉는 동안 로스는 딱딱한 바닥에 편안한 자세로 쪼그려 앉으려 애썼다. 나중에 《타임스》에 쓴 기사에서 로스는 내가 몹시 수척했으며 긴장하여 스트레스를 받은 것처럼 보였다고 썼다.

"내게 조언해줄 말은 없나요?" 내가 물었다.

"별로 없습니다. 아주 잘하고 계신 것 같은데요." 로스가 대답했다.

나는 그의 말이 못 미더워 눈을 가늘게 뜨고 그를 쳐다보았다. 이건 그냥 기분 좋으라고 하는 말일까?

"하지만 우린 자급자족을 하려면 아주 멀었어요. 지금도 다 떨어져가고 있고요." 나는 말했다.

"너무 걱정하지 말아요. 다 잘될 거예요." 로스가 말했다.

"정말요? 정말 그렇게 생각해요?" 내가 물었다.

그는 고개를 끄덕이며 미소 지었다. "그저 건강이나 잘 돌보세요."

여름 작물을 심는 데 모든 노력을 기울여야 마땅할 바로 그때 우리는 전 실험을 통틀어 가장 돈키호테 같은 시도를 벌였다. 인근 주민이 자기 정원에 갖다놓았다가 이제는 없애고 싶어 하는 빅토리아 시대의 철도 신호소를 로메이의 설득으로 구매하게 된 것이다. 이 작은 목조 건물에는 한때 옛 철도선의 전철기와 신호기를 조작하는 레버들이 달려 있었다. 로메이는 이 건물이 우리가 얻은 양털로 만들 펠트를 건조하기에 안성맞춤인 장소인 데다가 유토피아에 어울리는 유서 깊고 특색 있는 부속 건물이 될 거라고 생각했다. 그러나 신호소를 해체해 유토피아로 옮기는 일은 당초 예상보다 훨씬 더 어마어마한 일로 드러났다.

처음에는 자원자 1~2명이 신호소가 놓인 정원으로 건너가 건물을 조금씩 해체하는 것으로 충분했다. 그러나 못과 겉면의 이음쇠를 제거한 뒤 기둥과 보를 제거하는 데는 둘보다 더 많은 인원이 필요했고, 필요한 일손이 점점 늘어남에 따라 채소밭을 돌보거나 장작을 패는 등의 더 시급한 일에 소홀해졌다. 해체하고 나서도 유토피아로 실어 나르려고 빌린 트레일러에 신기엔 너무 커서 앵거스가 톱으로 조각조각 잘라내야 했다. 유토피아에 조각난 구

217

조물을 가져왔을 땐 나 자신이 320톤짜리 증기선을 아마존 정글의 가파른 산등성이 위로 끌어올리려 한 피츠카랄도[1]가 된 기분이었다. 꼭 그만큼이나 고단하고 우스꽝스러운 일이었다.

마침내 모든 조각들을 유토피아 주위에 무더기로 쌓은 뒤 재조립을 시작했다. 인근에 사는 건축업자의 도움을 받았음에도 과정은 아주 극도로 복잡했다. 고약한 악마가 설계한 이케아 가구를 조립하는 데 설명서마저 없는 상황이라고나 할까. 결국 채소밭으로 돌아가지 않으면 여름 농사를 모두 망칠 기로에 섰다. 그래서 신호소를 반만 완성된 상태로 내버려두었고 이것은 남은 실험 기간 내내 미완성인 채 방치되어 나의 어리석음을 계속 상기시켰다. 이 모든 과정에서 우리는 엄청난 시간과 에너지를 낭비했고, 매일의 생존이라는 진짜 임무로부터 무의미하게 이탈했으며, 내게는 피로와 낙심만이 남았다. 나는 비바람에 닳은 이 구조물을 못마땅하게 노려보다가 한숨을 쉬고 앵거스를 돌아보며 말했다. "사람들은 가끔 일단 발을 들이고 나서야 돌아갈 수 없다는 걸 뒤늦게 깨닫곤 한다니까."

또 신호소 때문에 나는 예상보다 훨씬 더 많은 지출을 해야 했다. 며칠 동안 우리를 도와준 건축업자를 공짜로 부릴 수도 없었

---

1 Fitzcarraldo. 독일의 영화감독 베르너 헤어초크가 1982년 만든 동명 영화의 주인공. 아마존 정글 한가운데 오페라하우스를 지으려는 허황된 꿈을 가진 아일랜드 사업가 피츠제럴드가 등장한다. '피츠카랄도'는 페루 주민들이 부르는 그의 이름이다.

거니와, 신호소의 옛 주인은 자기 정원에서 짐덩이를 공짜로 철거해준 대가로 돈을 지불하라고 주장했다. 애당초 아무나 해체해서 가져가면 그만인 줄 알았건만 주인 쪽에서 수백 파운드를 요구하고 나선 것이다. "이걸 다 조립할 때까지 드는 비용이 1,000파운드는 될 거야. 그 돈이면 완전 새 통나무집을 산다고!" 앵거스가 투덜거렸다.

내 집을 팔아 얻은 상당한 수익은 이미 실험 자금으로 사용되고 있었다. 처음 몇 개월 먹을 기본 채소를 사는 데는 그리 많은 돈이 들지 않았고 첫 수확물을 먹기 시작한 다음부터는 모자란 만큼만 사면 되었으므로 비용이 더 줄어들었다. 그러나 이 비용이 누적된 데다가 보를 위해 빌린 시골집의 집세와, 유르트에 갖다놓은 난로, 작물 씨앗, 삽과 부삽, 도끼, 양털, 양초, 나무판자와 망치, 톱, 그 밖에 문명의 잔해에서 건져냈다고 가정한 자질구레한 물건들에 쓴 비용이 있었다.

자금은 스코틀랜드에 온 지 9개월 만에 빠르게 바닥나기 시작했다. 18개월 동안 실험을 온전히 지속할 수 있을지조차 확실하지 않았다. 그때까지 버틴다 해도 마지막에 남는 것은 많지 않을 터였다. 그럼 그다음엔?

이상하게 들리겠지만 나는 이 질문에 대해 이전까지 정말로 깊이 생각해본 적이 없었다. 멕시코에서 처음 실험을 구상한 이래 단 한 번도 실험이 끝나면 무얼 할지 생각해보지 않았다는 얘기다. 스코틀랜드에 영원히 머무를 계획은 아니었다. 그 반대로 유토피아 실험은 항상 종료 날짜가 명확히 정해진 한시적 프로젝트였다. 그래서 실험이 끝난 후 무얼 할지 계획한 바가 전혀 없었다는 사실은 돌이켜 생각해봐도 상당히 당혹스럽다.

어쩌면 마음 깊은 곳에서는 실험이 끝나고도 내가 계속 살아 있을지 장담할 수 없다고 생각했는지 모른다. 실험이 진행되는 중에 정말로 문명이 붕괴될 테고, 그다음엔 그곳에 계속 머무르는 것 외에 다른 선택의 여지가 없으리라 생각했을 수도 있다. 그러나 후일을 생각하지 않은 이유가 무엇이든 실험에는 기한이 정해져 있었고, 2007년 봄이 되자 점점 줄어드는 자금이 신경 쓰이기 시작했다. 그리고 '실험이 끝나면 무엇을 할 것인가'의 문제가 처음에는 약하게, 그다음부터는 점점 극심히 나를 괴롭혔다.

결국 애그릭에게 사정을 털어놓기로 했다.

어느 날 나는 말했다. "자금이 좀 걱정입니다. 돈이 다 떨어져 식량을 사지 못하게 되면 어쩌죠?"

"걱정 말아요." 애그릭이 나를 안심시켰다. "우리는 곧 완전히 자급자족을 하게 될 겁니다." 그는 반짝반짝 빛나는 눈으로 덧붙였다. "아무튼 한두 달 안에 상황이 크게 변할 거예요."

그의 말에 어리둥절했지만 설명을 독촉하지는 않았다. 모호하게나마 낙관적인 말을 해주어 고마웠고 우선은 그것으로 족한 까닭이었다. 그러나 그날 이후 둘이 은밀한 대화를 나눌 기회가 생길 때마다 다시 돈 얘기를 꺼내 그의 불가사의한 자신감이 어디서 왔는지 살펴보기 시작했다. 돈이 다 떨어질 때쯤 부유한 자선가라도 나타나 실험 자금을 대줄 거라고 생각한 걸까? 아니면 실험이 끝난 뒤 유토피아를 영리사업체로 탈바꿈시켜 예컨대 종말 이후 생존 기술이나 영속 농업 따위의 강좌를 운영할 계획일까?

그러나 이 가설들 각각을 차례차례 제거해나가자 애그릭의 자신감이 난데없는 자선가의 출현만큼이나 평범하지 않은 이유에서 나왔다는 사실이 점점 확실해졌다. 그의 자신감은 문명이 바로 그해에 붕괴될 것이라는 압도적인 확신에 근거하고 있었다. 어느 날 저녁 그는 눈을 빛내며 털어놓았다. "세상이 바뀔 겁니다. 6개월 안에 지금과는 아주 크게 달라질 거예요. 사람들이 그 변화를 그리 반길 것 같지는 않지만……." 그런 다음 그는 셰익스피어를 인용했다.

"엄지손가락이 쿡쿡 쑤시는 걸 보니 무슨 불길한 일이 닥치려나 보다."

애그릭이 가진 확신은 위안이 되기는커녕 불안함만 더 커지게 했다. 공유할 수 없는 확신임을 깨달았기 때문이다. 닉에겐 내가 말한 추정치—나는 향후 몇 년 안에 문명이 붕괴될 확률이 50퍼센트라고 생각했다—가 터무니없이 높게 여겨졌겠지만, 애그릭의 기준에서는 50퍼센트도 너무 낮을지 몰랐다. 그럼에도 이는 향후 몇 년간 문명이 붕괴되지 않을 확률이 50퍼센트나 있다고 생각한다는 뜻이기도 했기 때문이다. 애그릭에게 이 수치는 지나치게 낙관적으로 여겨졌을 것이다.

어느 날 오후 강가의 풀밭 위에 깨진 접시 여러 개와 녹슨 편자하나, 식기 도구 몇 개가 굴러다니는 것을 목격했다. 이렇게 무신경하게 어질러진 현장을 보고 있자니 무척이나 화가 났다. 유토피아 실험은 우리가 떠나온 산업 문명처럼 자연을 오염시키는 것이 아니라 자연과 조화를 이루어 사는 것을 목표로 하고 있었다. 인류 역사에 출현한 다른 모든 사회들처럼 환경을 망가뜨린다면 똑같은 실수를 반복하는 것이나 다름없었다. 한편으로는 이런 반응 또한 악화되어가기만 하는 내 우울증의 또 다른 징후가 아닐까 하는 생각이 들었다. 그래서 조금의 더러움이나 부패도 그냥 넘기지 못하는 것일지도 몰랐다. 이런저런 생각을 하며 깨진 조각들을 차곡차곡 주워 모으는 동안 유르트 옆에 조리 공간으로 지은 나무데크 아래 더 많은 쓰레기가 버려져 있음을 알았다.

이런 난장판을 만들 사람은 한 명밖에 없었다. 애덤. 나는 캔버스 천 덮개를 거칠게 젖혀 그의 유르트 안을 들여다보았다. 사람은 없었지만 헛간에서 사라진 공구들이 무더기로 쌓여 있었고 혼자 몰래 먹으려고 감춰두었음이 분명한 음식들도 있었다. 나는 공

222

구와 음식을 그러모아 아까 주운 식기 도구와 깨진 접시가 담긴 감자 상자에 아무렇게나 쑤셔 넣고 헛간으로 향했다.

30분쯤 후 애덤이 뛰어 들어왔다.

"내 신당을 누가 치운 거요?" 그가 고함을 질렀다.

"빌어먹을 무슨 신당이요?" 내가 맞받아쳤다. "강가에 굴러다니게 놔둔 깨진 접시들 말입니까? 아주 난장판이던데요!"

"아니, 그 신당은 아주 이상적이었소. 당신이 뭔데 그걸 치웠다는 거요. 그 안에 담긴 아름다움을 보지 못하는 건 당신 문제요. 그 조각들은 그 자체로 완전하단 말이오." 애덤이 말했다.

애덤은 유토피아 실험에 자신도 권리가 있다고 주장하고 있었다. 그는 누누이 자원자를 둘로 나누고 싶다는 뜻을 비춰왔다. 육식을 하는 죄 많은 무리를 한쪽에 두어 내 지시를 받게 하고, 채식을 하는 순결한 무리를 다른 한쪽에 두어 자신의 영적인 인도를 받게 한다는 계획이었다. 그는 육식을 하는 사람은 헛간, 즉 사방에 벽이 있는 석조 건물에, 채식주의자는 개울가에 있는 작은 원형의 파란 유르트에 나뉘어 살아야 한다고 말했다. 맨 처음 나는이 제의를 그저 상상의 비약으로 일축했지만 애덤이 진심이라는 사실이 분명해지자 그와 담판을 지어야 한다는 걸 깨달았다.

그날 밤 잠이 들었다가 얼핏 깬 나는 유르트 밖에서 속삭이는 두 목소리를 들었다. 누가 누구인지도 확실하지 않았고 다 알아듣지도 못했지만, 분명히 애덤을 두고 하는 이야기였다.

"젠장! 그치가 헛간에서 먹을 걸 훔쳐 자기 유르트에 숨겨놓고
있어요!"

"알아요. 공구도 거기 숨겨놨죠. 어제 톱을 그렇게 찾았는데 그
빌어먹을 물건이 코빼기도 안 보이더라고요."

"재판을 해야 해요."

"그치가 유죄인 게 밝혀지면 어떤 처벌을 내려야 하죠?"

그 순간 바람이 울부짖기 시작해 대답을 전부 듣지는 못했지만
애덤의 손을 잘라내겠다는 등의 이야기가 오간 것 같았다.

"미쳤어요? 그건 안 되죠!"

"왜 안 되죠? 이젠 경찰도 없는데."

바람 소리에 또다시 대답이 묻혔다. 그러나 마지막 말은 나를
혼란스럽게 했다. 누군지 알 수 없는 화자는 그저 우리가 이 허구
의 시나리오에서 경찰이 없는 것처럼 연기하고 있다는 말을 하려
던 걸까? 아니면 이유는 모르겠지만 진짜로 문명이 붕괴돼 경찰
이 존재하지 않는다고 믿게 된 걸까? 두 번째일 가능성이 있다고
생각하는 것 자체가 미친 소리로 들렸지만 일부 자원자는 이미 이
가상의 상황을 진짜처럼 받아들이기 시작하고 있었다. 상상과 현
실을 가르는 아슬아슬한 경계가 사라질지 모른다는 생각을 한 것
은 이번이 처음이 아니었다.

나는 이런 일이 일어날 가능성이 있음을 알았어야 했다. '스탠
퍼드 감옥 실험'과 같은 사례가 있다는 건 이미 오래전부터 알고

있었다. 그러나 이 실험과 유토피아 실험 사이의 명백한 유사성을 인식하는 데까지는 미처 생각이 미치지 못해 어쩌면 도움이 되었을 교훈을 놓쳐버렸다. 스탠퍼드 감옥 실험은 1971년 스탠퍼드 대학교의 심리학 교수 필립 짐바르도가 구상한 실험이다. 그는 스탠퍼드 대학교 심리학과 건물 지하실에 모의 감옥을 만들고 남학생 자원자 24명 중 절반에게 죄수의 역할을, 나머지 절반에게 교도관의 역할을 맡겨 몇 주 동안 생활하게 했다.

실험 둘째 날 죄수의 일부가 침대로 감방 문을 봉쇄하고 밖으로 나와 교도관의 지시를 따르기를 거부했다. 교도관은 폭동에 가담하지 않은 죄수에게 더 나은 식사를 제공하는 특혜를 주었다. 그러나 특혜를 받은 수감자들이 불운한 동료들과 연대하는 의미로 이를 거부하자 갈등은 끝없이 고조되었다. 곧 죄수 한 명이 짐바르도의 말을 빌리자면 "미치광이처럼 고함을 지르고 욕설을 퍼부으며 통제 불능의 분노를 발산하기" 시작했다.

실험이 진행될수록 교도관들은 점점 더 잔인해져갔다. 감방 안에 양동이를 넣어 죄수들이 오직 그곳에만 대소변을 보게 해놓고 인분으로 꽉 찬 양동이를 비우지 못하게 하자 감방 안은 곧 악취로 가득 찼다. 매트리스 없이 콘크리트 바닥에서 그냥 자는 벌을 내리기도 했다. 여섯째 날 짐바르도는 너무 과열되었다는 판단에 실험을 중단하기로 결정했다.

한때 짐바르도의 실험은 어떤 선천적 가학성, 즉 인간 본성에 내재한 악을 드러내는 실험으로 해석되었다.[2] 그러나 나중에 이를 모사한 실험들이 등장하며 이 해석은 설득력을 잃었다. 2002년 BBC가 짐바르도의 실험 환경을 재현했을 때 교도관들은 가학적인 폭군으로 돌변하지 않았고 죄수들에게 권력을 휘두르는 것에 죄책감을 느끼기까지 했다.

스탠퍼드 감옥 실험의 진짜 함의는 사람들이 자신이 연기하는 역할에 매우 쉽게 동화된다는 것이다. 주어진 역할을 맡아 실제 어떤 행동을 하는지는 다양한 요인에 따라 달라지겠지만 역할 그 자체는 금세 당연한 것으로 여겨지기 시작했다. 실은 이것이 바로 플라톤이 짐바르도보다 2,000년이나 앞서 지적한 연극의 위험이다. 플라톤은 《국가》에서 이렇게 말한다. "자넨 성인이 되어서까지 연극적 모방에 탐닉하면 몸가짐이나 어조에 또는 사고에 마침내는 습관으로, 마침내는 제2의 천성으로 굳어져버린다는 사실을 아직 모르고 있었는가?" 얼굴은 그가 쓰는 가면의 형태를 띤다. 사실 인격을 뜻하는 'personality'라는 단어 자체가 연극에서 쓰는 가면을 뜻하는 라틴어 'persona'에서 유래했다.

---

2 2018년 6월, 작가이자 컴퓨터 공학자 벤 블럼은 미국 인터넷 매체 〈미디엄〉에 기고한 "거짓말의 수명(The Lifespan of a Lie)"이라는 제목의 기사를 통해 짐바르도의 실험이 조작되었음을 폭로했다. 스탠퍼드 대학교 서고에서 발견된 미공개 녹취록에는 실험 당시 교도관이 벌인 가혹행위가 짐바르도 교수와 연구진이 내린 지시에 따른 것이었음이 드러나 있었다. 또한 당시 수감자 역할에 자원한 더글러스 코피는 벤 블럼과의 인터뷰에서 자신이 보인 이상 행동들이 연기였음을 밝혔다.

나는 자원자들이 자신이 연기하는 역할에 빠져들기 쉬우며, 모의실험으로 시작된 것이 결국은 모의실험 이상의 무엇이 되어 사실처럼 느껴질 수 있음을 알았어야 했다. 그러나 나는 다시 한번 누가 봐도 당연한 이 사실에 뒤늦게 놀랐고, 스탠퍼드 감옥 실험을 떠올렸을 때 이미 상황은 늦어 있었다.

다음 2주 내내 애덤은 작은 유르트 하나를 갖고 유토피아를 떠나겠다고 계속 협박을 해왔다.

"그건 당신 유르트가 아니에요, 애덤. 우리 실험 재산이라고요. 그리고 우리 실험이 당신 실험도 아니고요." 한번은 실랑이를 하던 중에 내가 말했다.

"나는 별도의 실험을 할 거요." 애덤은 작전을 바꿔 이렇게 대답했다. "당신은 이곳 헛간에서 당신 실험을 하시오. 난 저기 강가에서 내 실험을 할 테니. 그곳을 애덤랜드라 부를 거요. 난 문명이 붕괴된다느니 어쩌니 하는 얘기는 믿지 않소. 그저 위대한 영께서 바라시는 대로 살고 싶을 뿐이오."

"그런 일은 없을 겁니다. 제대로 참여할 생각이 없다면 실험을 더 망치기 전에 떠나야 할 거예요."

"걱정 마쇼!" 애덤은 씩씩거렸다. "이미 당신 의사는 잘 알았소. 내 신당을 부수면서 다 치워버리라고 했었지. 걱정 붙들어 매시오, 안 그래도 떠날 테니."

227

그는 자기 유르트로 돌아가 그날 내내 잠만 잤다.

이튿날 애덤은 떠났다.

그것이 나와 애덤의 마지막이었다. 그가 떠난 후 유토피아의 불화는 훨씬 줄어들었지만 그와 그의 괴상한 행동들이 그리워지기 시작했다. 그리고 모든 자원자를 통틀어 그를 인간적으로 가장 좋아했음을 깨달았다. 사실 그는 이 실험에서 내가 진짜 애정을 느낀 유일한 사람이었다. 오랜 벗이자 엄밀히 따지면 '자원자'가 아닌 앵거스를 제외하면 말이다.

말도 안 되는 일이었다. 애덤은 때때로 파괴적이고 이기적이고 비협조적인 사람이었다. 누가 봐도 제 편할 때만 위대한 영을 들먹였는데, 대개는 다른 사람들이 다 열심히 일할 때 길게 낮잠을 자거나 주요 작물을 돌보는 대신 하트 모양의 허브 정원에 정성을 쏟을 때 핑곗거리를 대기 위해서였다.

그러나 나는 그에게서 특별한 매력을 보았다. 그리고 무엇보다 나와 공감대를 이루는 무언가가, 내 마음을 잡아끄는 무언가가 있었다. 그는 가끔 정말 짜증 나는 존재였지만 한편으로 아주 재미있었고 정이 있었다. 그리고 나와 유토피아의 첫 역사를 함께했다. 나와 첫 유르트를 만들고, 첫 음식을 요리하고, 첫 장작을 팼다. 아무도 없을 때부터 우리 단둘이.

나 말고 그에게 이런 감정을 가진 사람이 있었으리라고는 생각지 않는다. 아마 그들의 눈이 더 정확할지 모른다. 로스는 애덤을

두고 "히피인 동시에 꼰대인, 최고로 역설적인 인물"이라고 평했
다. 앵거스는 "빌어먹을 기회주의자"라고 더 딱 잘라 말했다. 모두
가 애덤에게서 벗어났다는 사실에 안도하는 듯했다. 그러나 내게
는 그가 없는 유토피아가 예전처럼 다채롭게 느껴지지 않았다. 그
리고 상황은 실제로 점점 암울해지기 시작했다.

12

생존

5월이 되자 무럭무럭 자라던 의심과 두려움은 마침내 이 실험 전체가 엄청난 실수였다는 통렬하고 충격적인 결론으로 향했다. 불현듯 잠에서 깼는데 미친 듯이 심장이 뛰던 어느 날 밤을 기억한다. 얼음처럼 차디찬 손가락이 심장을 움켜쥔 것만 같았다. 희미한 빛 아래 천장에서 내려온 실에 매달린 작은 새 두개골의 윤곽만을 분간할 수 있을 따름이었다. 실은 캔버스 천의 갈라진 틈새로 불어오는 바람에 이리 꼬였다 저리 꼬였다 하며 흔들거렸다. 덜 마른 양말 냄새에 섞여 매캐한 나무 연기 냄새가 났다. 유르트 반대편에서는 애덤이 크게 코를 골고 있었다. 침낭에서 몸을 일으켜 마음을 진정시키려고 애썼으나, 추위에 벌벌 떨고 있자니 멀쩡한 직장과 정기적인 수입이 있던 코츠월드의 시골집으로 돌아가고 싶은 생각이 절로 났다. 집을 팔고, 직장을 포기하고, 스코틀랜드로 이사를 와서 이 무모한 계획에 전 재산을 쏟아 부은 이유를 더는 이해할 수 없었다. 나는 완전히 신세를 망쳤다고 확신했다. 실험이 끝나면 나는 빈털터리에 집도 없는 떠돌이가 될 운명이었다.

모든 것이 7월 이곳에 처음 도착했을 당시와는 사뭇 달라 보였다. 한 바퀴 둘러본 헛간은 더 이상 빵을 굽고 저녁을 먹는 아늑한 장소로 여겨지지 않았다. 헛간은 엉망진창이 되어 있었다. 내 예전 삶의 잔재인 접시와 컵이 이곳저곳 그득히 쌓인 이 곰팡내 나는 어둡고 초라한 장소는 나의 광기를 상기시키는 그로테스크한 공간이 됐다. 한때 이 컵은 내 부엌의 멋들어진 소나무 선반 위를 장식하고 있었다. 이 접시는 기나긴 코츠월드의 여름밤 친구들을 저녁 식사에 초대할 때 사용하곤 했던 식기 세트의 일부였다. 물론 자원자 중 이 물건들을 이런 식으로 바라보는 사람은 아무도 없었다. 이 물건들은 그들에게 어떤 감정적 의미도 갖지 않았다. 그리고 그들의 인식과 내 인식 사이의 이런 격차가 나를 믿을 수 없을 만큼 외롭게 했다.

이제 모든 실험은 우스꽝스러운 소극처럼 여겨졌다. 자급자족을 이루는 데 당초 예상보다 훨씬 많은 시간이 걸렸기에 우리는 빈약한 수확물로 모자란 식료품을 사러 여전히 정기적으로 슈퍼마켓에 갔다. 맨 처음 나는 우리 시나리오에 따라 이런 쇼핑 원정을 정당화했다. 전 지구가 파국을 맞은 직후 인근 가정집이나 버려진 상점에서 생존자들이 저장품을 뒤지고 다닐 수 있다는 논리에서였다. 그러나 문명의 잔재가 허락한 유예 기간은 잠시뿐일 테니 진열된 상품이 다 바닥날 때까지 생존자들은 모든 식량을 직접 재배하거나 채집할 수 있어야 했다. 이제 실험을 시작한 지도 거의 1년이 되어가자 슈퍼마켓으로 가는 모든 걸음이 배신처럼 여겨졌다. 여전히 매주 테스코에 들락거린다면 문명이 붕괴된 이후의 삶을 가정한 모의실험에 도대체 무슨 가치가 있겠는가?

이 문제를 놓고 고심한 나는 어떤 균형을 되찾기 위해 '종말 이후 등급(Post-Apocalyptic rating)', 줄여서 'PA등급'이라는 개념을 제시했다. 어떤 활동이나 물건이 100퍼센트의 PA등급을 갖는다는 건 이것이 붕괴 이후에도 정확히 같은 방식으로 이루어지거나 존재할 수 있다는 의미였다. 예컨대 통감자 구이의 PA등급은 100퍼센트였다. 언젠가는 망가져 수리도 불가능하게 될 복잡한 장치 없이도 직접 감자를 재배하고 요리할 수 있기 때문이다. 그러나 지역에서 생산할 수 없는 재료를 포함한 요리의 PA등급은 더 낮았다. 예컨대 레몬주스와 올리브유는 현대적 수송 체계가 붕괴하고 나면 스코틀랜드에서 구하기 힘든 재료가 될 터였다.

우리는 쇼핑을 할 때 PA등급이 100퍼센트 미만인 물건은 사지 않으려 했다. 그래서 실제로 손수 재배하거나 만들지 않았더라도 최소한 이론상으로는 그런 셈 칠 수 있었다. 그러나 이런 방침을 고수할 때조차 쇼핑을 하러 간다는 사실 자체가 부정행위를 저지

232

르는 기분을 느끼게 했다. 실험 전체는 사기극 내지 엄청 긴 캠핑 여행처럼 느껴지기 시작했고, 손에 물 한 방울 안 묻혀본 서구인 한 무리가 도시 생활을 과시하는 물건들에 둘러싸여 강인한 오지 사람이라 스스로를 속이는 것 같았다.

유나바머도 사정은 다르지 않았던 것으로 보인다.《와이어드》를 설립한 케빈 켈리는 유나바머의 이야기가 똑같이 아이러니한 결론으로 향한다고 논평한 바 있다. 유나바머 또한 몬태나주의 외딴 오두막집에서조차 문명의 이기를 누리며 살았기 때문이다.

> 유나바머의 판잣집은 기계 문명에서 구입한 물건들로 가득 차 있었다. 스노슈즈, 장화, 스웨터, 음식, 폭발물, 매트리스, 플라스틱 물병과 양동이 등등은 모두 직접 만들 수 있는 물건이었지만 그는 그러지 않았다. 25년이나 이 일에 골몰했으면서 왜 시스템과 분리된 자기만의 도구를 만들지 않은 것일까? 그는 월마트를 주로 애용했던 것으로 보인다. 그가 야생에서 찾은 식량은 극히 적었다. 대신 그는 정기적으로 자전거를 타고 마을에 가 그곳에서 다시 낡은 차를 빌려 대도시까지 간 다음 슈퍼마켓에서 식량과 저장품을 구입했다. 그는 문명 없이 자립해 살아갈 능력이 없던가, 아니면 의지가 없었다.

하지만 정기적으로 슈퍼마켓에 원정을 간다는 이유로 자원자들이 실험을 걱정하거나 사실성을 의심하는 것처럼 보이지는 않았다. 자원자들이 지치지도 않고 열정적으로 일상의 임무를 계속하는 동안 나는 임금님이 벌거벗었다는 말을 하지 못하고, 할 의지도 없는 사람처럼 침묵하며 두려움 속에 지켜보기만 했다.

내가 더 이상 실험을 신뢰하지 않게 되면서 공교롭게도 다른 사람들은 훨씬 더 헌신적이 된 듯했다. 애그릭은 그 어느 때보다 전 지구적 붕괴의 징후가 임박했다는 확신에 빠져 있었다. 피트와 토미는 왜 이 실험에 끝이 있는지 의아해하기 시작했다. 모두 힘을 합쳐 이렇게 열심히 땅을 경작하고 유르트를 지었는데 왜 이 모든 것이 18개월 후에 중단되어야 한단 말인가? 무기한 머물면 어때서? 그들이 생각하기에 어쨌든 문명은 얼마 안 있어 정말로 붕괴될 예정이었다. 그리고 붕괴가 일어났을 때 살아남길 원한다면 이곳만큼 훌륭한 장소는 없었다.

자원자들 모두를 내 망상 속에 끌어들이는 데 막 성공해놓고 스스로 더 이상 그것을 믿지 않음을 깨달은 셈이었다. 그리고 망상은 처음 뿌리를 내렸을 때와 마찬가지로 수수께끼처럼 사라졌다. 그러나 해방은 기쁘기는커녕 반대로 의기소침한 상실감만을 남겼다.

에밀 시오랑은 "우리가 어떤 신념을 선택하는 이유는 그것이 진실이어서가 아니라 어떤 모호한 힘에 떠밀려서다. 이 힘이 떠나고 나서 남겨진 것과 단 둘이 대면하게 되는 순간 우리는 휘청거리며 무너지고 만다."라고 썼다. 어떤 모호한 힘이 나를 떠밀어 문명의 붕괴가 임박했다고 믿게 했고, 이제 그 힘은 처음 찾아왔을 때처럼 수수께끼같이 떠났다. 그 결과는 바로 시오랑이 묘사한 대로였다. 나는 휘청거리며 무너졌다. 미치광이의 신념이었을지는 모르지만 종말에 관한 신념은 이 1년 반 동안 나를 움직인 원동력이었다. 신념은 살아갈 이유와 가끔은 조증에 가까운 에너지를 주었고 마치 무적인 듯한 기분을 느끼게 했다. 신념은 나를 스코틀랜드로 데려다 놓고 추운 겨울철 내내 나를 보호했다. 그리고 이제 봄이 되자 나를 떠났다. 나는 여전히 문명이 향후 100여 년 이내 붕괴되리라고 믿었지만 당장 내년 또는 내후년에 세계가 망하지 않을 것은 분명했다. 생각만으로도 끔찍하지만 어쩌면 1,000년을 더 갈지도 모르는 일이었다.

지금은 그 자각이 회복의 출발점이었다고 생각하지만 당시에는 광기의 출발점처럼 보였다. 그때부터 내 생애 가장 심각한 우울증에 깊이 빠지기 시작한 까닭이다. 주변 사람에게 나는 갑자기 인생의 길을 잃은 사람처럼 한심하고 무능하게 보였다. 그러나 내가 인생의 길인 줄 알았던 것은 완전한 소멸로 가는 길이었고, 비록 당장은 길에서 벗어나 황야를 헤매고 있었지만 적어도 더 이상 세상의 종말을 향해 직진하고 있지는 않았다. 황야에서 나오는 길에 어두운 계곡을 통과하기도 하고 정신병원에 입원하기까지 했어도 이는 모두 회복의 일부였다. 마침내 나는 숲을 벗어나 온전한 정신을 갖고 밝은 햇빛 아래로 돌아갔다. 진짜 광기에 빠졌던 기간은 이미 끝나 있었다.

애덤이 떠나자 애그릭이 더 주도적인 역할을 맡기 시작했다. 애그릭은 채소밭에서 일할 당번을 정하고, 레이번의 급탕용 보일러에 물을 공급하는 탱크가 가득 차 있나 확인하고, 저녁 식사 준비를 지휘했다. 그는 엉덩이를 붙일 틈도 없이 바삐 돌아다니며 한편으로 유쾌하기도, 한편으로 짜증 나기도 하는 불안한 에너지를 내뿜고 다녔다. 짜증이 나는 이유는 괜히 일이 없을 때도 일을 만드는 것처럼 보여서였다.

"애그릭은 쉬는 법이 없어요!" 조애나가 내게 귓속말을 했다. 에든버러에 사는 67살의 은퇴한 생물 교사 조애나는 엄숙하고 위엄 있는 분위기에 어울리는 북유럽 억양을 구사했다. 그러나 이따금 떠오르는 환한 미소는 당장에 거리감을 사라지게 했다. 조애나는 실험에 단 몇 주만 참여했는데, 유토피아 실험의 방침상 사람들의 들고 남이 잦은 것은 내가 이 실험의 타당성을 의심하는 또 다른 이유가 되었다.

한편으로는 자원자의 단기 체류를 허락했기에 훨씬 더 다양한 자원자들이 참여할 수 있었다. 전체 실험 기간은 고사하고 단 몇 개월이라도 의무적으로 머물러야 한다고 고집했다면 실험에는 20대 이탈자(그리고 가끔은 애덤 같은 더 나이 많은 이탈자)만 득실거렸을 것이다. 조애나처럼 돌봐야 할 가족이 있는 은퇴한 노부인이나 닉 스테닝처럼 더 큰 계획이 있는 젊은이, 데이비드 로스 같은 전직 해병대원은 없었을 게 틀림없다. 다양성은 중요했다. 우리가 실행하는 시나리오가 문명의 위기를 이겨내기 위해 한 무리의 낯선 사람들이 모였다고 가정하고 있는 까닭이었다.

그러나 다른 면을 보자면 체류 기간이 짧을수록 사람들은 프로젝트에 열의를 기울이지 않았다. 작물이 자라는 것을 보거나 직접 수확물을 맛볼 가망이 없는데 열과 성을 다해 밭을 갈고 씨를 뿌리기는 어려운 일이다. 또 2~3주만 머무는 사람들은 그리 많이 더러워지지 않았기에 큰맘을 먹고 우리의 원시적 목욕 시설을 사용할 필요가 없었다. 더 오래 머물렀다면 분명 문명에서 멀어져 점차 낙후되는 기분을 느끼기 시작했겠지만, 사람들은 그런 느낌을 가질 새도 없이 말쑥한 옷차림과 멀쩡한 치아로 왔다가 약간 후줄근해진 옷차림과 여전히 멀쩡한 치아로 떠났다.

오직 몇 주 이상 길게 머무는 단련된 유토피아 체류자만이 이 원시적 생활 방식의 진수를 제대로 맛볼 수 있었다. 이곳에 온 지 6주째가 되었을 때 애그릭은 더 이상 위스키 통 욕조와 그곳에서 나는 악취에 동요하지 않았다. 3개월쯤 지났을 때에는 애덤의 아래쪽 앞니 하나가 절반으로 깨지는 사고가 일어난 적이 있었다. 가까운 치과로 데려갔지만 인적 사항이 등록되어 있지 않아 무상 치료를 받을 수 없었다. 결국 내 돈으로 응급 치료를 받게 했지만 며칠 후 싸구려 크라운이 다시 떨어져 나가자 애덤은 그걸 그냥 버려버렸다. 덕분에 초반엔 씩 웃을 때마다 약간 무서워 보였으나 곧 모두 그 모습에 익숙해졌고, 나중에는 깨진 앞니가 그를 더 특색 있어 보이게 했다.

지금까지 우리는 베이킹파우더와 해염, 페퍼민트를 혼합해 만든 치약을 손가락으로 문질러 양치를 했다. 그러나 베이킹파우더는 직접 만들 길이 없어 여전히 슈퍼마켓에서 구입해야 했다. 정말 진정성 있는 실험을 하려면 인도 사람 대부분이 여전히 나뭇가지를 씹는 것처럼 더 원시적인 수단을 사용해야 했지만 누구도 그렇게까지는 하지 않았다. 벤저민 프랭클린이 사용한 치약은 벌꿀과 숯가루를 섞은 것이었는데 아마 그것으로는 충치를 막지 못했을 것이다.

우리는 또 매번 성공과 실패를 오갔지만 직접 비누를 만들어 쓰려고 노력했다. 먼저 돼지를 도살한 후 잘 보관해두었던 돼지기름에 물을 부어 끓인 뒤 이 혼합물을 밤새 식혀 지방이 위로 떠오르게 한다. 이튿날 아침 아래쪽에 불순물이 가라앉았기에 맨 위에는 돼지기름보다 훨씬 깨끗하고 단단한 기름층이 떠오른다.

다음으로 바닥이 떨어져나간 큰 나무 양동이를 가져다 개울가의 평평한 돌 위에 놓는다. 그리고 양동이 바닥에 풀과 작은 나뭇가지를 깔고 그 위를 레이번에서 꺼낸 나뭇재로 덮는다. 마지막으로 재 위에 천천히 물을 붓고 평평한 돌 위에 놓인 양동이 바닥에서 흘러나오는 액체(잿물)를 모아 담는다.

마지막 단계는 잿물과 지방을 섞어 거품이 일며 걸쭉해질 때까지 모닥불 위에서 끓이는 것이다. 끓을 때 상층에 형성되는 비누 덩어리가 단단해지도록 소금을 뿌린다. 그러지 않으면 물렁물렁한 갈색의 연질 비누가 되어버리는 까닭이다. 이 연질 비누는 세제로 쓰기엔 충분했지만 대부분 사람들의 취향에 맞았다고 기억하는 문명 세계의 비누와는 상당히 동떨어져 있었다. 비누 만들기는 품이 꽤 많이 드는 일이었다. 그러나 적어도 종말 이후의 생활에 필요한 특정 영역 하나를 익혔다는 자랑스러움을 느낄 수 있었다.

부유한 나라에서 일상을 영위할 때 특별히 의식하기 힘든 것이 바로 이 화장지나 치약, 비누 같은 사소한 일상용품의 고마움이다. 문명이 붕괴된 이후 어떻게 살아갈지 **상상만** 할 때는 여기까지 생각이 미치지 못한다. 실제 행동에 옮기고 나서야, 즉 문명이 이미 붕괴된 것처럼 살기 시작하고 나서야 이 사소한 세부 사항들이 눈에 들어온다. 그리고 이 사소한 부분들이 생각보다 훨씬 중요함이 드러난다.

누가 언제 오기로 되어 있는지 파악하는 일이 점점 어려워지기 시작했다. 잉글랜드에 있는 동안에 자원자들과 이메일을 주고받으며 일정을 짰지만, 도중에 누구는 빠지고 누구는 날짜를 변경하고 하는 통에 종이에 정리한 일정이 엉망이 되었다. 친절하게도 애그릭이 일정을 조정하는 임무를 대신 맡아주겠다고 자청해 앞으로 올 예정인 자원자들과 연락을 주고받을 수 있도록 헛간에 낡은 컴퓨터를 하나 갖다 놓았다.

컴퓨터는 현대 세계와의 또 다른 타협이었다. 문명이 붕괴된 후 처음 몇 년간은 전자 기기를 계속 사용하는 일이 가능할지 모른다는 이유로 그 존재를 정당화하려고 애썼다. 그러나 인터넷은 어떤가? 입학 유예 기간을 보내는 학생으로 장작을 패다 손가락이 잘리기도 했던 닉 스테닝은 인터넷 망이 잠시 동안 어떤 형태로 존재할 수도 있다는 의견을 제시했다.

인터넷의 기반인 정보 통신 인프라는 중앙 집중형이라 재난에 취약하지만, 이동 전화 네트워크가 작용하는 방식과 유사하게 분산된 무선 네트워크는 더 유기적인 대안을 제공할 수 있다. 각 통신 구역(cell)이 기지국 안테나를 중심으로 나뉜다는 의미에서 이동 전화에는 일정 수준의 계층 구조가 여전히 존재한다. 하지만 이론적으로 이 구역에서 저 구역으로의 통화는 중앙 허브를 통해 경로를 재지정하지 않고도 이뤄질 수 있다. 무선 애드혹 네트워크 역시 컴퓨터로 구성될 수 있다. 무선 컴퓨터 그룹은 실질적인 허브 없이도 (종종 그룹의 다른 구성원을 통해) 서로 정보 전달이 가능하다. 닉은 이런 종류의 네트워크야말로 문명의 붕괴를 대비하는 사람들이 시도하고 개선해야 할 네트워크라고 주장했다. 케이블을 유지 보수하거나 자연재해를 조심할 필요가 없기 때문이다(이런 종류의 네트워크에서 컴퓨터를 연결하는 인프라는 그저 허공일 뿐이므로 컴퓨터만 보호하면 된다는 의미에서).

나는 닉이 생각하는 종말 이후의 네트워크에 강한 흥미를 느꼈다. 대다수가 산업화 이전의 낮은 과학 기술 수준으로 돌아가지만 그럼에도 여전히 소수의 컴퓨터는 인터넷에 접속돼 있는 세계에서 산다는 건 어떤 느낌일까? 산업화 이전의 세계는 많은 점에서 산업화된 세계보다 훨씬 매력적으로 보였으나 분명 몇 가지 중대한 결점이 있었다. 그중 하나가 바로 지역의 한계 때문에 참신한 생각이 전파되기가 어렵다는 점이었다. 인터넷에 접속 가능한 산업화 이전의 세계는 양쪽 세계의 장점만을 가질지도 몰랐다.

그러나 나무 위 오두막집에서 노트북 컴퓨터를 사용한다는 이 장밋빛 전망은 당연히 문제에 봉착한다. 그저 돌아다니며 남이 쓰던 아이팟을 주우면 된다던 토미의 생각이 부닥친 문제와 같은 문제다. 빠르든 느리든 컴퓨터는 곧 고장 날 테고, 현대 과학 기술의 인프라 없이 수리할 길은 요원했다. 그러니 어떤 제한된 네트워크가 얼마간 유지될 가능성이 있다 해도 그 수명은 그리 길지 못할 것이 분명했다.

어쩌면 이 유예 기간을 이용해 완전히 사라지기 전에 웹에서 가장 중요한 지식들을 베낄 수 있을지도 모른다. 종이와 펜이 충분하다고 가정하고, 중세 필경사처럼 조상들이 어렵게 축적한 지식을 후세까지 보존해 남기는 것이다. 그러나 정확히 어떤 지식을 보존해야 할까? 독성이 있는 식물의 구별법이나 비누 만드는 법처럼 실용적인 지식에 집중하는 게 최선일까? 아니면 주기율표

나 질병의 세균 이론처럼 좀 더 추상적인 내용들까지 포함해야 할까? 어떤 질병은 육안으로 보이지 않을 만큼 아주 작은 생물에 의해 전염된다는 사실을 알지 못해 우리 조상 수백만 명이 죽었다. 그러니 최소한 일부 과학적 발견과 실용적 지식을 함께 기록하는 편이 유용할 터였다.

그러나 앵거스가 페이스북을 확인하기 위해 컴퓨터를 사용하려 하자 망설여졌다. 나는 컴퓨터는 오직 자원자들을 조직하는 용도로만 사용했으면 한다는 의견을 밝혔다. 컴퓨터가 실험 자체의 일부로 여겨져서는 곤란했다.

"논란의 여지가 있는 문제군." 앵거스가 고개를 가로저으며 말했다. "난 뭐가 실험의 일부고 뭐가 실험의 일부가 아닌지 더 이상 잘 모르겠어. 딜런, 넌 어때?"

5월 중순의 어느 일주일은 유달리 온화했다. 화창한 날씨 덕분에 하일랜드가 6월의 스위스처럼 보일 정도였다. 그러나 바로 다음 주 양동이로 들이붓는 듯한 폭우가 내린 후 기온이 급격히 내려갔다. 최근 도착한 자원자로 몇 년 전 극심한 생존 경쟁에서 빠져나와 이제 에든버러의 아파트와 프랑스 남부의 이동식 주택을 오가며 여가를 보내는 은퇴한 의학물리학자는 당연히 침울해했다.

"난 스코틀랜드에서 24년을 살아서 추위가 뭔지 잘 알아요. 이게 바로 추위죠! 이불 두 장에 담요 한 장까지 더 덮은 침낭 속에 누워서도 발이 시린 건 누구의 언어로 표현해도 추위인 거예요." 은퇴한 의학물리학자 조지아가 말했다.

"그래도 아직 잘 버티시는군요!" 나는 그녀의 극기심에 깊은 감명을 받아 말했다.

"아마 다른 여자들은 못 버틸 거예요! 하지만 난 두렵지 않아요. 배짱이 있으니까요." 그녀가 말했다.

그러나 이튿날 조지아가 잠을 자던 유르트에 비가 새기 시작했다. 우리는 대형 비닐의 귀퉁이에 노끈을 묶어 유르트 지붕에 덮었다. 임시변통은 되어 보였으나 그리 오래 갈 것 같지는 않았다.

애그릭은 이 상황에서도 웃으며 달래듯 말했다. "그래도 이렇게 살아보는 건 멋진 경험 아닌가요? 평범한 일상이 생각만큼 만족스럽지 않다는 걸 깨닫게 해주잖아요."

"전혀 멋지지 않아요! 내 평범한 일상은 아주 만족스럽답니다!" 조지아가 대꾸했다.

자원자는 계속 들고 났지만 동시에 체류하는 사람의 수가 점점 늘어 이제 평균 8명에서 12명 내외가 되었다. 그 결과로 목재 사용량 역시 더 늘고 있었다. 유르트 3채에 놓인 배가 불룩한 난로에 매일 저녁 장작을 넣어야 했고, 레이번은 끔찍한 속도로 연료를 잡아먹었으며, 우리 역시 흙벽에 나무판자를 댄 지하 저장실 같은 구조물을 더 짓고 싶어 했기 때문이다. 우리 부지의 좁은 삼림만으로는 이 모든 수요를 감당할 길이 없었다. 이 실험은 적어도 목재 공급의 측면에서는 이미 지속 불가능했다. 마야 문명에서처럼 지역의 환경 수용력을 초과한 것이다. 그러나 마야 문명과 달리 우리에겐 산림 위원회가 있었으므로 그곳에 전화를 걸어 통나무 17톤을 주문했다.

나무는 서리가 내린 이른 아침 배달되었다. 나는 돈이 다 떨어지면 어쩌나 걱정도 되고 이러다 영원히 유토피아에 갇히는 게 아닐까 싶어 뜬눈으로 밤을 지새우는 중이었다. 그때 거대한 엔진이 울리는 소리가 점점 더 크게 들려왔다. 나는 바지를 주워 입고 작은 계곡 가장자리를 지나 몽골 유르트 거트루드가 있는 더 높은 지대로 터덜터덜 걸어갔다. 그리고 거기서 오싹한 광경과 마주했다.

산림위원회는 내가 예상한 작은 나무토막이 아니라 나무 기둥 10여 개를 통째로 배달해 왔다. 거대한 벌목 기계로 잘라 무시무시하게 큰 트레일러트럭의 짐칸에 쌓은 길이 5미터, 직경 60센티미터 정도의 육중한 유럽 적송이었다. 운전사가 크레인으로 나무 기둥을 하나씩 바닥에 부려 내 보잘것없는 몸뚱이를 더 작아 보이게 하는 위풍당당한 무더기를 쌓는 동안 할 말을 잃은 나는 멍하니 쳐다보기만 했다. 짐을 다 부린 운전사가 트럭에서 내려 이제 다 됐느냐고 물었다.

나는 고개를 끄덕이며 더듬거릴 수밖에 없었다. "이…… 이것보

단 더 작을 줄 알았는데요……." 억지 미소조차 떠오르지 않았다.

트럭이 사라지고 나서야 완만한 비탈면에 부려진 이 나무 기둥들이 까딱하면 굴러 떨어질 것처럼 위태롭게 쌓여 있음을 깨달았다. 일단 구르기 시작하면 순식간에 엄청난 속도로 거트루드를 산산조각 내고 그 아래 작은 파란 유르트들이 있는 계곡까지 덮칠 게 틀림없었다. 그때부터 나는 한밤중에 나무 더미가 무너지지나 않을까 매일 밤 두려움에 떨어야 했다. 자다가 굴러 떨어지는 유럽 적송에 깔려 죽는 장면이 머릿속을 떠나지 않았다.

다시 한번 나는 외부의 붕괴를 걱정하느라 스스로의 심리적 붕괴에 주의를 돌리지 않게 되었다. 이제는 후자가 훨씬 더 명백히 현존하는 위험이었는데도 말이다. 나무 기둥들은 나의 통제력 상실과 다가오는 재난을 막지 못하는 무력감을 상징했다. 갑작스레 등장한 나무 기둥들에 누가 보아도 지나친 반응을 보인 이유를 달리 설명할 길이 없었다. 잠시 후 나타난 로메이는 공포로 하얗게 질려 그 자리에 얼어붙어 있는 내 얼굴을 보고 피식거리는 웃음을 참지 못했다.

갑자기 나무가 많이 생기자 사람들은 목공 기술을 익히고 싶어 했다. 인근에 사는 친환경 목공 전문가 부부 패디와 수가 기본적인 것들을 가르쳐주러 왔다. 유목민처럼 살아보고 싶어서 집을 내놨다는 이 부부는 언젠가 유토피아에 와서 지내도 되겠느냐고 물었다. 유토피아를 종말 이후의 삶을 사는 실험이라기보다 생태 마을이나 히피 공동체의 하나로 여기는 듯했지만 굳이 이들의 생각을 바꿀 마음은 들지 않았다.

패디와 수는 전동 공구 없이 오로지 손으로 목공을 하는 매력에 푹 빠져 있었다. 이들은 수술을 앞둔 외과 의사를 방불케 하는 공구―넓은날 도끼, 박피 칼, 자귀, 나무망치―를 쫙 펼친 뒤 작업자가 말을 타듯 올라타 '셰이빙 호스(shaving horse)'라 이름 붙인 작업대의 덮개를 벗겼다. 그다음 우리는 부부를 따라 강가의 삼림으로 내려가 알맞은 재료를 찾았고 물푸레나무와 벚나무 가지를 베어 돌아왔다.

우리는 거친 목재톱으로 가지를 절단한 다음 나뭇결을 따라 도끼와 자귀로 깎아 거친 막대기를 만들었다. 의자 다리로 쓰려고 계획한 더 긴 막대기는 셰이빙 호스에 고정시켜 박피 칼로 깎았다. 길이가 더 짧은 조각은 그냥 주머니칼로 깎아 모양을 만들었다. 셰필드 출신으로 축 늘어진 갈색 머리를 한 21살 건축과 학생 그레이엄은 바로 전날 유토피아에 왔음에도 금세 즐겁게 어울려 숟가락 하나를 깎아냈다. 나를 제외한 모두가 즐거워 보였다. 실험을 처음 구상할 때부터 고대했던 바로 그 순간이었지만 이제 나는 어떤 즐거움도 없이 공허함만을 느꼈다.

그날 저녁 패디와 수의 친구 몇몇이 낡은 지프를 타고 나타나 즉흥 파티로 분위기를 띄웠다. 날씨는 더없이 화창했고 그레이엄이 모닥불을 피울 나뭇가지를 주워왔다. 패디의 친구들은 지프에서 사슬톱을 가져와 산림위원회에서 부려놓은 거대한 나무 기둥 하나의 끄트머리를 1미터 정도 길이로 잘라냈다. 그다음 두 사람이 매달려 잘라낸 나무를 모닥불 근처로 가져가 수직으로 세워놓았다. 이들은 나무 꼭대기에 십자가 모양으로 4개의 깊은 홈을 파고 그 안에 나무 부스러기를 채워 넣어 불을 붙였다. 홈 안에 불이 붙자 나무는 폭죽처럼 불꽃을 뿜기 시작하며 모닥불보다 더 후끈한 열기를 냈다. 자원자들이 환호성을 질렀다.

나도 같이 즐거운 표정을 지으려 했지만 내면은 무감각하기 그지없었다. '엄청난 나무 낭비로군.' 속으로 든 생각이었다.

헤더가 유토피아에 와서 강가에 자생하는 약초를 구분하는 법을 가르쳐줄 때 즈음 나는 이미 내가 아니었다. 발밑의 땅이 갑자기 쑥 꺼져버린 기분이었다. 붙잡을 것도 없이 추락하고, 추락하고, 또 추락했으며 언제 바닥에 닿을지, 아니 닿기는 할지도 알 수 없었다.

그러나 아무도 눈치 챈 사람은 없었거나 눈치 챘어도 모르는 척하는 것 같았다. 비명을 지르고 싶었지만 아무 소리도 나오지 않았다. 내 눈엔 방금 새벽에 총살당할 거라는 얘기를 들은 사형수처럼 황량하고 절망적인 표정이 서려 있었을 게 틀림없다. 그럼에도 모두 아무 일도 일어나지 않은 것처럼, 모든 것이 정상인 것처럼 자기 할 일을 계속했다. 투명 인간이 된 기분이었다.

그래서 자원자로 와서 사람들과 함께 주변을 거닐던 헤더가 이따금 몸을 굽혀 이 풀과 저 꽃을 가리키며 다양한 쓰임과 효능을 설명할 때도 나는 말없이 뒤따르며 이해하는 척할 수밖에 없었다.

"이건 애기괭이밥이에요. 잎으로 차를 우리면 발열과 감기를 치료할 수 있죠."

자원자들은 완전히 집중해 헤더가 무슨 맛인지 보라고 건넨 이파리를 조금씩 뜯어 먹었다. 그러나 내게는 눈앞의 어떤 것도 현실처럼 느껴지지 않았다.

"이건 갈퀴덩굴이에요. 불면증에 도움이 되는 진정 효과가 있어요."

나는 갈퀴덩굴의 특징을 구별하려고 애썼지만 그건 정말로 여느 흔해 빠진 풀과 다를 바 없어 보였다.

"미나리. 기침을 다스리는 데 좋죠. 하지만 독미나리와 혼동하면 안돼요! 미나리의 것과 아주 비슷하게 생긴 작고 하얀 꽃이 피지만 독미나리에는 맹독이 있답니다."

그때 머리에 섬광처럼 스치는 생각이 있었다. 독미나리를 찾을 수만 있다면! 독미나리는 유토피아를 벗어날 탈출구였다. 소크라테스(물론 고양이가 아니라 철학자)에게 그 치명적인 효능을 발휘했다면 내게도 분명 그 효능을 발휘할 터였다.

그때부터 자살에 관한 생각이 점점 자주 들기 시작했다. 숲에서 목을 맬까 했다가 지나치게 요란하다는 생각이 들어 어쨌든 사고로 보이도록 위장하는 편이 더 나을 것 같았다. 추운 밤 한데서 잠을 자 저체온증에 걸릴까도 생각해봤지만 단숨에 죽지도 못할뿐더러 그 사이 자원자들이 나를 살리려 할지도 몰랐다. 생각은 자꾸 원점으로 돌아가 독미나리만이 틀림없는 최상의 해결책으로 보였다. 찾을 수만 있다면 말이다. 다리나 자동차, 기차 등이 무궁무진한 기회가 되어주는 도시 환경에서보다 야생의 환경에서 자살하기가 더 어려운 법이다.

그러나 마음 깊은 곳에서는 줄곧 알고 있었다. 내게 자살할 용기가 없음을. 스스로 자기 인생에 마침표를 찍는 데는 배짱과 과단성이 필요했다. 한때 나도 갖고 있었으나 이제는 완전히 사라진 덕목이었다. 나는 자살 같은 중대한 결정은 고사하고 아주 작은 결정조차 내리지 못해 갈팡질팡했다. 유토피아에서 탈출할 길은 없어 보였고, 착륙할 곳도, 내 끝없는 추락을 막을 것도 없어 보였다.

보를 제외하면 급속히 악화되어가는 내 상태를 털어놓을 상대는 친구인 크리스밖에 없었다. 유토피아와 관련된 일로만 인터넷을 사용한다는 스스로의 규칙을 깨고 그에게 이메일을 보냈다. 집중력이 형편없이 떨어져 간신히 몇 줄을 쓰는 게 고작이었다. 그러나 몇 줄로도 내 무력감과 절망을 전달하기에는 충분했기에, 크리스는 캣퍼드의 자기 집에서 일주일 동안 쉬다 가라며 당장 런던

행 비행기표를 보내왔다.

유토피아에 있는 것이 끔찍했지만 또 휴가를 가기는 내키지 않았다. 유토피아에 마을 사람들을 초청한 날 이미 스콧 줄리아 부부와 휴가를 보낸 데다 지금은 하루걸러 한 번씩 보가 있는 시골집에서 자고 오는 처지였다. 그런데 또 꼬박 일주일을 외부에서 보낸다는 건 매우 불성실한 일처럼 느껴졌다. 자원자들은 마음대로 왔다가 갈 수 있었지만 내게는 직접 만든 대안 현실에 실험 내내 상주하며 완전히 몰입할 의무가 있었다. 그러나 상황은 확실히 변했고, 크리스는 프로젝트를 성공리에 마치기 위해서는 내가 런던에서 휴가를 보내는 것이 최선이라고 설득하려 애썼다. 자원자들까지 내게 휴식이 필요하다는 데 동의했다. 그럼에도 떠난다는 사실에 죄책감이 느껴졌다.

며칠 후 앵거스가 나를 공항까지 차로 데려다주었다. 조수석에서 초조하게 안절부절못하고 있자 앵거스는 우리가 함께 보냈던 즐거운 시절 이야기를 꺼내 내 기분을 나아지게 하려 애썼다.

"노팅힐 카니발에 같이 갔던 날 기억나? 진짜 뚱뚱한 여자애가 널 불러 세웠잖아." 그가 어색하게 웃으며 말했다.

나는 조용히 고개를 끄덕이며 억지 미소를 지었다.

"아침 식사로 널 잡아먹을 것만 같던 애였지!" 앵거스가 쿡쿡 웃으며 말했다.

"여기까지 와주고 도와줘서 고마워." 나는 더듬거리며 말했다.

"그런 소리 하지 마! 내가 독일에 있을 때 네가 든든한 버팀목이 되어준 거 기억 안 나? 너랑 하던 통화 덕분에 그나마 멀쩡하게 정신을 붙들고 살았잖아."

"그래, 기억나." 나는 힘없이 대꾸했다. 고개를 돌려 앵거스를 보았다. 그 역시 힘든 시간을 거쳤지만 지금은 다시 굳세고 행복해 보였다. 친구의 자신감과 미리 앞일을 걱정하지 않는 태도가 부러웠다. 나도 다시 그럴 수 있을까?

"지금 휴가를 가는 게 옳은 일일까?" 내가 물었다.

"그럼, 물론이지! 누구에게나 가끔 휴식이 필요해. 솔직히 말해 이곳 사람들에게도 너한테서 벗어날 시간이 필요하다고."

"내가 잘못 생각하고 있는지도 몰라. 차를 돌려 다시 돌아가야 하는지도 모른다고." 나는 거의 울 것처럼 말했다.

"아니! 난 차를 돌리지 않을 거야. 넌 비행기를 타게 될 거고!"

내가 내리는 것을 너무 망설였기에 앵거스는 나를 거의 차 밖으로 밀어내야 했다.

"자, 어서 가! 그게 너한테도 좋을 거야!" 앵거스는 인내심을 잃지 않으려고 애썼지만 다소 피곤해 보였다.

나는 한 손으로 자동차 문을 열고서도 다른 한 손으로 시트를 꽉 움켜쥐고 놓지 못했다.

"내가 도대체 왜 이러는 걸까?" 내가 애처롭게 물었다.

앵거스는 미소를 지었다. "간단해. 넌 네가 만든 안전지대를 벗어나고 싶었고, 지금 벗어나고 있지만, 그 느낌이 너무너무 싫은 거야!"

나는 자동차에서 내려 공항 터미널로 걸어갔다. 공항이 어찌나 생경하고 초현대적으로 느껴지는지 마치 타임머신을 타고 먼 과거에서 온 사람이 된 것 같았다. 나는 비행기를 타고 가는 내내 안절부절못했다.

히스로 공항으로 마중을 나온 크리스는 맨 처음 나를 보고 놀라 입을 떡 벌렸다. 그의 말로는 내 몰골이 어찌나 핼쑥했는지 마치 스코틀랜드에서 런던까지 내내 걸어온 것처럼 보였다고 했다. 그의 집으로 가자 그가 손님방에 작은 침대를 마련해주었다. 간단한 저녁도 차려주었지만 내가 바라는 건 어서 잠자리에 드는 것뿐이었다.

그 주 나는 매일 침대에서 나와 아침을 먹으러 아래층으로 내려가면서 계단 벽에 한 줄로 붙은 색지들을 감탄하며 올려다보았다. 크리스는 교과서를 집필했는데 각 색지에는 그가 각각의 책마다 세운 일정의 체크리스트가 적혀 있었다. 그는 일정을 달성할 때마다 착실히 체크리스트를 지워나갔다. 이 꾸밈없는 기록은 그가 얼마나 끈기 있게 목표를 설정하고 각 목표를 성실히 완수하는지를 웅변적으로 말해주었다. 한편으로 내 삶의 방식을 나무라는 무언의 질책처럼 느껴지기도 했다.

크리스와 나는 둘 다 책을 썼지만 서로 매우 다른 방식으로 일했다. 나는 몇 개월 맹렬히 집중해 책 한 권을 다 쓰고 나면 휴가를 가거나 디제이 장비를 사들이거나 기타 분별없는 계획들에 인세를 다 탕진할 때까지 아무것도 쓰지 않았다. 돈을 다 쓰고 나서야 다시 책상으로 돌아가 다음 책을 쓰곤 했다. 유토피아 실험은 그저 가장 최근의, 그리고 가장 규모가 큰 낭비일 뿐이었다.

한편 크리스는 지난 10년간 매일 서너 시간씩 꾸준히 글을 써왔다. 그동안 착실히 상당한 재산을 모으기도 했다. 크리스는 늘 은퇴해서 시골에 살 계획이라고 말하곤 했지만 결코 실행에 옮길 만큼 충분히 벌었다고는 생각하지 않는 듯했다. 은행에 예금이 아마도 100만 파운드쯤 있고 몇 개월마다 상당한 인세가 입금되는 지금도 그는 여전히 캣퍼드의 낡아빠진 집에 살고 있었다. 나는 그를 타박하며 정말로 이사할 생각이 있긴 하냐고 다그쳐 묻곤 했다. 그러나 이제 크리스의 타성은 더 이상 우습게 여겨지지 않았으며, 그의 눈에 가끔 승리의 빛이 비치는 듯한 착각까지 들 정도였다. 암울한 내 현재가 그가 항상 나보다 나은 삶의 방식을 추구해왔음을 입증하는 증거인 것만 같았다.

나는 이제까지 살아온 방식을 후회하며 회한에 빠져들기 시작했다. 그래서 크리스가 어떻게 지냈냐고 물을 때마다 앵무새처럼 중얼거리기만 했다. "내가 왜 집을 팔았을까? 왜 직장을 그만뒀을까? 왜 집을 팔았을까?" 크리스는 성자와 같은 인내심의 소유자였지만 며칠이 지나자 그런 그조차 내 되풀이되는 혼잣말에 지쳐갔다. 그는 말하곤 했다. "이제 그건 모두 지나간 일이야, 딜런. 과거는 과거로 남겨두고 앞날을 생각해야지." 물론 나도 알았지만 그럼에도 주문처럼 지겹게 중얼거리지 않을 수 없었다. "크리스, 내가 왜 집을 팔았을까? 응? 왜 직장을 그만뒀을까?"

"제발, 딜런, 그만 좀 해! 그래봤자 아무 소용없다고!"

"하지만 내 인생은 망했어." 나는 우는소리를 했다.

"아니, 그렇지 않아. 네 실험이 그렇게 엉망은 아니라고. 지금까지 이룬 것들을 생각해봐."

그러나 더럽고 우중충하고 냄새나는 낡은 헛간과 유르트에서 보낸 춥고 눅눅한 밤들을 떠올리자 자부심이라곤 손톱만큼도 느껴지지 않았다.

"그리고 확신하는데 거기서 나올 때쯤 넌 훨씬 강인하고 현명한 사람이 되어 있을 거야. 진정한 자아를 발견할지도 모르지. 너한테 주었던 생일 축하 카드에 썼듯이 말이야. 기억나?"

기억이 났다. 크리스가 주었던 카드에는 등산을 하는 청년의 그림이 있었다. 전형적인 배낭여행객 차림으로 히피 같은 수염을 기른 청년이었다. 앞에 펼쳐진 험난한 길에 놀란 듯 보이는 그는 말쑥한 정장을 입고 서류 가방을 든 남자를 돌아보고 있다. 남자는 수염만 빼면 이 히피 청년과 똑같은 얼굴을 하고 있었다.

크리스는 만화 아래 적힌 설명글의 단어 하나를 수정액으로 지운 뒤 내 이름을 대신 써넣었다. 그렇게 완성된 전문은 이랬다. "히말라야산 중턱, 딜런이 마침내 진정한 자아를 발견하다."

어떤 점에서 유토피아 실험이 가르친 가장 쓰라린 교훈 하나를 그대로 요약하는 문장이었다. 아무리 열심히 노력해도 나는 결코 마음속으로 그렸던 강인한 생존주의자가 될 수 없었다. 한마디로 나와는 맞지 않는 그림이었다. 유토피아 산 중턱에서 나는 정말로 진정한 자아를 발견했지만, 그것은 그리즐리 애덤스[1]가 아니었다. 그 자아는 정장을 입고 있었다.

유토피아 실험을 시작하기 전의 내가 정장을 즐겨 입는 사람이었다는 말이 아니다. 사실 정장을 입을 일은 거의 없었다. 그러나 나는 여느 도시 거주자들과 마찬가지로 야생의 환경을 견뎌내지 못했다. 아마 속으로 닥치면 무엇이든 할 수 있다고 생각했는지도 모른다. 그러나 진실을 말하자면 산속에서 살아남는 법을 배우는 데도 많은 시간과 연습이 필요하다. 먹어도 되는 식물과 안 되는 식물은 무엇인지, 다양한 용도에 가장 알맞은 목재로 쓰이는 나무는 무엇인지, 짐승의 흔적은 어떻게 찾는지, 집은 어떻게 짓고 불은 어떻게 피우는지를 알아야 하는 것이다. 나는 오만하게도 새로운 학문을 익히거나 과학 이론을 이해할 때처럼 이런 기술도 금세

---

1 Grizzly Adams. 《그리즐리 애덤스의 삶과 시간》(1974)이라는 미국 소설에 등장하는 주인공의 이름으로, 살인 누명을 쓰고 깊은 산속으로 도망쳐 곰을 키우며 거친 야생의 생활을 하는 산사람의 모습을 그렸다. 영화와 텔레비전 시리즈 등으로 제작되었다.

익힐 수 있으리라 생각했다. 그러나 현실은 녹록지 않았다. 책으로 배우는 지식과 실제 생존 기술은 매우 다른 종류의 정신 능력을 요구했다.

그러나 크리스가 보낸 생일 축하 카드에 한 가지 완전히 틀린 점도 있었다. 나는 결코 조직에 어울리는 유형의 인간이 아니었다. 1956년 윌리엄 H. 화이트의 책《조직인》이 출간되어 큰 반향을 불러일으킨 지 얼마 안 되었을 때 듀폰 사가 실은 광고에 마침 꼭 들어맞는 시각적 비유가 나온다. 광고 지면의 우측 상단 모서리에 똑같은 정장을 입고 보이지 않는 어떤 사무실로 성큼성큼 걸어 들어가는 남자 무리가 있다. 대조되는 좌측 하단 모서리에는 샌들과 청바지 차림에 기타를 든 비트족 청년이 혼자 오도카니 앉아 있다. 광고 상단에 걸린 제목은 이렇다. "조직이라니, 맙소사!"

아래 실린 더 작은 글씨의 문구들은 대기업에 들어가기를 거부하는 비트족 청년의 목소리를 담았다. 그는 대기업에 들어가는 건 "매일매일 출근해 시키는 대로 일하며 자유를 반납하는 일"이라고 외친다. 대학에서 일하며 내가 느낀 점도 비슷했고, 그래서 학교를 그만뒀다. 나는 대학이 여타의 대규모 조직과 전혀 다를 바가 없다고 느꼈다. 이른바 창조적인 사고와 자유로운 표현의 전당으로 일컬어지는 대학 안에는 가장 특색 없는 기업과 마찬가지로 소심한 순응주의와 답답한 관료주의가 존재했다. 그런 의미에서 본다면 생일 축하 카드에서 정말 나와 닮은 인물은 정장을 입은 남자가 아니라 히피 청년이었다. 겉으로는 조직에 적합한 사람처럼 보였을지 모르나 내 내면에는 늘 비트족 청년이 있었던 것이다.

또 기묘하게도 이것은 유토피아 실험에 갖고 있던 환상이 깨지는 계기가 됐다. 겉으로 기이하기 짝이 없는 이 작은 공동체는 이미 여느 기업만큼이나 순응주의적으로 변해 있었다. 어느 누구도 곧 문명이 붕괴되리라는 생각에 의문을 제기하지 않았다. 모두가 오늘날의 세계는 점점 암울한 곳이 되어 가고 있다는 데 동의한 채 다가올 붕괴를 기다리고 있었다. 집단 순응적 사고는 유토피아에 바이러스처럼 퍼져 애덤을 제외한 전부를 감염시켰다. 오직 애덤만이 끝까지 까다롭고 고집 세고 괴팍한 악역으로 남았는데, 그래서 나는 그를 좋아했고 다른 사람에게 거리감을 느꼈다.

런던에서 돌아오는 길엔 로메이가 공항까지 나를 태우러 왔다. 앵거스는 잉글랜드로 돌아갔다고 했다.

나의 심리 상태는 일주일 전 이곳을 떠날 때와 비교해 크게 나아진 점이 없었다. 여전히 초조했으며 방금 생선으로 따귀라도 맞은 사람처럼 눈을 부릅뜨고 있었다. 로메이에게 유토피아로 곧장 돌아갈 엄두가 나지 않으니 보가 있는 시골집에 내려달라고 말했다.

보는 문을 열고 한동안 아무 말 없이 서 있었다. 그러고 나서 우리는 관계를 정리하는 대화를 나눴다.

13

붕괴

보와의 결별로 감정적으로는 큰 타격을 입었지만, 이제 보의 시골 집에 며칠마다 들를 필요가 없으니 유토피아 실험에 전념할 수 있 겠다는 생각으로 스스로를 달랬다. 하지만 유토피아에 더 꼬박꼬 박 머물게 되자 어깨의 짐이 덜어지기는커녕 기분만 더 우울해졌 다. 영락없이 이곳에 갇힌 느낌이 들었고 자원자 중 누가 말을 붙 일 때마다 무어라 대답해야 할지 알 수 없었다. 그래서 나는 잠시 잠자코 서 있다가 황급히 둘러대며 자리를 피하곤 했다. 가끔은 장작을 패거나 채소밭의 잡초를 뽑는 등 일상적인 일을 거들어보 려 했지만 마비되기라도 한 듯 꼼짝할 수 없었다. 나 자신이 부끄 러워 숲으로 들어가 몸을 숨겼고 나무 밑에서 생각에 잠겨 있거나 작은 폭포 옆에 웅크리고 앉아 아무에게도 발견되지 않길 빌었다.

유토피아에 머무는 시간은 오히려 예전보다 줄어들었다.

6월 첫 주에 런던의 영화학도 카밀라, 토니, 라이언이 졸업 작품으로 짧은 다큐멘터리를 제작하러 찾아왔다. 최첨단 카메라 장비를 들고 유토피아 주위를 서성거리는 세 사람은 이곳과는 매우 어울리지 않았다. 이들은 몇 개월 전에도 찾아왔는데 그때는 내 상태가 이렇게 나빠지기 전이었다. 그때와 사뭇 달리 자신감도, 에너지도 없이 우울에 빠져 무기력하게 축 처진 내 모습을 보고 이들은 충격을 받았다.

그러나 나의 위기는 영화를 좀 더 흥미롭게 만들 뿐이었다. 종말 이후의 삶을 사는 실험을 찍는다는 것 자체가 이미 흥미를 불러일으키는 데다가 실험의 설립자가 실패로 인해 심리적으로 무너지는 모습을 보여줌으로써 반전까지 추가로 더하게 된 것이다. 물론 그다지 새로울 것 없는 고전적 전개이긴 했다. 괴상한 실험을 하다가 정도를 벗어나는 미치광이 과학자의 얘기는 독창적이지는 않지만 늘 인기 있는 오래된 주제다.

셋이 돌아다니며 이곳저곳을 필름에 담는 동안 나는 《멋진 신세계》에 나오는 '야만인' 존 새비지가 된 기분을 느꼈다. 혼자 있고 싶다는 존 새비지의 요구는 수십 명의 무례한 구경꾼들 때문에 좌절된다. 장작 패는 장면을 찍을 때 나는 한가운데를 정확히 쪼개기는커녕 통나무를 맞히지조차 못했다. 나는 어색하고 무기력하고 한심했다. 인터뷰를 할 때면 모든 게 잘돼가고 있다는 인상을 주려고 노력했지만 목이 졸린 듯 낮고 쉰 목소리밖에 나오지 않았다.

남아프리카공화국 출신인 토니는 로이터통신에서 일하며 소말리아와 짐바브웨를 취재한 적이 있었다. 그는 진짜 재난과 빈곤을 목격한 사람의 눈으로 유토피아 실험을 바라보았다.

"피크 오일 이후의 삶이 어떤지 알고 싶다면 아프리카를 보면 돼요." 그가 말했다.

그의 말이 옳았다. 아프리카에서 사람들은 이미 결핍된 삶을 살고 있었다. 그에 반해 우리는 이전 자원자들이 가져왔다가 놔두고 간 다섯 가지 종류의 식물성 기름과 진귀한 향신료 꾸러미들을 부엌 선반에 갖춰놓고 설득력 없는 연극을 하고 있는 셈이었다. 애그릭이 탁자 위에 놔둔 핸드크림이 모든 사정을 말해주었다.

이런 비판에 직면한 것이 처음은 아니었다. 처음 스코틀랜드에 왔을 때 한 친구가 유토피아 사회주의를 비판한 마르크스와 유사한 지적을 한 적도 있었다. 나는 샤를 푸리에나 로버트 오언처럼 순진했던 걸까? 세계의 다른 국가들이 파국으로 치닫는 동안 자기만족에 빠져 낙원에서 노닥거린 부르주아였던 걸까? 현실의 세계는 실제로 붕괴된 사회를 재건하는 문제와 씨름하는 중이었다. 그러므로 재미 삼아 그런 상황을 만들어 실험한다는 것 자체가 실은 몹시 불쾌한 일일지도 몰랐다.

그 당시에는 내 실험을 정당화하려고 애쓰며 이것이 단지 내가 관심을 갖고 있던 여느 사회 붕괴의 상황이 아니라 특수한 상황, 즉 전 지구화된 후기 산업 문명이 붕괴된 상황을 다루는 실험이며, 여기엔 정부와 금융과 무역의 붕괴가 포함된다고 주장했다. 현실 세계에 정말로 재건이 시급한 사회가 있는 것은 사실이지만, 이런 사회가 겪는 붕괴는 제한된 지리적 범위 안에서 벌어지기 때문에 내가 구상한 전 지구적 붕괴와 매우 달랐다. 사회 붕괴가 한 나라 또는 한 지역 안에서만 그친다면 다른 나라의 원조를 받을 수 있다. 경제적 여력이 있는 나라 사이에서는 아직 안정 화폐가 어떤 형태로 유지될 테고, 국제 수송망 역시 그대로 유지될 것이기 때문이다. 그러나 붕괴가 지구 시스템 전체로 확대되면 그 여파는 사뭇 달라진다.

부유한 서구인들이 재미 삼아 이런 것들을 상상한다는 것 자체가 남들에겐 불쾌한 일이었을까? 처음엔 그렇게 생각하지 않았지만 지금은 확신할 수 없다. **그저** 연극에 그쳤다면 괜찮았을지 모른다. 연극은 아무에게도 해를 끼치지 않으며, 내가 바란 건 그저 재밌게 연기하는 것이었다. 그러나 실험은 점점 재미를 잃었고 자원자들은 이를 연극이라기보다 예행연습으로 생각하기 시작했다. 이들의 마음속에서 유토피아 실험은 문명이 붕괴된 이후를 **가정**하는 모의실험에서 실제 임박한 종말을 대비하는 과정으로 변해 갔다. 이전에 내가 그랬듯이 말이다.

카밀라, 토니, 라이언이 아직 유토피아에 머물며 졸업 작품을 마무리 짓는 동안 내 친구 루이스가 찾아왔다. 함께 사우샘프턴 대학교에 다닐 때부터 친구였던 그는 지금은 고고학과 교수로 재직 중이었다.

루이스는 아주 건강한 체질이었고 꾸준히 운동을 해서 어깨가 더 넓어져 있었다. 반면 나는 극도로 깡말라 허수아비가 헐렁한 옷을 걸친 것처럼 옷자락이 펄럭일 정도였다. 루이스는 나를 보자마자 충격을 받은 듯했다.

"세상에, 딜런! 얼굴이 말이 아니야!" 그는 놀라 숨을 들이켜며 말했다.

나는 가까스로 희미한 미소를 띠며 대꾸했다. "종말에서 살아남기가 쉽지 않네."

루이스는 나의 안내로 유토피아를 구경하며 다소 감명을 받은 모양이었지만 그저 예의상 그런 척을 했는지도 모른다. 그는 다른 사람들과 마찬가지로 유르트에 묵을 계획이었으나 유르트 하나에 고개를 들이밀었다가 어지럽게 흩어진 침낭과 거기서 풍기는 퀴퀴한 냄새를 맡고 나더니 로메이의 농가에 묵는 것으로 마음을 바꿨다.

이튿날 루이스는 차를 하나 빌려 오크니 제도의 스카라 브레 유적을 구경하러 가기로 했다. 스카라 브레 유적은 오크니 제도의 가장 큰 섬인 메인랜드 서쪽 해안에 위치한 신석기 시대의 석조 유적지이다. 카밀라, 토니, 라이언은 그와 함께 가기로 했고 다들 나도 같이 가기를 원했지만 이번에도 역시 유토피아를 떠나기가 망설여졌다. 유토피아에서 보내는 일분일초가 끔찍하다고 해서 유토피아를 떠난다는 생각에 안도감이 드는 것도 아니었다. 반대로 겁이 났다.

결국 루이스에게 설득되어 사람들과 함께 차를 타고 스코틀랜드의 최북단 스크랩스터로 향했다. 그곳에서 스트롬니스로 가는 페리호를 탈 예정이었다. 그러나 자동차가 앞으로 나아갈수록 점점 불안해지는 것을 느끼고 루이스에게 차를 돌려 유토피아에 도로 내려달라고 애걸했다.

"바보 같은 소리 하지 마, 딜런. 진정하라고! 가면 틀림없이 재미있을 거야." 루이스가 말했다.

"제발, 루이스, 제발!" 나는 애걸했다. "제발 돌려보내줘! 난 돌아가야 돼!"

"진심이야?"

"그래, 진심이야! 제발 제발 돌려보내줘!"

루이스는 길 한쪽으로 차를 댔다가 유턴을 했다. 몇 분간 다시 남쪽으로 내려가고 나서야 크게 심호흡을 할 수 있었다.

"좋아, 루이스. 이젠 괜찮아졌어. 같이 스카라 브레를 보러 가고 싶어. 다시 차를 돌려줄 수 있을까?"

루이스는 점점 인내심이 바닥나는 표정으로 나를 쳐다보았다.

"좋아." 그가 말을 이었다. "하지만 다시는 차를 돌리지 않을 거야. 유토피아로 돌려보내 달라고 애원해도 무시할 거라고."

온순하게 고개를 끄덕이자 루이스가 다시 차를 돌렸다. 마침내 스크랩스터에 도착했지만 5분 차이로 배를 놓치고 말았다.

"젠장! 스트롬니스에서 하룻밤 묵고 아침 일찍 스카라 브레에 갈 생각이었는데! 이제 영락없이 여기서 하룻밤 묵고 내일 아침 첫 페리호를 타야 하게 생겼군."

내 이상 행동이 영화학도들의 카메라에 어떤 식으로 담겼는지는 모르겠다. 어쨌든 이 셋은 페리호를 놓친 상황에서도 너그러움을 잃지 않고 나를 단 한 마디로도 탓하지 않았다. 우리는 값싼 숙소를 찾아 빌린 다음 나가서 피시앤칩스를 사먹었다. 감자튀김은 몇 개월 만에 구경해보는 것이었기에 나는 어린애처럼 마요네즈와 케첩을 듬뿍 찍어 마지막 하나까지 싹싹 먹어치웠다. 루이스는 나를 바라보며 고개를 천천히 흔들었다.

"유토피안가 뭔가 하는 실험이 진짜 과학 실험은 아닌 거지? 진짜 과학 실험에는 가설이 있어야 하잖아. 네가 하는 실험에도 가설이 있어?" 그가 물었다.

나는 움찔하고 놀라며 주머니에서 구깃구깃해진 종이 한 장을 꺼냈다. 종이에는 가늘고 긴 글씨체로 몇 줄의 글이 휘갈겨져 있었다. 유토피아 실험의 근거가 되는 주요 원리를 정리하려고 쓴 글이었다. 크리스의 집에 머물 때 스스로 무슨 일을 왜 하고 있는

지 잊지 않으려고 괜히 써본 글이지만 그때부터 부적처럼 몸에 지니고 있었다. 루이스에게 종이를 건넸다. 내용은 이랬다.

> 세계 문명은 지구 온난화와 에너지 위기(피크 오일)로 우리 생애 동안 붕괴될 것이다.
>
> 문명이 붕괴되며 전 세계 수십억 명이 죽음을 맞겠지만 일부는 살아남는다.
>
> 문명은 재건되지 못할 것이다. 살아남은 사람들은 야생으로 탈출해 부족을 이루고 생존 기술을 익힌다. 이 과정은 '재야생화' 또는 '탈산업화' 또는 '신부족혁명'이라 불린다.
>
> 재야생화가 되면 삶의 질은 붕괴 이전보다 나아질 것이다.

루이스는 내가 쓴 글을 몇 번이나 꼼꼼히 읽더니 먼 곳을 바라보며 곱씹었다.

"그러니까 네 주요 가설의 요지는 자연으로 돌아가면 행복해질 거라는 거군." 마침내 루이스가 입을 열었다.

"그런 것 같아." 나는 중얼거렸다.

"음, 그럼 가설이 잘 안 맞는 거 아냐?"

며칠 후 유토피아로 돌아온 우리는 또 다른 자원자를 맞았다. 제임스 더스턴이라는 이름의 이 짧은 갈색 머리의 키 큰 청년은

자신감으로 가득 차 있었다. 20대 후반의 그는 최근 인도로 이주
했다가 몇 주간 영국에 돌아온 참에 우리가 스코틀랜드에서 무얼
하고 있는지 궁금해 찾아왔다고 했다. 그가 영국에 올 때 가져온
정통 인도 향신료는 이제 헛간 선반에 놓인 오트밀 옆을 장식하고
있었다.

제임스는 실험에 열정적으로 뛰어들었다. 하루 만에 민들레 뿌
리와 쐐기풀을 제대로 요리하면 영양이 풍부한 곁들임 요리가 된
다는 사실을 알아냈고, 며칠 후엔 직접 빵을 구워 9명분의 식사를
만들어냈다. 2주 동안 그가 만든 것은 2층 침대와 체스 세트와 튼
튼한 깍지콩 지지대로 늘어났다. 게다가 야외에 있는 걸 좋아해
춥고 비바람이 부는 날씨에도 매일 몇 시간씩 땅을 파고 잡초를
뽑고 채소밭에 물을 주곤 했다.

유토피아 실험을 널리 알리고 싶었던 제임스는 전국 일간지
《인디펜던트》에 실험에 관한 특집 기사를 직접 기고했다. 병원에
입원해 있을 때 실린 그 기사를 읽고 엄청난 충격을 받았다. 공동
생활을 훈훈하게 회상하는 부분은 거의 눈에 들어오지 않았다. 우
울증의 전형적인 자기중심적 성향 때문에 내 눈에는 오직 기사 말
미에 나에 관해 쓴 내용만 보였다. 제임스는 이렇게 썼다. "프로젝
트가 시작된 이래 에번스의 몸 상태와 정신 상태는 내내 오락가락
했다." 물론 그의 말은 사실이었지만 전 세계 사람들한테 내 망가
진 정신 상태를 알리고 싶진 않았다. 게다가 옛 동료와 가르치던

학생과 친구와 가족이 이 기사를 보고 어떻게 생각할까 상상하니 심장이 덜컥 내려앉는 것 같았다. 그럴 줄 알았다는 의기양양한 표정이 떠오르는 장면이 눈에 선했다. 고개를 절레절레 흔들며 이런 어리석은 모험 때문에 경력과 돈을 몽땅 날린 나를 불쌍히 여길 터였다. 제임스는 "사실 딜런은 전체 실험을 위기에 빠뜨릴 가능성이 있는 유일한 인물"이었다고 덧붙였다. 나는 제임스가 이런 문장을 덧붙인 데 분개했다. 굳이 이렇게 수치를 안겨야 했을까? 그저 자원자들의 이야기에 초점을 맞출 수는 없었을까?

아닌 게 아니라 자원자들은 충분히 즐거워 보였다. 제임스는 "딜런의 정신적 동면이 현장에 있는 사람들에게 큰 실망을 안기기는 하지만 프로젝트가 일상적으로 돌아가는 데 엄청난 지장을 줄 것 같지는 않다."라고 썼다. 사실 자원자들의 실망을 피부로 느낀 적은 없었으나 늘 그들의 마음이 궁금했다. 직접적으로 묻기엔 너무 두려웠고, 그들의 기대를 저버릴까 봐 두렵기도 했다. 그러나 자원자들은 틀림없이 실망했을 것이다. 당시 나는 일상생활에 참여하는 대신 그저 멍하니 주변을 배회하고 간혹 도끼나 삽을 들었다가도 아무것도 하지 않고 몇 분 후 내려놓기만 했기 때문이다. 그들이 어떤 리더십을 기대하는 것도 당연했지만 6월이 되자 나는 지시를 내리기는커녕 대화도 거의 하지 못할 지경이었다.

제임스는 결론을 지었다. "결국 이 프로젝트에서 가장 많은 걸 배우고 돌아가는 사람은 딜런 에번스 본인이 되리라."

이 점에 대해서는 나 역시 그의 말이 옳았다고 생각한다.

6월 하순의 어느 흐린 오후 낡아빠진 파란 화물차 한 대가 유토피아로 털털거리며 들어왔다. 배기가스에서 고소한 냄새가 나는 걸 보니 디젤과 식물성 기름을 혼합한 연료를 사용하는 듯했다. 화물차에서 내리는 남자 둘을 물끄러미 쳐다보았다. 하나는 20대였고 다른 하나는 30대로 보였다. 둘에게는—아니면 내 문제였을까?—뭔가 선뜻 환영하기 힘든 분위기가 풍겼다.

"무슨 용건이죠?" 나는 퉁명스레 물었다.

"여기서 하고 있다는 실험에 관한 이야기를 들었습니다. 한번 만나봐야겠다고 생각했어요." 더 나이 많은 쪽이 말했다.

나는 전혀 방문객들을 환영할 기분이 아니었다. 자원자들과도 더 이상 정상적인 대화를 나누지 못할 정도였으니 처음 보는 사람은 말할 것도 없었다. 잠시 그냥 가라고 말하고 싶은 유혹을 느꼈지만 곧 마음이 조금 누그러져 이들을 헛간으로 들였다.

둘은 자기들 이름을 각각 닉과 크리스라고 소개했다. 우리는 모두 어둑어둑한 헛간의 큰 탁자에 둘러앉아 애그릭이 정성을 들여 준비한 따뜻한 민들레차를 홀짝거렸다. 둘 중 나이가 많은 쪽인 닉은 파란 화물차에서 먹고 자고 하며 6만 제곱미터 규모의 땅에서 공동체지원농업(CSA) 방식으로 채소를 기른다고 했다. 크리스는 이동식 주택("닉의 밴이랑은 한 발자국 거리죠." 그가 미소 지으며 말했다.)에 살며 역시 닉과 함께 일했다. 이들 둘이 기르는 채소는 회원 200명이 충분히 먹고도 남는 양이었는데, 상대적으로 우리의 노력을 초라하기 그지없게 만드는 규모였다. 꾸러미를 받는 회원들은 매해 농사철이 시작될 때 자신들이 받을 것으로 예상되는 수확물만큼의 돈을 미리 지불한다. 수확이 시작되면 닉과 크리스는 각 회원들에게 주 1회씩 과일과 채소를 담은 꾸러미를 배달했다.

이런 방식은 식량을 자급자족하려는 우리의 노력보다 훨씬 효율적이어서 닉과 크리스가 유토피아의 채소밭에 대해 묻기 시작하자 다소 난처함을 느꼈다. 두 사람의 질문은 예리했고 곧 우리 실험에 무척이나 오류가 많다는 사실이 드러났다. 18개월은 너무 짧았다. 이렇게 큰 규모의 프로젝트를 시작했다가 겨우 농사철 두 번을 보내고 종료한다는 건 말이 안 됐다. 고작 한 달 머물다 갈 사람들이 직접 거두지도 못할 수확물을 열심히 기를 까닭이 있겠는가? 문명의 잔해에서 건진 옷들이 다 낡아 해지기 시작하면 무슨 수로 직접 옷을 만들어 입을 것인가? 그때도 여전히 테스코를 들락거릴 텐가?

닉과 크리스가 제기하는 의문점들을 듣고 있자니 수백 군데의 상처에 소금을 뿌린 것처럼 쓰라렸다. 둘의 말은 옳았다. 내 프로젝트는 기대만큼 목가적이지도 진정성이 있지도 않았다. 우리는 여전히 자급자족에 이르지 못했고 애그릭의 농사 지식마저 이 두 젊은이가 가진 지식에 비하면 보잘것없었다. 둘은 진짜 농사를 짓고 있었고 오랜 시간 농사를 해온 데 반해 우리는 그저 연극을 하는 중이었다. 우리가 기르는 작은 채소밭을 보여주자 둘의 얼굴에는 감추려 해도 감출 수 없는 경멸의 표정이 떠올랐다. 무엇을 심었냐고 묻는 질문을 받았을 때 작물 이름의 절반은 기억조차 나지 않았다. 나는 내가 무엇을 하고 있는지 정말 전혀 모르고 있었다.

그동안 실험은 가속도에 떠밀려 삐걱거리며 굴러갔다. 부서진 다리로 돌진하는 기차를 멀리서 지켜보는 사람처럼 온몸이 마비된 기분을 느꼈다. 내게는 곧 닥칠 재앙을 막을 힘이 없었다. 그러나 다른 사람들은 갈수록 더 열성적이 되어가는 듯했다. 우리가 지금 하고 있는 일이 과연 가치 있는 일인지 소리 내어 묻기가 더욱 어려워졌다. 나는 세상 근심 없이 일과에 매진하는 자원자들을 공포에 질려 말없이 바라보았다.

자원자들은 계속해서 찾아왔다. 토브와 루스라는 부부는 2살짜리 아들과 함께였다. 둘은 문명이 곧 붕괴되리라고 지나치게 확신하고 있었다.

"우린 런던에 있는 집을 팔고 유목민처럼 떠돌아다니며 살 계획이에요." 부부가 내게 말했다.

나는 이렇게 말하고 싶었다. "절대 안 돼요! 후회할 겁니다! 문명이 그렇게 빨리 붕괴될 일은 없을 거예요. 나도 집을 팔았지만 엄청나게 후회하고 있다고요!"

그러나 내가 이렇게 말하는 건 그리스도가 신을 믿지 않는다고 말하거나, 모세가 약속의 땅은 그저 미신이라고 말하는 것과 다름 없었다.

"이곳에서 하시는 일에 정말 관심이 많답니다." 부부가 말을 이었다. "우린 농사를 더 배우고 싶어서 여기 왔어요. 경험은 별로 없지만 문명이 붕괴될 때를 대비해 농사짓는 법을 알아야 한다고 생각해서요."

토브는 사운드 엔지니어였으며 두어 군데 밴드에서 연주를 하기도 했다. 루스는 조각가였다. 부부는 이렇다 할 생존 기술을 갖고 있진 않았지만 2주 정도면 충분히 다 익힐 거라고 예상하고 있었다. 둘은 내가 처음 실험을 구상했을 때만큼이나 순진하고 비현실적이었다. 나는 이들에게 미안함을 느꼈다. 가짜 미소를 짓고 동의의 뜻으로 잠자코 고개를 끄덕이자 양심이 쿡쿡 찔렸다.

나는 왜 문명이 곧 붕괴될 위험에 처했다는 말을 더 이상 믿지 않게 된 걸까? 무엇 때문에 세상의 종말이 가까웠다는 믿음을 버리게 된 걸까? 나는 그것이 긍정적 변화의 조짐이 수면 위로 떠오르기 시작한 덕분이라고 말하고 싶다. 그러나 이전에 거대 기업들이 탄소 발자국을 줄이려고 노력한다는 등의 이야기를 들었을 땐 이미 포장일 뿐이라고 일축하지 않았는가? 왜 이제야 그런 이야기들을 진지하게 받아들이게 된 걸까?

이런 심경의 변화는 오묘한 사회적 동역학에서 기인했다고 생각한다. 보통 신념은 바이러스처럼 퍼지는 경향이 있다고 한다. 어떤 신념을 믿는 사람이 점점 늘면 주변 사람이 그 신념을 택할 가능성이 덩달아 커진다. 심리학자들은 이것을 '밴드왜건 효과'라 부른다. 그러나 내게는 정반대의 일이 일어나는 듯했다. 실험을 믿는 주변 사람이 점점 늘수록 나는 더 회의적이 되어갔다. 굳이 이름을 붙이자면 '변덕쟁이 효과'라고나 할까?

이런 일은 내 인생에서 이미 전에도 여러 번 일어났다. 19살 때 1년 동안 사제가 되는 훈련을 받은 적이 있다. 그러나 동료 신학생과 달리 내게 진정한 신앙이 없음을 깨달았을 뿐이었다. 그로부터 10년 후에는 자크 라캉의 저작에서 궁극적인 진리를 찾았다고 생각했으나 막상 가장 열렬한 라캉 신봉자들에게 둘러싸였을 땐 오싹해져 뒷걸음쳤다. 나는 새잡이 끈끈이를 바른 나뭇가지에 내려앉은 어리석은 새나 다름없었다. 운과 청개구리 같은 성정 덕분에 늘 발버둥 치다 훨훨 날아가는 데 성공했지만, 또다시 저 아래서 나를 손짓해 부르는 가지들을 탐색하고 다녔다. 나는 이 가지가 방금 벗어난 가지처럼 나를 옭아매는 덫이라는 교훈을 결코 배우지 못하는 사람이었다. 아무리 애써도 완벽한 실망에 이르지 못했고, 치명적 유혹인 희망을 끝내 버리지도 못했다.

이제 동일한 동역학에 의해 세계가 곧 붕괴될 거라 믿었던 신념이 서서히 무너졌다. 자원자들이 재앙이 임박했다고 확신할수록 추측에서 확신으로 향하는 나의 경로는 거울상처럼 정반대임을 알 수 있었다. 이들의 신념이 완고하고 터무니없음을 깨닫게 되자 나 역시 어리석었음을 깨닫게 되었다. 애그릭이 기후 변화 문제에 관심을 점점 더 기울이는 전 세계적 추세가 눈속임에 불과하다고 일축할 때 나 역시 맨 처음 내 걱정을 말했을 때 친구들이 제기한 반대 의견을 무시했었음을 알 수 있었다. 종교적 근본주의자처럼 신앙을 위협하는 증거들에 귀를 막고 곧 종말이 닥치리라는 믿음에만 매달려온 셈이다. 현대 문명이 지구 온난화를 극복하고 계속해서 번성해나갈지도 모른다는 생각은 나를 오싹하게 했다. 아마 그래서 그토록 열렬히 문명의 붕괴를 믿었으리라. 나는 문명이 붕괴되길 **바랐다**. 그리고 애그릭은 아직도 그렇게 바라고 있었다.

훌륭한 이론이 뒷받침되지 않는 증거는 결코 믿지 마라. 과학의 작동 원리로 여겨지는 일반적 관점을 기발하게 뒤집은 문장이다. 위 관점대로 세상을 바라보는 것은 매우 일리가 있다. 고등학생이 실험실에서 예상치 못한 결과를 얻을 때 우리는 화학 분야 전체의 신뢰성을 의심하지 않는다. 다만 그 학생이 실수를 저질렀을 거라고 추정할 뿐이다. 견고한 이론이라면 이론 자체를 의심하기보다 변칙적인 데이터를 기각하는 편이 더 합리적이다.

애그릭이 문명이 당장 붕괴되지 않을지도 모른다는 의견을 무시한 데는 그가 기댄 이론이 매우 강력하다는 이유도 있었다. 애그릭은 그 이전의 많은 사람들처럼 맬서스의 이론에 사로잡혀 있었다. 맬서스는 인구 증가의 속도가 늘 식량 공급의 속도를 추월하기 마련이라고 말하지 않았던가? 맬서스는 이것을 **증명**해냈다.

맬서스의 추론이 지닌 설득력의 대부분은 수학의 명백한 확실성에 근거한다. 독일의 생물학자 파울 에를리히 역시 수학의 확실성으로 인해 광적인 확신을 갖게 된 것으로 보이는데, 그가 1968년에 발표한 베스트셀러 《인구폭탄》은 다음과 같은 인상적인 주장으로 시작한다. "모든 인류에게 식량을 공급하는 것을 목표로 했던 투쟁은 끝났다. 1970년대가 되면 지금 어떤 대책을 마련하든 수억 명의 인구가 굶어 죽을 것이다. 나중이 되면 무엇으로도 전 세계 사망률의 실질적 증가를 막을 수 없다." 1972년 베스트셀러가 된 《성장의 한계》 역시 냉혹한 수학적 추론에 기댄 책이다. 이 책에서 저자들은 복잡한 컴퓨터 모델에 근거해 비슷하게 암울한 예측을 한다.

맬서스 주장의 전제를 받아들인다면 결론은 두말할 것 없이 엄정한 논리적 필연성을 따른다. 문제는 수학의 논리에 빠지면 실제 전제가 참인지 거짓인지 따져보지 않게 되는 경향이 있다는 점이다. 그리고 바로 여기에 속임수가 있다. 인구 증가 속도가 반드시 늘 식량 공급 속도를 추월한다고 믿을 납득할 만한 이유가 없는 까닭이다. '자연적 수용력' 같은 것도 존재하지 않는다. 인간이 살아가는 환경은 엄밀히 말해 자연 그대로가 아니다. 농경을 시작한 이래 인간은 기술을 이용해 기술 없이 유지 가능한 수준을 훨씬 넘어선 인구를 유지해왔다. 미래의 기술로 어디까지가 가능해질지 누가 알겠는가?

그러나 맬서스주의자들은 기술적 해결책을 미봉책으로 폄하하며 인간의 창조성에 깊은 불신을 드러낸다. 스티븐 에모트는 쓸데없는 공포를 불러일으키는 작은 책《100억 명》[1]에서 "인간의 지능과 독창성"이 해결책은커녕 "현재 인류가 직면한 모든 전 지구적 문제의 동인"이라고 말한다.

맬서스주의자들은 말한다. 인간의 지능에 기대를 걸지 마라. 다시 말해 인간의 지능이 문제를 **해결**해주리라 기대하지 마라. 인간을 맨 처음 곤경에 빠뜨린 건 바로 우리의 호기심이었다. 하와는 선악과 열매를 따먹지 말았어야 했다. 프로메테우스는 신들의 불을 훔치지 말았어야 했다. 우리는 진보를 믿는 오만함을 버리고 이제 충분하니 그만하자고 말하는 법을 배워야 한다.

그래서 수학은 염세주의자들에게 생기를 불어넣는 인간 혐오 정신을 손쉽게 감춰주는 눈속임에 지나지 않는다. 그러나 수학이 가진 강력한 최면의 힘은 참으로 많은 사람의 혼을 빼놓는다.

어느 날 아침, 잠에서 깨니 덤불숲 아래 몸을 웅크린 채였다. 옷은 새벽이슬에 흠뻑 젖어 있었다. 이런 곳에서 잠이 든 이유는 알

---

1 *10 Billion.* 국내에는 《100억 명, 어느 날》이라는 제목으로 출간되었다.

수 없었지만 나의 광기와 관련이 있음은 분명했다. 도랑에서 기어 나와 천천히 몸을 일으켰다. 몸은 여전히 뻣뻣했고 찬 바닥에서 잔 탓에 쑤시지 않는 데가 없었다. 이 안개 자욱한 잿빛 아침, 완만한 비탈면을 따라 수백 미터 아래 있는 유토피아에는 어떤 생명의 흔적도 없는 것만 같았다. 나는 반대쪽에 있는 로메이의 농가를 향해 터덜터덜 걸었다.

"도대체 무슨 일이야?" 후줄근하게 젖은 부스스한 몰골로 로메이의 부엌에 비틀비틀 들어가자 로메이가 외쳤다.

나는 아무 말 없이 투박한 식탁 의자에 털썩 주저앉았다.

로메이는 고개를 절레절레 흔들었다. 내가 불쌍해서인지 못마땅해서인지 알 수 없었다.

"차를 한 잔 내올게. 참, 그리고 네 앞으로 온 편지가 하나 있어." 로메이가 말했다.

꿈지럭거리며 봉투를 열어 내용물을 살폈다. 정신과 의사와 면담이 잡혔음을 알리는 편지였다.

몇 주 전에 마침내 병원 치료가 필요함을 인정하고 지역 보건의를 찾아갔었다. 그러나 내 상태를 들은 보건의는 자신 없는 표정을 지으며 정신과 의사와 면담이 필요하다고 말했다.

로메이는 이 상황이 별로 탐탁지 않은 듯했다. "언제야?" 그녀가 물었다.

나는 믿을 수 없다는 얼굴로 로메이를 바라보며 눈만 깜빡였다.

"오늘이야." 내가 대답했다.

1시간 정도 후 나는 로메이의 차를 타고 병원 앞에 와 있었다.

"같이 들어가줄까?" 그녀가 물었다.

나는 고개를 저었고 로메이는 차를 몰고 떠났다. 대기실에서 기다리는 동안 티끌 한 점 없이 흰 벽과 안락한 의자, 벽에 붙은 공문과 안내문을 한 차례 둘러보았다. 모든 것이 생경해 보였다. 멜라네시아의 섬에서 토착민들과 1년을 보내고 막 돌아와 현대식 세상에 적응하기 어려워하는 인류학자가 된 기분이었다.

접수 담당자가 내 이름을 불렀다. 복도를 지나 그녀가 가리키는 방으로 갔다.

나는 문을 두드리고 안으로 들어갔다. 키 큰 금발 여자가 일어나 나를 맞았다.

"안녕하세요, 닥터 윌리엄스입니다." 그녀가 말을 이었다. "이쪽은 지금 레지던트 과정에 있는 더글러스 선생님이에요. 더글러스 선생님이 같이 참관해도 괜찮을까요?"

"그럼요." 나는 우물거리며 두 의사의 맞은편에 놓인 의자에 앉았다. 의사들이 둘 다 깔끔하고 번듯한 차림인 것과 대조적으로 나는 진흙투성이 낡은 장화에 빛바랜 파란 전투 바지, 헐렁한 양모 스웨터 차림이었다. 축 늘어진 머리카락은 잔뜩 기름졌고 손으로는 턱에 난 수염을 강박적으로 잡아 뜯고 있었다.

"오늘 여기까지 오시게 된 이유가 뭘까요?"

"죽고 싶은 기분이 듭니다." 내가 대답했다.

"언제부터 그랬나요?"

나는 윌리엄스 선생에게 차근차근 지난 몇 개월간의, 그리고 작년의 이야기를 했다. 유토피아 실험에서 보에 대한 얘기까지 모든 것을 털어놓았다. 결국 선생은 펜을 내려놓더니 가서 다른 의사를 불러와도 괜찮겠느냐고 물었다.

몇 분 후 윌리엄스 선생은 단정한 옷차림의 아시아인 남자와 함께 돌아왔다.

"사토시 선생님입니다. 우리 병원의 정신과 전문의시죠."

사토시 선생이 내 옆에 앉았다.

"윌리엄스 선생님께 대충 이야기를 들었습니다. 며칠 입원을 권유하고 싶군요." 그가 말했다.

눈물이 북받쳐 오르기 시작했다. 이곳에, 이 병원에 계속 있어도 된다고 생각하니 안도감이 밀려왔다. 한편으로는 몹시 두렵기도 했다. 하지만 그땐 어디든 유토피아보다 나아보였다. 하루라도 빨리 유토피아에서 벗어나야 했지만 달리 갈 곳이 없기도 했다.

"잠시 생각 좀 해봐도 될까요?" 내가 물었다.

"네, 물론입니다." 사토시 선생이 나를 안심시키며 말했다. "천천히 생각해보세요. 카페테리아에 가서 차나 커피를 한 잔 하시죠? 생각이 정리될 겁니다."

윌리엄스 선생이 카페테리아로 안내했으나 내 수중에 돈이 한 푼도 없어 그녀가 대신 차 값을 내야 했다. 윌리엄스 선생은 혼자 생각할 수 있게 자리를 피해주었다. 머리가 핑글핑글 돌았다. 도대체 어쩌면 좋단 말인가? 마음이 계속 바뀌었다. 입원 권유를 받아들일까. 아냐, 정중히 거절해야 해. 그냥 이대로 병원에 계속 있는 거야. 아니, 유토피아로 곧장 돌아가야 돼. 그 지옥 같은 곳에선 단 1분도 더 버틸 수 없어. 아냐, 실험을 포기할 순 없지.

병원 카페테리아에 앉아 이런저런 생각을 하는 동안 몇 시간이 훌쩍 지났고 마음은 몇 초마다 엎치락뒤치락했다. 늦은 오후가 되자 나는 지쳐버렸다.

윌리엄스 선생이 카페테리아로 들어와 내 자리에 앉았다. 나는 이미 오래전에 차를 다 마셨지만 여전히 빈 스티로폼 컵을 움켜쥔 채였다.

"자, 입원하실 마음이 들었나요?" 그녀가 물었다.

"잘…… 잘 모르겠습니다." 나는 더듬거리며 말했다.

"사토시 선생님을 다시 만나보고 싶으신가요?"

"네, 부탁합니다."

그래서 우리는 다시 복도를 지나 사토시 선생의 방으로 갔다. 그는 다시 한번 내가 원한다면 입원이 가능하다고 설명하며 최소 며칠은 입원하는 걸 추천한다고 말해주었다.

"좋습니다. 입원하겠습니다." 나는 대답했다.

사토시 선생은 만족하는 듯 보였다. 그러나 그가 책상 위에 놓인 파일에 손을 뻗자마자 마음이 바뀌었다.

"잠깐만요! 다시 생각해봤는데 입원은 못할 것 같아요." 나는 웅얼거리며 말했다.

사토시 선생이 건너편의 윌리엄스 선생과 눈을 맞췄다.

윌리엄스 선생이 고개를 끄덕였다.

사토시 선생은 헛기침을 하며 말했다. "당신은 현재 혼자 결정을 내릴 수 없는 상태가 분명합니다. 정신 보건법에 의거해 병원에 강제 입원시키겠습니다."

그리고 모든 것이 끝났다. 나는 더 이상 자유로운 시민이 아니었다. 그 이후 만일 단독으로 병원 밖으로 걸어 나갔다면 경찰이 나를 돌려보냈을 것이다. 나는 기이한 안도감을 느꼈다.

14

탈출

병원에서 보낸 마지막 주에 자원자 셋이 면회를 왔다. 간호사가 문병객이 왔다고 말해주었을 때 나는 병실에 있었다. 그리고 병동 휴게실에서 기다리는 애그릭과 토미, 피트를 발견했다. 진흙투성이 장화와 빛바랜 청바지가 병원과는 영 어울리지 않아 보였다.

"기분은 어때요?" 애그릭이 얼굴에 친근한 미소를 띠며 물었다.

"덕분에 훨씬 나아졌어요. 곧 퇴원하게 될 것 같아요."

"말하는 걸 들으니 확실히 좋아졌군요. 최소한 목소리는 돌아왔네요." 애그릭이 말했다.

"일상으로 돌아가면 훨씬 더 좋아질 거예요. 다시 맑은 공기를 마시고 밭일도 하고 빵도 굽고 하면요." 피트가 말했다.

갑자기 정신이 번쩍 들었다. 이들은 내가 다시 전처럼 실험을 계속하리라 생각하고 있었다. 마치 아무런 일도 없었던 것처럼 말이다! 내 정신병이 진짜라고 믿고 싶지 않았는지도 모른다. 그걸 믿으면 실험 전체가 물음표가 되어버리기 때문이다. 이 모두가 한 사람의 머릿속에서 나온 망상에 불과하다면 자원자들은 뭐가 되겠는가? 이제 이들은 철석같이 실험을 믿고 있었기에 의심이 끼어들 여지는 없었다.

결국 자원자들이 내가 미쳤다는 사실을 받아들이게 하려면 실험을 그만둬야 했다. 그러나 그 이유는 애초에 내가 실험을 시작해서가 아니라 실험을 그만둬서일 터였다. 자원자들은 이렇게 유토피아 실험이 한 광인의 머릿속에서 나온 미친 짓이 아니라 훌륭한 계획이었다고 계속 자신을 속일 수 있었다. 실제로 이들은 유토피아를 떠나는 사람들이 미쳤음이 분명하다고 생각했는데, 이들에게 유토피아는 특별한 곳이자 제정신이 아닌 세상에서 제정신을 갖춘 사람들이 쉴 수 있는 오아시스, 곧 붕괴될 문명으로부터의 피난처, 과거의 잿더미 위에 미래를 창조할 장소인 까닭이었다.

며칠 후 사토시 선생에게서 퇴원해도 좋다는 허락이 떨어졌다. 나는 아직 멀쩡한 상태가 아니었다. 아니, 멀쩡한 것과는 아주 거리가 멀었다. 다시 완전히 평소의 나로 돌아왔다고 느낄 때까지 1년이 더 걸렸고, 유토피아에서 일어난 일을 스스로 정말 솔직하게 인정하기까지는 그보다 더 많은 시간이 걸렸다. 하지만 병원에서 한 달을 보낸 이후 거의 일상을 영위할 수 있는 수준이 되었고 병원에 처음 왔을 때와 비교하면 이것만으로도 큰 진전이었다.

사토시 선생과 악수를 하고 도움을 베풀어준 데 감사를 표했다. 사토시 선생은 나를 솔직하게 대해줬다. 일부러 시간을 내 내 글을 읽고 언젠가 다시 글을 쓸 수 있을 거라고 말해줬으며, 잘못된 진단으로 항정신병제를 처방하지도 않았다. 그는 얼굴 가득 미소를 지었다.

"당신은 아주 아슬아슬한 상태였어요, 딜런. 본인은 잘 모르겠지만 까딱하면 아주 심각할 뻔했습니다."

다소 과장이 섞인 것 같았지만 어쩌면 그의 말대로 됐을지도 모를 일이었다.

"마지막으로 몇 가지 조언을 해도 될까요?" 그가 물었다.

"물론이죠."

"어디든 떠나서 얼마간 자리를 잡고 사세요. 혼자 힘으로 새 삶을 꾸리는 겁니다. 서두르지 마시고요. 1년 정도 지났다고 다시 떠나시면 안 됩니다. 당분간 한곳에 정착해 사세요."

솔직히 말하자면 그리 솔깃한 조언은 아니었지만 이 모든 일을 겪은 후 내 삶에 어느 정도 안정이 필요함을 이해할 수 있었다.

"그리고 한 가지 더." 그가 덧붙였다. "당분간 이성 교제는 하지 마십시오."

"얼마나요?" 내가 물었다.

"3년이면 될 것 같습니다."

3년이라니! 3년은 다소 지나친 요구처럼 들렸다. 하지만 그때 오랜만에 처음으로 익살스러운 생각이 떠올랐다. 그의 조언에 따라 내게 관심을 보이는 여자에게 이렇게 말하는 장면이었다. '미안하지만 난 당신과 사귈 수 없어요. 담당 정신과 의사가 3년 동안 연애를 하지 말라고 했거든요.' 여자들은 겁을 먹고 달아나리라.

그다음 나는 소지품―옷과 책 약간―을 챙겨 그것들을 큰 쓰레기봉투에 쑤셔 넣었다. 그리고 마지막으로 병원 문을 열고 밖으로 나갔다.

로메이가 나를 마중 나와 유토피아에 다시 데려다주었다. 흙길을 걸어 내려가다가 거의 4주 만에 처음으로 헛간을 다시 보았을 때 두려움으로 등골이 오싹해지던 순간이 아직도 기억난다. 헛간은 흐린 날씨 속에 거의 잿빛으로 보였고 근처엔 아무도 없었다.

뻑뻑한 나무 문을 밀며 안을 들여다보았다. 바뀐 것은 아무것도 없었다. 오수가 풍기는 악취도, 임시 싱크대 옆에 산더미처럼 쌓인 더러운 접시도 그대로였다. 커다란 나무 탁자 위에 어지럽게 흩어진 연장과 빵부스러기, 잡다하게 뒤섞인 낡은 의자들도 여전했다.

자리에 앉아 생각을 정리하려 애썼다. 쉽지 않겠지만 자원자들에게 실험이 끝났으니 이제 다들 집으로 돌아갈 시간이라고 말하기로 결심했다. 상황이 좋을 때도 이런 말을 하는 건 난감한 일일

텐데 하물며 나는 아직 다 회복되지도 않은 상태였다. 결국 병원에 입원할 만큼 나를 압박했던 불안증은 다소 줄어들었으나 그럼에도 여전히 심신이 꽤 약해져 있었다.

애그릭이 문 앞에 나타났다. 그는 만면에 따뜻한 웃음을 지으며 팔을 벌리고 내 쪽으로 다가왔다. 그의 포옹을 받으며 나 역시 조심스레 팔을 둘러 마주 안았지만 마음속으로는 그리스도를 팔아넘긴 유다가 된 기분을 느꼈다. 그의 눈을 똑바로 쳐다보기가 힘들었다.

"다 끝났어요." 내가 말했다.

"다 나았다고요?"

"아뇨, 실험이 끝났다는 말입니다. 이젠 더 이상 이 실험이 옳다고 생각하지 않아요."

"당연히 당장은 그런 생각이 들 거예요." 애그릭이 옆에 앉으며 말했다. "방금 퇴원했잖아요. 회복하려면 아직 시간이 필요해요."

"아뇨, 난 마음을 정했어요. 이제 모두 돌아갈 시간이에요."

"지금 이 사람들을 돌려보낼 수는 없어요, 딜런. 너무 늦었어요. 사람들은 이 프로젝트를 신뢰하고 있어요. 이 실험을 성공시키려고 몇 주에서 어떤 경우엔 몇 달씩 고생을 했다고요. 당신이라고 해도 그걸 멋대로 중단시킬 수는 없어요."

나는 그저 고개를 저으며 말했다. "미안해요."

애그릭의 얼굴이 급격히 잿빛으로 변했다. 그는 등을 돌려 나갔고 나는 어둠 속에 혼자 남았다.

자원자들은 전혀 떠날 의사가 없다는 사실이 곧 명백해졌다. 그리고 이들의 의사에 반해 취할 수 있는 조치도 없었다. 스탠퍼드 감옥 실험을 종결할 때 짐바르도는 그저 참가자들을 심리학과 건물 지하에서 쫓아내기만 하면 됐다. 그러나 상대가 스코틀랜드 하일랜드에 진을 친 자원자 무리일 때 깨끗이 쫓아내는 건 그리 쉬운 일이 아니다. 곧 이들이 원하지 않으면 억지로 내보낼 방법이 없음을 깨닫게 되었다.

실험이 종결되었음을 선언하자 자원자들은 내가 정신 질환을 앓고 있고 아직 완전히 회복되지 않아서 이런다고 생각했다. 그래서 나를 가엾게 여겨 돌봐주고 음식을 만들어주고 쉬게 해주었다. 그러나 내 말을 진지하게 받아들이지는 않았다. 나는 언제나처럼 고립되었다.

내가 예상했던 장면은 전혀 이렇지 않았다. 나는 안락한 병원 침대에 누워 모든 것을 훨씬 단순하게 상상했다. 실험이 끝났음을 알리면 모두가 짐을 싸서 떠날 거라고 말이다. 물론 누구는 항의하고, 누구는 반발하고, 누구는 눈물을 흘리겠지만, 결국 어쩔 수 없이 받아들이고 짐을 싸리라 생각했다. 나를 무시하고 계속 머물 거라는 생각은 꿈에서조차 하지 못했다.

이제 나는 몹시 혼란스러웠다. 나 없이도 질주를 계속하는 실험을 바라보며 병원에 입원하기 전의 상태로 되돌아간 것 같았다.

실험은 기수를 내동댕이친 말처럼 평원을 가로질러 위험을 인식
한 사람을 향해 달려가고 있었다. 그때 이 실험이 이제는 정말 내
실험이 아님을, 내 실험이 아니게 된 지 꽤 오래되었음을, 무언가
다른 것으로 진화했음을 깨달았다. 사실상 이 깨달음은 탈출구나
다름없었다. 내 실험은 떠날 수 없어도 남의 실험은 떠날 수 있는
까닭이었다.

자원자들이 일을 하러 나간 동안 이렇게 조용하고 은밀히 탈출
계획이 싹텄다.

병원에서 나온 뒤 유토피아에서 극적으로 탈출하기까지 마지
막 몇 주 동안 일어난 일들은 마치 꿈속에서 겪은 일처럼 비현실
적으로 느껴졌다. 겉으로 나는 병원에 입원하기 전 발을 끌며 느
릿느릿 움직이던 그늘지고 어색한 인물과 다를 바 없어 보였으리
라. 그러나 안으로는 더 침착해지고 더 단호한 행동력을 갖게 되
었다고 느꼈다. 나는 이제 곧 이곳을 떠나리라는 걸 알았고, 필요
한 준비를 하는 일만 남아 있었다. 아직 모든 게 버거웠지만—무
언가를 계획하는 능력은 여전히 심각하게 손상되어 있었으며 머
릿속은 언제나처럼 흐리멍덩했다—적어도 터널의 끝에 빛이 있음
은 알 수 있었다.

불안증이 재발하는 유일한 시간은 저녁때였다. 애그릭이 레이
번에 불을 때고 그레이엄이 채소를 써는 동안 나는 구석에 앉아

아무 말도 못하고 덜덜 떨었다. 몸이 잔뜩 움츠러들어 굽어가는 걸 느낄 수 있었다.

다른 자원자들은 실험의 설립자가 그저 유령처럼 한마디 말도 없이 무기력하게 관망하고만 있다는 사실을 어떻게 생각할지 궁금했다. 그동안 설립자의 머리에서 나온 실험은 그의 상태와는 상관없이 순조롭게 진행되어갔다.

자원자는 끊이지 않고 찾아왔다. 그중에 랭커셔의 우편배달원으로 일하는 그렉 콜린스가 있었다. 그렉은 덩치가 크고 다부진 몸에 둥글고 큰 얼굴의 대머리였다. 나이는 30대 후반이었으며 아주 느릿느릿 말하는 버릇이 있었다. 처음 며칠 살짝 당황한 모습을 보인 그는 20년 넘게 프레스턴에서만 살다 온 그에게 유토피아는 문화 충격이나 다름없다고 털어놓았다. 평소 인스턴트식품을 애용하는 까닭에 몇 시간 전부터 식사 준비를 하는 데 적응하기 힘들다고 고백하기도 했다. 그러나 일주일 만에 그는 아침마다 신나게 레이번에 불을 때 애그릭과 빵을 구운 뒤 몇 시간씩 밖에서 밭일을 하거나 장작을 패는 사람으로 바뀌었다. 그가 부러웠고 이 실험의 설립자가 이토록 쓸모없는 인간이라는 사실에 실망할 것이 틀림없다고 확신했다.

본인은 손사래를 쳤지만 이제 애그릭은 이곳의 총책임자나 다름없었다. 그는 물을 만난 고기처럼 동에 번쩍 서에 번쩍 하며 여기서는 피트에게 맥주 양조법을 가르치고 저기서는 그렉에게 나가서 장작을 주워오게 시켰다. 그리고 이 모든 일을 하는 내내 곧 닥칠 금융 위기에 대해 흥분해 떠들었다. 지평선 위로 몰려드는 먹구름처럼 위기는 이미 가까이 다가와 있었다.

8월 9일 애그릭은 기쁨의 환성을 질렀다.

"사람들이 오늘 아주 갈팡질팡하더군요! 장담하건대 이제 시작이에요! 나중에 돌이켜보면 오늘이 바로 세계적인 경기 침체가 시작된 그날임을 알 수 있을 겁니다!" 그는 승리감에 젖어 단언했다.

그는 아주 잘 이해하고 있었다. 2007년부터 2008년까지 전 세계를 휩쓴 금융 위기의 시작은 프랑스 투자은행 BNP 파리바가 "유동성의 완전한 증발"을 이유로 헤지 펀드 3개의 환매를 중단한 이 날로 정확히 거슬러 올라간다.

애그릭은 지대한 관심을 보이며 소형 태엽 라디오로 관련 뉴스를 빠짐없이 챙겨 들었다. 그는 저녁 식사 시간 내내 시장을 정상적으로 작동시키기 위해 중앙은행들이 어떤 개입을 해 유동성 지원 조치를 취하고 있는지 설명해주었다. "예전에도 이런 일이 있었죠. 9·11 직후처럼 우리를 현재 있는 이 길에 묶어두려는 수작들입니다." 그는 엄숙하게 말했다.

"우리가 아슬아슬하게 올라타 있는 줄이 점점 더 높아지고 가늘어지는 셈이죠. 하지만 다들 알다시피 끊어지는 건 시간문제입니다." 그가 비유를 섞어 말을 이었다.

그는 1930년대보다 더 심각한 세계적 대공황이 닥칠 것으로 예상했다. 피크 오일의 영향까지 더해지면 전 세계 금융 시스템이 "불과 몇 개월 이내", 많아봤자 "수년 이내" 붕괴될 가능성도 있었다. 그때가 되면 화폐는 휴지 조각이 될 터였다.

"돌이킬 수 있는 지점은 벌써 지났습니다. 이제 유일한 희망은 유토피아처럼 구명정 역할을 하는 공동체를 만들어 지식과 생존 기술을 보존하고 붕괴 이후의 삶을 대비하는 것입니다." 애그릭이 엄숙하게 결론지었다.

9월의 어느 이른 아침 아직 어둡고 안개가 자욱할 무렵 나는 얼마 남지 않은 소지품이 보관된 컨테이너로 향했다. 문이 크게 삐걱거렸지만 유르트에서 멀리 떨어져 있어 깬 사람은 없었다. 손전등을 켜 안을 둘러보며 책이 든 상자를 찾았다. 그리고 1년 넘게 한 번도 열어보지 않은 상자들을 꺼내 흙길 위에 하나씩 쌓아놓았다. 이제 남은 것은 화물차가 도착하기를 기다리는 일뿐이었다.

인지 능력이 떨어지면서 잉글랜드까지 내 짐을 실어다 줄 화물차를 찾는 것처럼 간단한 일도 버겁게만 느껴졌다. 책 상자 옆에 앉아 언덕 위로 슬금슬금 올라오는 첫 새벽빛을 맞으면서도 화물차가 정말로 나타날지 확신하지 못했다.

먼저 희미한 엔진 소리를 듣고 그다음 화물차가 울퉁불퉁한 길을 지나 내 쪽으로 다가오는 것을 보았을 때도 머릿속이 흐리멍덩해 눈앞의 광경이 진짜인지 완전히 확신할 수 없었다. 그러나 화물차에 상자들을 다 싣고 나자 어깨에서 힘이 빠지는 것을 느끼며 몇 달 만에 처음으로 진짜 미소를 떠올렸다. 나는 자유였다.

화물차가 떠난 후 헛간으로 돌아갔다가 레이번 스토브 옆에서 자고 있는 소크라테스를 발견했다. 소크라테스를 들어 올려 이동장 안에 넣었다. 1년 전 스코틀랜드로 긴 여행을 떠날 때 사용했던 것과 같은 이동장이었다. 그러나 이번에는 신경안정제를 먹이지 않았다. 소크라테스를 낡아빠진 푸조 206의 뒷좌석에 실었다. 낡고 진흙투성이였지만 그래도 시동이 걸려 어찌어찌 운전을 할 수 있었다. 그래서 나는 작별 인사도 없이 오래된 흙길을 마지막으로 지나쳐 남쪽으로 향했다.

유토피아 실험은 끝났다. 그러나 자원자들은 여전히 그곳에 눌러앉아 살았다. 나중에 유토피아의 잿더미에서 부활했다는 의미에서 '피닉스 실험'으로 이름을 바꾸었다는 걸 알았다.

내가 유토피아를 떠난 지 6년이 지나서까지 애그릭은 적어도 1년의 절반을 그곳에 머물렀다. 로메이의 표현을 빌리자면 "그곳의 밭에 감자와 함께 자기 영혼도 심은" 것처럼 말이다. 애그릭은 헛간의 일부를 침실로 개조했는데, 앵거스의 말로는 여전히 지독한 아수라장이라고 했다. 대조적으로 아주 번듯한 모양새가 된 애그릭의 채소밭은 지역에서 지원을 받아 비닐 온실—일렬로 늘어선 아치형 고리 위에 폴리에틸렌 필름을 씌운 임시 온실－까지 갖출 만큼 규모를 키웠다.

다른 자원자 몇몇 역시 때때로 그곳을 방문해 밭일을 돕고 애그릭의 말동무가 되어주었다. 2009년 12월에는 그렉이 보낸 크리스마스카드를 받았다. 학생들을 가르치고 있던 아일랜드 대학교의 주소를 알아내 보낸 카드에는 감동적인 내용이 담겨 있었다. 그는 유토피아 실험에서 겪은 일이 그의 인생에서 가장 멋진 일이었으며 그것이 자신의 일상에 의미를 부여했다고 썼다. 그는 작은 공영 아파트에 독신으로 살며 우편배달부로 일했다. 그런 그에게 스코틀랜드 하일랜드에서 숨이 멎을 듯 아름다운 산을 배경으로 야외에서 일하며 이따금 몇 주를 보내는 경험이 상대적으로 경이롭게 여겨지는 것은 그리 놀랍지 않았다. 그럼에도 그의 카드는 나를 감동시켰고 나는 아니지만 최소한 몇몇에게는 이 실험에 어쨌든 유토피아적이라 부를 만한 무언가가 존재했다는 사실이 기뻤다.

2010년 자원자들이 아직까지도 내가 유토피아로 돌아오기를 기다리고 있다는 소문이 들렸다. 언젠가 문명이 최종적으로 붕괴되는 순간 제정신을 차리면 다시 한번 그들 모두를 이끌고 종말 이후의 미래로 인도하리라는 내용이었다. 이런 소문은 터무니없게만 느껴졌으니, 마치 나도 모르는 사이 무슨 광신적 종교라도 창시한 것 같았다. 진심으로 이런 말을 믿은 자원자는 단 한 명도 없었으리라 확신한다. 아무튼 나는 종교 지도자 같은 유형과는 거

292

리가 멀었다.

광신적 종교 지도자의 첫 번째 요건은 자기가 한 헛소리를 스스로 믿는 것이다. 확고부동한 신념을 지닌 사람은 놀랍게도 엄청난 설득력을 지닌다. 비록 정말 말도 안 되는 신념이라 해도 그렇다. 1978년 불쌍한 희생자들이 가이아나의 외딴 은거지까지 짐 존스[1]를 따라갔을 때 그의 완벽하고 절대적인 확신은 희생자들을 설득하는 데 분명 큰 역할을 했다. 그리고 희생자들의 확신은 차례로 존스의 확신을 더욱 부채질했고, 이렇게 서로는 공통의 망상을 강화해나갔다. 하지만 내 경우는 자원자들이 나를 믿을수록 점점 스스로를 믿을 수 없어졌다. 그러나 내가 종교 지도자의 자질을 갖추지 못해 다행이었다. 결국 나를 구원한 건 확신의 부족이었으니 말이다.

애덤은 계속 나를 놀라게 했다. 잉글랜드로 돌아오고 며칠 후, 한동안 켄트의 한 친구 집에 머물며 지친 심신을 달래던 내게 애덤이 독일에서 이메일을 보내왔다. 그는 자신이 지난 몇 달간 보스니아에서 기계 없이 농사를 짓는 농부와 함께 지냈노라고 썼다.

---

[1]   James Warren 'Jim' Jones. 미국 인디애나주 인디애나폴리스에 인민사원(Peoples Temple)이라는 사이비 종교 단체를 세운 인물. 인민사원 내에서 벌어진 신도 폭행과 학대 사건이 미국 내에 폭로되자 남아메리카 가이아나의 정글 속으로 거점을 옮긴 뒤 1978년 신도들에게 집단 자살을 사주해 자신을 포함 900명 이상이 사망했다.

　나는 그의 말이 못 미더워 고개를 가로저었다. 보스니아라고? 독일에서 도대체 뭘 한다는 걸까? 어떻게 돈 한 푼도 없이 전 세계를 쏘다닌다는 거지?

　애덤은 11월에 다시 이메일을 보냈다. 아직도 독일에 머무르며 또 다른 유르트 마을을 짓고 있다고 했다. 이듬해 3월에는 자신이 오스트리아에 있다고 말하며 새 기타를 사게 170유로를 부쳐달라고 했다. 몇 달 후 '믿음의 아버지 아브라함'이라는 새 자아를 만든 그에게 이메일을 받았다. 레인보우 교회의 새 웹사이트를 방문해 '마야력 1주기 만에 성인(聖人) 되기'라는 제목의 온라인 상급자반에 등록해달라는 메일이었다.

　그 후 몇 년간 애덤과의 연락이 완전히 끊겼다. 2014년 6월 이 책의 막바지 작업이 한창일 때 다시 그의 이메일을 받았다. '과거 치유'라는 제목 아래 전 세계의 특별한 소수에게만 유익한 지식을 전해준다는 내용이었다. 보아하니 위대한 영이 내가 바로 그 운 좋은 소수 중 한 명이라고 일러준 듯했다.

　몇 통의 이메일로 그가 아직 독일에 있으며 예술가로 변신했음을 알았다. 그의 웹 페이지에서 검은 베레모를 쓰고 빳빳한 흰 셔츠에 멜빵을 멘 영락없는 보헤미안 화가의 사진을 볼 수 있었다.

　나는 큰소리로 웃으며 이 늙은이가 걱정했던 것처럼 어디서 죽지 않고 잘 살고 있음에 안도했다. 그리고 다시 한번 그의 뻔뻔스러움에 감탄했다.

15

문명 속의 불만

나는 마지막 한 방울까지 에너지와 집중력을 쥐어짜 하일랜드에서 켄트까지 차를 몰았다. 켄트에는 친구 소유의 집이 있었는데 친절하게도 긴 스코틀랜드 여행에서 돌아온 내가 그곳에 머물며 쉴수 있게 해주었다. 그로부터 두 달 동안 대부분의 시간을 침대에서보내며 가끔 담배를 피우거나 차를 타고 냉동 피자를 사러 갈 때만침대를 벗어났다. 나는 아무 맛도 느껴지지 않는 냉동 피자를 입에쑤셔 넣고 도로 이불 속에 뛰어들었다. 몇 시간씩 침대에 누워 전혀 피곤하지 않은데도 잠을 이루려 애쓰다 보면 유토피아의 기억이 불쑥불쑥 떠오르곤 했다. 그럴 때면 걷잡을 수 없는 두려움과오싹한 공포에 사로잡혀 눈을 더욱 꽉 감고 코츠월드의 낡은 시골집으로 돌아가는 상상을 했다. 순전히 의지만으로 시간을 되돌려 지난 한 해를 통째로 지워버리기라도 할 수 있다는 듯이.

　잠시 내게 이런 기적을 일으킬 힘이 있을지 모른다고 진지하게 믿었던 것도 같다. 하지만 이런 허황된 생각이 얼마나 무의미한지 천천히 깨닫게 되었다. 시간이 지남에 따라 결코 과거로 돌아갈 수 없으며 침대에 영원히 누워 있을 수도 없음을 받아들이게 되었다. 내 인생을 다시 일으켜 세워야 했다. "다시 시작해야죠." 사토시 선생도 말하지 않았던가. 한편으로는 도저히 감당할 수 없는 불가능한 일로 여겨졌지만 마침내 내 앞에 놓인 긴 여정의 첫걸음마를 떼기 시작했다. 아침 내내 현실을 직시할 용기를 불러내려고 애쓰다가 정오쯤 드디어 침대에서 기어 나와 컴퓨터를 켜고 구직 사이트를 살피는 일상이 반복되었다.

　영국에는 스스로 돌아갈 곳을 없애버렸다고 생각했기에 바다 건너 있는 대학에 지원 서류를 넣기 시작했다. 내 결심은 아주 단호했고, 급조했지만 힘들게 작성한 이력서를 아무 감흥 없이 독일, 네덜란드, 아일랜드의 온갖 대학에 뿌렸다. 마침내 아일랜드 남쪽 해안에 위치한 코크 대학교에 면접이 잡혔다.

　비행기를 예약하고 면접을 준비하고 아일랜드까지 내 몸뚱이를 이끌고 가는 전 과정에는 큰 노력이 필요했으며 집중력과 힘을 최대로 끌어모아야 했다. 그러나 2주 후 나는 코크 대학교 컴퓨터공학과 부속 연구 그룹인 코크 제약조건 연산센터의 교수 및 박사후 연구원 앞에서 감정과 로봇을 주제로 이야기를 하고 있었다.

황무지에서 1년가량이나 현대 기술의 도움 없이 살아가려고 노력했던 내가 인공지능의 세계로 다시 돌아가 한때 경멸과 적대감을 품고 거부했던 미래의 문을 두드리고 있었다.

그날 저녁 선임 연구원 셋과 함께 인근의 인도 식당에 저녁을 먹으러 갔다. 자리에 앉아 카레 요리를 주문하는 동안 곧 동료가 될 연구원들이 호기심 가득한 눈길로 나를 쳐다보며 나의 최근 경험에 대해 궁금한 점을 물었다.

"그래서, 스코틀랜드에선 무슨 일을 한 건가요?" 닉이 물었다.

완전히 미친 사람처럼 보이지 않고도 솔직히 대답하는 방법이 없을까 고민했다.

"글쎄요, 자급자족을 실험했다고 할까요." 나는 위험을 무릅쓰고 말했다.

리처드가 눈썹을 추켜세우며 씩 웃었다. "채소나 뭐 그런 걸 길렀다는 말인가요?"

"그렇습니다." 나는 고개를 끄덕이며 당혹감을 감추려고 와인을 크게 한 모금 마셨다.

다른 연구원들이 웃음을 터뜨렸고 나는 미소를 지으려 애썼다.

"학계를 떠나 좀 쉬고 싶다고 느꼈거든요. 당분간 완전히 다른 일을 해보고 싶었어요." 내가 말했다.

"그리고요?" 닉이 짓궂게 나를 쳐다보며 말했다.

"얘기하자면 깁니다." 나는 깊은 한숨을 내쉬었다.

아슬아슬하게 때를 맞춰 웨이터가 포파덤이 담긴 큰 접시와 처트니 양념을 들고 등장했다. 각자 접시에 덜어 첫술을 뜰 때쯤 고맙게도 리처드가 화제를 바꿨다.

2008년 1월 말 아일랜드로 이사해 코크 제약조건 연산센터에서 일을 하기 시작했다. 감사하게도 연구원들은 이곳을 부를 때 그저 앞 글자를 따 '4C'라고 줄여 불렀다. 다시 연구실로 돌아가는 기분은 어색하기만 했다. 처음 몇 주는 아침마다 어딘가 큰 충격을 받은 표정으로 출근해 책상 앞에서 하릴없이 키보드만 두드리며 내가 무얼 하고 있는지 잘 안다는 인상을 주려고 애썼다. 점심시간에는 동료들을 따라 인근 식당에 가서 최대한 대화에 끼려고 노력했다. 그러는 동안에도 막 깊은 잠에서 깨어난 사람 같은 단절감과 멍한 기분은 내내 사라지지 않았다.

이런 기분은 이후 몇 달 동안 서서히 희미해져 9월이나 10월쯤 완전히 사라졌다. 세상은 다시 현실감을 되찾았다. 그동안 나는 유토피아 실험에 관한 책을 쓰기 시작했다. 틈틈이 썼던 자질구레한 메모를 모호하게나마 일관성 있는 서술로 옮기려고 노력했지만 쉽지 않았다. 사건의 흐름을 되짚어볼 때마다 고통스러운 기억에 주춤해야 했기에 간신히 1만 자 정도를 쓰고는 결국 모든 걸 보류하기에 이르렀다.

이후 몇 년 동안 친구들로부터 간간이 이제 책은 다 썼냐는 질문을 받았다. 그때마다 잠시 미뤄두었으며 적절한 때에 다시 쓰겠노라고 대답했다. 그러나 시간이 지날수록 책을 끝마칠 수 있을지 스스로도 점점 확신을 하지 못하게 되었고, 새로운 생활에 집중하느라 집필 계획 전체가 흐지부지되었다.

2008년 혁신적 교수 학습법을 연구하는 브리스톨 기반의 비영리단체 퓨처랩에 다니는 한 친구에게서 자기네 블로그에 유토피아 실험에 관한 짧은 글을 써달라는 부탁을 받았다. 그러나 나는 아직 유토피아에서의 기억들을 정면으로 직시하지 못했고 모든 일이 엉망으로 끝났음을 인정할 마음도 없었다. 그래서 모든 것을 긍정적으로 묘사하려고 애쓰며 실험을 중간에 그만둘 수밖에 없었던 책임을 자원자들에게 돌렸다. 유감스럽게도 자원자 하나가 블로그에 실린 이 글을 발견하고 내가 몇몇 사항을 조작했다고 비난하는 댓글을 올렸다.

댓글을 쓴 사람이 누군지 알 것 같았다.《인디펜던트》에 유토피아 실험에 관한 기사를 썼던 저널리스트 제임스 더스턴이었다. 맨처음 그의 기사를 읽고 무척 화가 났었다. 1년여가 지났지만 자존심에 입은 상처는 여전했기에 온라인에서 그를 저격하며 "바보 같은 기사에 썼던 헛소리를 똑같이 반복하고 있다."라고 비난했다.

제임스는 곧바로 맞받아쳤다. "바보 같은 기사라고요?" 그가 되물었다. "다시 읽어봐요, 딜런. 그 기사의 90퍼센트는 내가 그 실험에서 많은 걸 배우고 즐겁게 지냈다는 내용입니다. 당신에 대

해 쓴 내용은 기사 말미에 눈에 띄지 않게 언급한 몇 줄에 불과해
요. 그 역시 눈앞에서 직접 본 것과 다른 사람들이 말한 것을 옮겼
을 뿐입니다. 자기도 TUE(The Utopia Experiment)에 며칠 머물렀던
내 친구가 기사가 나온 직후 앵거스를 만났다더군요. 앵거스가 그
랬답니다. 지금까지 그가 읽은 유토피아 프로젝트에 관한 기사 중
유일하게 긍정적인 기사라고요. 그렇게 너무 혼자만의 생각에 빠
져 있지 마십시오."

　제임스의 말이 옳았다. 실패했다는 느낌이 아직도 유토피아에
대한 기억 전반을 지배했고 그래서 좋은 면을 보거나 자원자들이
실험에서 무얼 느꼈는지 궁금해할 여유가 없었다. 그러나 제임스
앞에서 이 사실을 인정하기엔 자존심이 상했기에 그의 안에 "강력
한 지도자에게 지배받고자 하는 욕망이 있다."라고 비난하며 상황
을 모면하려 했다.

　제임스는 당연히 내 얼치기 정신분석을 경멸하며 무시했다. 그
러나 리더십의 부재가 주요 문제였다는 데는 동의했다. "현장을
지휘할 뛰어난 인물이 없었다는 게 실패의 가장 큰 요인입니다."
그는 상황이 내 바람대로 흘러가지 않았던 이유를 이렇게 설명했
다. "자원자들이 새로운 방식으로 생필품을 얻게 만드는 실험 코
디네이터도, 추진력을 가진 지도자도 없었죠. 때문에 사람들은 아
주 빨리 진부함에 빠졌고 실험 현장은 생존주의자의 실험이라기
보다 저가에 즐길 수 있는 생태 휴가 캠프에 가까워진 겁니다." 그

의 주장이었다.

제임스는 계속해서 말했다. "내가 머물러 있는 동안 당신은 유령이나 마찬가지였습니다. 당신이 개인적인 문제와 씨름 중이었다는 건 알지만, 그게 당신 행동의 변명이 될 순 있어도 그 파급력까지 감추진 못하죠. 당신의 문제가 내가 도착한 날 생기지 않은 것도, 또 내가 떠난 날 사라지지 않은 것도 확실합니다."

아픈 지적이었다. 그러나 이번에도 역시, 사실이었다.

그는 말했다. 자원자들은 "실험 설립자가 허깨비처럼 잠깐 나타났다가 아무 일도 안 하고 말없이 사라질 때마다 실망을 감추지 못했습니다. 당신의 존재는 사실상 사람들의 사기를 꺾었어요. 참여 관찰자였다고 말하지만 참여자도 관찰자도 아니었다고요. 사람들이 당신을 소외시켰다고 했죠. 하지만 난 그런 사람은 보지 못했습니다. 그들은 오히려 당신이 적극적으로 참여하는 생산적 구성원이 되길 바랐지만 당신은 그럴 능력이 없어 보였어요."

하지만 제임스는 마지막으로 내게 감사를 표시할 만큼의 자비심을 갖고 있었다. "너무 비판 일색으로 들리지 않았으면 좋겠네요. TUE는 내 평생 잊지 못할 실험이었고 (나를 비롯해) 많은 자원자들이 실험 여건을 갖추느라 크게 희생한 당신에게 매우 감사하고 있습니다. 그런 좋은 아이디어가 그저 프로젝트 관리 미숙으로 제대로 된 성과를 얻지 못한 건 여전히 애석한 일이지만요."

그의 말이 옳다는 걸 알았지만 아직 공개적으로 인정할 수는 없었다. 그리고 똑같은 망설임 때문에 이미 시작한 원고로 되돌아가지 못했다. 대학에서 무너진 경력을 다시 쌓느라 바빠 움직이는 동안 원고는 내내 미완으로 방치되어 있었다. 마침내 원고로 돌아가 실험이 실패한 책임이 자원자들이 아니라 나 자신에게 있음을 공개적으로 인정할 준비가 되기까지 거의 6년이 걸렸다.

2013년 4월의 어느 날 어머니에게 전화를 했다.

"유토피아 책을 끝내기로 결심했어요." 내가 말했다.

어머니는 놀라 짧게 숨을 들이켰다. "그 계획은 접은 줄 알았더니." 어머니가 말했다.

"어느 정도는 그랬죠. 하지만 항상 염두에 두고 있었어요."

"글쎄다." 어머니가 잠시 침묵했다가 입을 열었다. "내 생각엔 틀림없이 실험을 시작할 때 쓰려고 했던 책과는 좀 다른 책이 될 것 같구나!"

돌려서 말씀하시느라 애쓰시는구나, 나는 속으로 생각했다.

1만 년 또는 1만 1,000년 전 우리의 조상이 유목민적 생활 방식을 포기하고 농경을 시작했을 때 이들은 자급자족의 생활 방식에도 안녕을 고한 셈이었다. 농경은 수렵 채집보다 훨씬 효율적이어서 일부 사람들은 식량 생산을 할 시간에 의복을 짓거나 건물을 짓는 등의 다른 일에 시간을 쏟을 수 있었다. 이런 사람들은 이제 이들이 먹을 식량을 생산하는 다른 사람들에게 의존하게 되었다. 그러나 산업혁명이 닥치며 이런 방식은 큰 변화를 맞는다.

18세기 말 농민은 여전히 미국 노동력의 90퍼센트를 차지했다. 200년 후 이 비율은 고작 2퍼센트로 줄어들었다. 식량 생산에 종사하지 않는 직종의 다양성과 전문성이 폭발적으로 증가한 셈이다. 플라톤은 노동 분업에 관해 쓴 글에서 "최소한의 국가는 넷 또는 다섯 명으로 구성된다."라고 주장했다. 농부, 집 짓는 자, 베 짜는 자, 그리고 나머지 한둘이다. 2010년 미국 통계국에서 사용하는 표준 직업 분류 체계에는 840가지의 서로 다른 직종이 나열되어 있다.

이 모든 다양성은 상호 의존성을 증가시킨다. 연필처럼 겉으로 보기에 단순한 물건조차 수백 명의 서로 다른 사람들이 협력한 결과물이다. 레너드 리드의 짧은 에세이 〈나, 연필〉에서 연필은 이렇게 선언한다.

나를 생산하는 데 저 먼 브라질에서 커피 열매를 따는 사람과 어느 나라의 농부를 연결시키는 건 너무 지나치다고 말할지 모른다. 과장이 너무 심하다고 말이다. 하지만 나는 주장을 번복하지 않을 것이다. 이 수백만 명의 사람들 중 나를 만드는 방법을 전부 아는 사람은 단 한 명도 없다. 연필 회사의 사장까지 포함해 모두 그저 지극히 작은, 미미한 일부만을 알 뿐이다. 만드는 기술의 관점에

서 스리랑카 흑연 광산의 광부와 오리건주 벌목꾼 사이에 차이가
있다면 그것은 단 하나, 기술 유형의 차이다. 연필 공장의 화학자
나 유전 노동자 – 파라핀은 석유의 부산물이므로 – 만큼이나 광부
와 벌목꾼도 없어서는 안 될 존재이다.

연필은 이 사실에 "놀라고 또 경외감을 느끼는 것"이 당연하다
고 주장하지만 어지럽게 얽힌 글로벌 상호 접속의 그물은 불안의
요인이 되기도 한다. 유나바머가 주장했듯 이 불안은 무력감이라
는 감정으로 이어질 가능성이 있다. 어떤 사람들은 유나바머가 그
랬듯이, 또 그 이전에 소로가 그랬듯이 불안에 대한 반작용으로
착각에서 출발한 긴 탐색을 시작한다. 조상들이 지키지 못한 자급
자족의 생활 방식으로 되돌아가기 위한 탐색이다. 수렵 채집인조
차 집단으로 살았다는 사실은 묵살된다. 현대 문명이 곧 붕괴되리
라고 생각한다면 우리의 상호 의존성은 더욱 걱정될 뿐이다. 현대
세계를 생각할 때 지구 종말론자가 느끼는 불안은 결국 로빈슨 크
루소처럼 살고 싶은 유아론적인 열망에 뿌리를 두고 있다.

그러나 유나바머는 틀렸고 연필이 옳았다. 인간이 그 누구도 외
딴섬이 아니라는 사실은 매우 다행스럽다. 이 전 지구적 유대가
우리를 하나로 묶는다. 연필처럼 겉보기에 단순한 물건조차 수천
명의 낯선 사람들이 협력한 결과인 것이다.

경제학자 폴 시브라이트는 "산업화된 시장경제 사회의 시민들

이 너무 익숙해져 그 경이로움을 잊곤 한다. 누구나 당장 음식, 옷, 가구, 기타 쓸모 있거나 탐나거나 하찮거나 생명과 직결된 수천 가지의 물건을 사러 나갈 수 있으며, 누군가는 이들의 행동을 예측해 이런 물건들을 구매할 수 있게 준비해놓는다."라고 이야기한 바 있다.

역설적으로 시브라이트는 이런 협력이 일부밖에 보지 못하는 일종의 '터널 시야'를 가진 사람들 사이에서만 가능하다고 주장한다. 여기서 터널 시야를 가진 사람이란 "전체 결과를 몰라도 또는 전체 결과에 크게 신경 쓰지 않고도, 현대 사회의 부를 창출하는 거대하고 복합적인 사업에서 자기 역할을 할 줄 아는" 사람을 의미한다. 만일 모두가 글로벌 경제가 돌아가는 원리나 연필 한 자루라도 혼자 만드는 법에 골몰한다면 전체 시스템은 서서히 작동을 멈출 것이다. 우리 모두 생각만 많아져 한 걸음도 내딛지 못하는 상태에 빠질 것이기 때문이다.

자급자족이 환상이라면 지속 가능성 또한 환상이다. 잠재적으로 영원히 지속된다는 의미에서 정말로 지속 가능한 것은 없다. 모든 것엔 끝이 있다. 단지 시간문제일 뿐이다.

환경 운동가들은 원양 저인망 어업이 어류 자원을 스스로 재생 가능한 속도보다 더 빨리 소진시키기 때문에 지속 가능하지 않다고 주장한다. 급진적 생태주의자는 현대 문명이 유한한 석유 자원에 의존하기에 지속 가능하지 않다고 말한다. 지속 가능한 문명은 아마도 완전히 재생 가능한 자원만을 사용하는 문명일 것이다. 그러나 그 무엇도 진정으로 재생 가능하지는 않다. 물고기도 결국은 멸종하며, 바람도 언젠간 불지 않게 될 것이다. 지금으로부터 10억 년 후 태양이 초신성이 되면 바다도 증발해 사라지기 때문이다. 그때 인간이 살아남을 유일한 길은 지구를 떠나 다른 행성에 식민지를 세우는 것이다. 그러나 행성과 행성을 오가는 생활 방식 또한 지속 가능하지 않기는 마찬가지인데, 결국 별들 또한 스스로를 태워 블랙홀이 되고 나면 우주 전체는 차갑고 죽음 같은 침묵만 남은 장소, 아무 일도 일어나지 않는 장소가 될 것이다.

결국 세상 만물이 종말을 고할 운명이라면 인류가 고작 1,000년을 더 살든, 100만 년을 더 살든 그게 정말로 중요할까? 문명이 어차피 붕괴될 것이고, 단지 조금 빠르냐 늦냐의 차이일 뿐이라면 그것이 언제인지가 그토록 중요할까?

어쨌든 우리가 인류의 운명을 걱정해야 할 이유는 무엇인가? 우리가 죽은 후 나머지 인류에게 무슨 일이 일어나든 무슨 상관이기에? 물론 자식이 있다면 그들에게 일어날 일, 또 아마도 그 자식의 자식에게 일어날 일까지는 궁금할지 모른다. 그러나 그 이후의 세대부터는 정말 궁금하다고 할 수 있을까? 또 우리 후손이 어느 시점에 더 이상 자손을 남기지 못하게 될 게 거의 분명하다면 인류 전체를 걱정할 이유가 어디에 있단 말인가? 이것은 결국 인류가 멸망할 때 그들 모두에게 반드시 일어날 일이다. 이런 걱정은 정말로 자신의 유한성을 두려워하는 마음을 감추기 위한 거짓 평계에 불과한 걸까? 가질 수 없다는 걸 알면서도 갈망하는 영원한 생명의 세속적 대용물일까?

닉 보스트롬은 인류의 멸망을 피할 길이 없다고 해서 인류의 미래에 희망을 갖는 일이 꼭 무의미하다고 생각하지는 않는다. 중요한 것은 영원한 생존이 아니라 그것이 무엇이든 종으로서 인간이 가진 잠재력을 완전히 실현하는 것이기 때문이다. 그렇다면 인간 개개인의 삶 자체를 두고도 똑같이 말할 수 있을까? 나 같은 무신론자에게는 어차피 꿈같은 소리인 영원한 생명이 아니라 중요한 건 잠재력의 실현, 즉 자신이 될 수 있는 최선의 사람이 되는 것이라고 말할 수 있을까? 또 그렇게 자신의 잠재력을 다 실현하고 나면 우리가 세상의 종말에서 살아남든 살아남지 못하든, 앞으로 태어날 후손들에게 무슨 일이 일어나든 간에 이에 상관없이 편안히 죽게 되는 걸까?

핑커는 홉스가 루소보다 더 나은 인류학자라고 말했다. 그의 말은 옳다. 그러나 이 말이 홉스가 더 나은 철학자임을 의미하지는 않는다. 홉스가 수렵 채집 시대의 조상들이 더럽고 야만적이고 짧은 삶을 살았다고 한 말은 맞지만, 그는 이를 해결하는 데 한 가지 방법이 있다고 생각했다. 강력한 주권 국가에 복종한다면 적어도 상대적인 평화를 누릴 수 있다고 생각한 것이다. 이런 세상이 유

토피아는 아닐지라도 만인의 만인에 대한 투쟁이 계속되는 상태
보다는 낫다는 주장이었다.

제한된 형태의 낙관주의지만 그래도 낙관주의가 틀림없다. 반
면 루소는 근대 국가가 노예제의 다른 이름일 뿐이라고 생각했다.
나는 오늘날까지도 루소의 견해가 진실에 가깝다고 생각한다. 그
러나 두 철학자의 통찰을 결합하면 진실에 더 가까이 다가가게 된
다. 홉스는 황금시대나 에덴동산 따위는 존재한 적이 없다는 깨달
음을 준다. 루소에게서는 진보가 양날의 검이라는 교훈을 배운다.
그렇다, 과학 기술은 진보해왔고 과학의 힘은 점점 증가해왔다.
우리는 조상들보다 더 오래, 더 건강히 살고 있으며 이 작은 축복
에 감사해야 마땅하다. 그러나 이런 변화로 인간 삶의 조건이 근
본적으로 개선되지는 않는다. 앞으로 나아가는 한 걸음 한 걸음은
똑같이 타당한 다른 관점에서 보면 이 세상의 종말로 다가가는 한
걸음이다. 진보는 필연적으로 그 정반대로 변형된다. 길게 보면
인간은 모두 언젠가 죽는다. 인간이 자기 생명을 무한히 연장하는
법을 발견한다 해도 우주는 결국 끝없이 팽창하다가 차갑게 얼어
붙을 것이다. 그때가 되면 우주는 언제까지나 텅 빈 영원한 암흑
속에 잠기리라.

그러나 절망할 필요는 없다. 이 근본적인 사실과 대면하게 되
면, 고개를 돌려 외면하지 않고 정면으로 바라보게 되면, 정신이
잠깐 나갈지도 모른다. 그러나 평온을 되찾아 한층 침착해진 마음

으로 이 영혼 뒷면의 어두운 밤에서 벗어난다면 이 짧고 고되고 아름다운 삶이 우리에게 남긴 작은 선물을 음미할 수 있다.

마야인이 지구 종말의 날이라고 생각했던 해는 2012년이다. 사실 마야인이 정말 그렇게 생각했던 것은 아니다. 2012년 12월 21일은 단순히 마야 장주기력의 시간 단위인 1박툰(baktun)의 끝과 다음 박툰의 시작을 표시할 뿐이다. 그러나 종말의 날짜가 가까워짐에 따라 점점 상상 속의 억측을 쏟아내던 뉴에이지 예언자와 기회를 놓치지 않는 언론인에게 이런 역사적 세부사항 따위는 아무 상관이 없었다. 두려운 대재앙의 날이 다가오기 한 달 전 나는 7년 전 유토피아 실험을 처음으로 구상했던 마야인의 땅에 돌아가 있었다.

때는 추수감사절이었고 학생 몇몇이 전통적인 미국식 추수감사절 만찬을 준비하기로 했다. 나는 과테말라시티의 프란시스코 마로킨 대학교(UFN)에서 한 학기를 보내는 중이었는데, 뜨거운 한낮의 태양 아래 칠면조와 크랜베리 소스를 먹는다는 게 다소 어색하게 느껴졌다. 식사가 끝난 후 학생들이 손바닥 모양으로 오린 판지를 나누어주었다. 얇은 색판지에 손바닥을 대고 선을 그린 다음 가위로 잘라 만든 빨간색, 노란색, 주황색의 손바닥 모양 조각들이었다. 우리는 각자 하나씩을 집어 특별히 감사하고 싶은 내용을 적었다. 그리고 그 모두를 판지로 만든 감사 트리에 붙였다. 트리 아랫부분에 크고 검은 글씨로 "나는……에 감사합니다."라고 쓰인 빨간 플래카드들이 장식되어 있었다.

안에 쓸 말을 오래 고민할 필요는 없었다. 매일매일, 특히 슬프거나 낙심했을 때마다 늘 떠올리는 말이 있었기 때문이다. 이 방법은 항상 효과가 있어서 그 말을 떠올리자마자 기분이 나아지곤 했다. 아주 잘 듣는 장치였기에 유토피아를 떠난 이래 불행하다는 기분이 오래 지속된 적은 거의 없었다. 또는 단순히 그 기간 내내 항우울제를 소량 복용했기 때문인지도 몰랐다.

내가 쓴 손바닥 모양 판지를 감사 트리에 붙였다. 판지에는 이렇게 쓰여 있었다.

"이곳이 스코틀랜드의 허허벌판이 아니어서 감사합니다."

그거 아는가? 난 이 실험을 하길 잘했다고 생각한다. 이전에 깔보며 무시했던 귀중한 것들을 배웠기 때문만은 아니다. 예컨대 나는 결함 많은 사회 제도가 수백 년 동안 뒤죽박죽이기는 하지만 나름의 방식대로 진화해온 산물임을 배웠다. 화장지부터 치약까지 우리의 삶을 조상들의 삶보다 훨씬 안락하게 만드는 사소한 기술적 진보들이 무수히 많음을 배웠다. 실험을 하길 잘했다고 생각하는 것은 내가 더 이상 스코틀랜드의 허허벌판에 살고 있지 않기 때문만도 아니다.

나는 더 귀중한 것을 배웠다. 비록 내가 무적은 아니지만 생각했던 것보다 강하다는 사실을 배웠다. 그리고 나는 이제 더 이상 두렵지 않다.

내가 가진 모든 걸 다 잃는다 해도, 결국 다시 병원으로 돌아간다 해도 두렵지 않다. 굴곡 많은 내 인생 여정이 향하는 곳이 그곳이라면 스코틀랜드의 허허벌판에 돌아가는 것마저 두렵지 않다.

문명의 붕괴 역시 두렵지 않다. 문명이 붕괴되지 않을 거라고 생각해서가 아니라-앞일을 누가 알겠는가?-그 가능성과 직면해봤기 때문이다.

에드먼드 버크는 1757년에 쓴 미학 논문《숭고와 아름다움의 이념의 기원에 대한 철학적 탐구》에서 두려움은 모호함 때문에 더욱 커진다고 했다. 두려움이라는 괴물은 얼굴을 감추고 있을 때 더욱 공포를 자아내는 법이다. 반대로 "위험의 크기를 정확히 파악하고 있을 때, 그것을 익숙하게 바라볼 수 있을 때 큰 불안은 사라진다." 나는 1년 동안 문명이 붕괴될 때의 모습을 최대한 정확히 그려보고자 애썼다. 죽을 만큼 힘들었지만 한편으로는 그 과정에서 정화된 측면도 있다. 마치 그 실험이 내 안의 두려움을 마지막 한 방울까지 빨아들인 것처럼 말이다. 나는 심연을 들여다보다가 그 속으로 추락할 뻔했지만 어쨌든 벼랑 끝에서 살아남았다.

브로니 웨어의 책《죽기 전에 가장 후회하는 다섯 가지》[1]에는 죽

---

1 *The Top Five Regrets of the Dying.* 국내에는 《내가 원하는 삶을 살았더라면》이라는 제목으로 출간되었다.

음을 앞둔 사람들의 명징한 통찰력과 이들의 지혜에서 교훈을 얻는 방법이 담겨 있다. 저자는 "이들에게 가장 후회하는 일이 무엇이냐고 또 과거로 돌아간다면 달리 해보고 싶은 일이 무엇이냐고 묻자 공통된 대답이 반복적으로 나타났다."라고 말한다.

사람들은 무엇보다 꿈을 좇지 않은 것을 가장 후회했다. 저자가 돌보는 환자들은 그녀에게 몇 번이나 이렇게 묻곤 했다. "왜 내가 원하는 걸 해보지 못했던 걸까요?"

대개의 사람들은 자기 꿈의 절반도 이루지 못한 채 이것이 자신이 내린, 또는 내리지 않은 선택 때문임을 뒤늦게 깨닫고 죽는다. 그리고 이들을 멈추게 한 것은 바로 두려움이었다. 이들은 사회적 기대의 무게를 느꼈고 관습의 족쇄를 벗어던질 용기가 없었다.

나는 당장 하늘이 무너진다 해도 내가 후회하지 않을 것임을 안다. 내 꿈은 악몽으로 변했지만 적어도 나는 꿈을 좇았다. 나이 들어 그저 무의미하게 시간을 보내며 대학에서 학생들을 가르치는 대신 그 무모한 계획을 실천에 옮겼더라면 어땠을까 하릴없이 생각에 잠기는 삶을 살지는 않을 것이다.

그리고 그런 생각이 다시 한번 나를 사로잡기만 한다면, 이전처럼 다시 무모한 짓에 뛰어드는 일도 두렵지 않다.

THE

UTOPIA
EXPERIMENT

번영론자(boomer)/**낙관적 미래론자**(cornucopian) 과학 기술의 진보가 무한정 계속될 것이며 우리 모두를 더 부유하고 행복하게 만들 것이라 생각하는 사람.

격변설(catastrophism) 세계가 경제, 환경, 사회, 정신의 측면에서 모두 붕괴되어가고 있으며 낡은 세상의 잿더미에서 새롭고 더 나은 세상이 나타나리라고 믿는 학설.

쇠퇴론(declinism) 이전의 황금시대와 비교해 모든 것이 점점 쇠퇴하고 있다는 믿음. 쇠퇴가 시작된 시점으로는 주로 산업혁명(낭만주의적 관점)과 농경의 탄생(원시주의적 관점)이 꼽힌다.

지구 종말론자(doomer) 전 세계적인 파국이 임박했으며 그 결과 문명이 붕괴되리라고 믿는 사람.

천년왕국설(millennialism) 우리가 살고 있는 불완전한 세상이 곧 무너지고 더 나은 세상이 온다는 믿음.

프레퍼족(prepper) 생존을 목적으로 식량 및 기타 물품을 비축하여 재난에 적극적으로 대비하는 사람. 이때 재난은 장기간의 정전에서 전 지구적 파국까지 다양하다. 프레퍼족이라고 다 지구 종말론자는 아니다. 전 지구적 파국이 임박했다고 생각하지 않으며 비교적 경미한 재난에 대비할 뿐인 프레퍼족도 있다.

원시주의(primitivism) 현대 문명이 사람들을 불행하게 만들며 그 해결책은 과거로 돌아가 자연 속에서 더 단순히 사는 것이라는 믿음.

재야생화(rewilding) 수렵이나 채집 같은 원시적 기술을 다시 배움으로써 가축화된 인간을 다시 야생화시키는 과정.

생존주의자(survivalist) 생존을 목적으로 식량 및 기타 물품을 비축하여 재난에 적극적으로 대비하는 사람. 프레퍼족과 달리 생존주의자는 재난이 전 지구적 또는 적어도 국가적 재앙으로 번지리라 생각하는 경향이 있다. 생존주의자는 대개 지구 종말론자다.

트랜스휴머니스트(transhumanist) 미래의 과학 기술 발전으로 인간 본성이 근본적으로 더 바람직하게 바뀌기를 기대하는 사람.

유토피아 실험

2019년 4월 19일 초판 1쇄 발행

지은이 · 딜런 에번스
옮긴이 · 나현영

펴낸이 · 김상현, 최세현
책임편집 · 정상태, 김사라 | 디자인 · 임동렬, 정아연

마케팅 · 권금숙, 김명래, 양봉호, 임지윤, 최의범, 조히라, 유미정
경영지원 · 김현우, 강신우 | 해외기획 · 우정민

펴낸곳 · ㈜쌤앤파커스 | 출판신고 · 2006년 9월 25일 제406-2006-000210호
주소 · 경기도 파주시 회동길 174 파주출판도시
전화 · 031-960-4800 | 팩스 · 031-960-4806 | 이메일 · info@smpk.kr

ⓒ 딜런 에번스 (저작권자와 맺은 특약에 따라 검인을 생략합니다)
ISBN 978-89-6570-785-1 (03300)

쌤앤파커스(Sam&Parkers)는 독자 여러분의 책에 관한 아이디어와 원고 투고를 설레는 마음으로 기다리고
있습니다. 책으로 엮기를 원하는 아이디어가 있으신 분은 이메일 book@smpk.kr로 간단한 개요와 취지, 연락
처 등을 보내주세요. 머뭇거리지 말고 문을 두드리세요. 길이 열립니다.